親切的、活潑的、趣味的、致用的

實用歷史叢書

遠流出版公司

聊公案：別笑！這才是中國法律史

原著作名——別笑！這才是中國法律史
原出版者——中國法制出版社
作　　者——秦　濤
主　　編——游奇惠
責任編輯——陳穗錚
發 行 人——王榮文
出版發行——遠流出版事業股份有限公司
臺北市100南昌路2段81號6樓
電話／2392-6899　傳真／2392-6658
郵撥／0189456-1
法律顧問——董安丹律師
著作權顧問——蕭雄淋律師
2013年10月 1 日　初版一刷
行政院新聞局局版臺業字第1295號
售價新台幣 350 元　（缺頁或破損的書，請寄回更換）

ISBN　978-957-32-7290-8

YLib 遠流博識網
http://www.ylib.com　E-mail:ylib@ylib.com

實用歷史叢書

聊公案：別笑！這才是中國法律史

《實用歷史叢書》

出版緣起

王榮文

·歷史就是大個案

《實用歷史叢書》的基本概念，就是想把人類歷史當做一個（或無數個）大個案來看待。

本來，「個案研究方法」的精神，正是因為相信「智慧不可歸納條陳」，所以要學習者親自接近事實，自行尋找「經驗的教訓」。

經驗到底是教訓還是限制？歷史究竟是啟蒙還是成見？——或者說，歷史經驗有什麼用？可不可用？——一直也就是聚訟紛紜的大疑問，但在我們的「個案」概念下，叢書名稱中的「歷史」，與蘭克（Ranke）名言「歷史學家除了描寫事實『一如其發生之情況』外，再無其他目標」中所指的史學研究活動，大抵是不相涉的。在這裡，我們更接近於把歷史當做人間社會情境體悟的材料，或者說，我們把歷史（或某一組歷史陳述）當做「媒介」。

·從過去了解現在

為什麼要這樣做？因為我們對一切歷史情境（milieu）感到好奇，我們想浸淫在某個時代的思考環境來體會另一個人的限制與突破，因而對現時世界有一種新的想像。

通過了解歷史人物的處境與方案，我們找到了另一種智力上的樂趣，也許化做通俗的例子我們可以問：「如果拿破崙擔任遠東百貨公司總經理，他會怎麼做？」或「如果諸葛亮主持自立報系，他會和兩大報紙持哪一種和與戰的關係？」

從過去了解現在，我們並不真正尋找「重複的歷史」，我們也不尋找絕對的或相對的情境近似性。「歷史個案」的概念，比較接近情境的演練，因為一個成熟的思考者預先暴露在眾多的「經驗」裡，自行發展出一組對應的策略，因而就有了「教育」的功能。

・從現在了解過去

就像費夫爾（L. Febvre）說的，歷史其實是根據活人的需要向死人索求答案，在歷史理解中，現在與過去一向是糾纏不清的。

在這一個圍城之日，史家陳寅恪在倉皇逃死之際，取一巾箱坊本《建炎以來繫年要錄》，抱持誦讀，讀到汴京圍困屈降諸卷，淪城之日，謠言與烽火同時流竄；陳氏取當日身歷目睹之事與史實印證，不覺汗流浹背，覺得生平讀史從無如此親切有味之快感。

觀察並分析我們「現在的景觀」，正是提供我們一種了解過去的視野。歷史做為一種智性活動，也在這裡得到新的可能和活力。

如果我們在新的現時經驗中，取得新的了解過去的基礎，像一位作家寫《商用廿五史》，用企業組織的經驗，重新理解每一個朝代「經營組織」（即朝廷）的任務、使命、環境與對策，竟然就呈現一個新的景觀，證明這條路另有強大的生命力。

我們刻意選擇了《實用歷史叢書》的路，正是因為我們感覺到它的潛力。我們知道，標新並不見得有力量，然而立異卻不見得沒收穫；刻意塑造一個「求異」之路，就是想移動認知的軸心，給我們自己一些異端的空間，因而使歷史閱讀活動增添了親切的、活潑的、趣味的、致用的「新歷史之旅」。

你是一個歷史的嗜讀者或思索者嗎？你是一位專業的或業餘的歷史家嗎？你願意給自己一個偏離正軌的樂趣嗎？請走入這個叢書開放的大門。

本書閱讀指南

1.閱讀本書之前，請先閱讀本指南。
2.本書絕不是一本法律史專著，因為任何一本法律史專著也不敢採用這種搞笑、穿越、驚悚、懸疑、無釐頭的寫法。
3.本書絕不是一本小說，因為任何一本小說也不可能包含如此豐富而真切的法律史知識。
4.請勿在飲食之時閱讀本書，否則如有異物因爆笑而嗆入器官，本人概不負責。
5.請勿在開會或上課時閱讀本書，否則如因啞然失笑而被周圍群眾怒目而視，本人概不負責。
6.本書閱讀方法之一：徹底鬆弛大腦，跟著劇情走，呵呵傻樂。這樣你會度過一個非常開心的下午。
7.本書閱讀方法之二：高速運轉大腦，隨時把握書中論辯的邏輯與思路，隨時思考書中案例的情節與隱喻。這樣你會度過一個非常有收穫的下午。

8. 切勿嘗試在書中尋找「正確」的觀點。因為最有價值的觀點將會在閣下採用第二種閱讀方法閱讀完本書之際，在你的頭腦中自發生成。

9. 本書中將會出現一個名叫「聊公」的線索人物。聊公發表的一切言論，僅代表本人扮演的聊公的立場，與本人無關。

10. 在本書接下來的部分裏，聊公就是本人，本人就是聊公。

目錄

審查報告／睡龍先生（龍大軒）

聊公案：別笑！這才是中國法律史

秦濤◎著

聊公讀西哲孟德斯鳩（Charles de Secondat, Baron de Montesquieu, 1689-1755）之《論法的精神》（*The Spirit of the Laws*，又譯《法意》），至第三十一章，有云：「我們應當用法律去闡明歷史，用歷史去闡明法律。」乃撫掌大笑曰：此言得之！

孟氏得之，畢竟是西洋的東西。聊公決心用自己一枝如椽大筆，數著歷史上幾個或真或假的公案，來聊上一聊。故曰「聊公案」。

聊公的案子，都是些平淡無奇、情節簡單的小案子，斷然比不上包公之迴環曲折，亦不如狄公之疑霧重重。但以其機節獨到、啟思發想，與禪宗公案頗有似處，故錄之耳。

有了緣故，還缺少位主人公。此事難不倒聊公。但見聊公抬起手來，飛擊鍵盤，打出「某甲」兩字，一位英明神武的主人公就此誕生。聊公繼續擊鍵如飛，某甲亦隨著鍵盤的起伏跌入了時空的漩渦。前途之叵測，情節之跌宕，保證他經歷一次再也不想有第二次。

一 傳說時代：從洪荒中走來

一塊板磚引發的血案

這是很多很多年以前的世界。要講述法律的起源，不得不從這樣一個時候開始，再往前，便只有沉默的大地和永恆的蒼天相對無言了。那個時候有沒有法呢，這有爭議。

你現在所看到的這片大地上，草木茂盛，許多動物出沒。有今天依然能看到的動物，也有史前沒有滅絕乾淨的獸類。牠們有時候也會遭到天打雷劈，但這算不上懲罰，因為誰也不知道牠們有沒有做錯什麼。

突然，一頭龐大的野豬驚恐地從林子裏突馳而出，隨後跟來的是亂飛著的木製或者石製的長矛和板磚。野豬被打倒，四周重新陷入了沉寂。許久，一群人探頭探腦地走出來。一個稚氣未脫的小鬼用一根樹枝戳了戳野豬的身子，野豬沒動。小鬼一招手，那群人一擁而上，打算把獵物抬走。

「慢——！」

對面叢林裏走出來一個人，神氣十足地曰：「這野豬是我打死的！你們不許動！」

大家定睛一看，這個人正是某甲。當然，這是聊公的解說，大家並不認識他。於是有的抬前腿，有的抬後腿，有的抬尾巴，繼續打算把豬弄走。

某甲不依不饒，扯著豬的一隻耳朵，硬說豬是他弄死的。這邊的一夥人與他爭辯。雖然語言不通，但兩邊顯然是槓上了。最後大家決定找個人來評理。

這時候，在一邊洞若觀火的聊公款款走出，微微一笑，道：「這個好辦，我來給你們評個理。」

那夥人委婉地表示了謝絕：「你是和他一夥的，俺們信不過你！」於是喳喳呼呼地把某甲和聊公一起抬上，跑到某草棚子。

鐵面無私皋青天

這個草棚子修得氣派，足足能待下八九個人的樣子。草棚子裏走出來一個人，看上去年紀應該比較大了。此人長了一張馬臉，而嘴還突在外面，像烏鴉嘴。除此之外，他的臉色發青。這一切都不是聊公因為要求評理不成而故意糟踐他，而是幾千年之後的荀子劉安班固之流在自己的書裏面編排的。

沒錯，這個醜人就是上古時代最公正最鐵面的中華首任大法官皋陶了。

其實長得醜並不是他的錯，實在是由於文獻對上古追述的時候總是把圖騰和人串在一塊兒雜寫。皋陶部落也許尊奉鳥圖騰，所以把皋陶寫成了烏鴉嘴。

某甲一見皋陶，頓時跪下，哭喊：「青天大老爺！小的今天打死野豬一頭，這夥強人卻說是他們打死的。實際上他們用的是矛，而小人用的是板磚。矛都扎在了豬屁股上，而小人的板磚拍在了豬頭上。哪個是致命傷，一目瞭然。有小人帶血跡的板磚為證，請大人明鑒！」說完，雙手奉上板磚。板磚上銘著「某甲記」三個歪歪扭扭的甲骨文。

按理說，接下來的程序應該是先驗明豬的致命傷究竟何在，然後鑒別出板磚上的血究竟是豬血人血還是番茄醬，事實清楚便可適用相應法律做出判決。有必要的話，聊公也可以上去做個人證。

不過皋陶到底是皋陶，取過板磚，微微一笑，扔到一邊，用低沉嘶啞的聲音威嚴地喝令：「牽！」左右牽出來一頭神獸。此神獸頭上有隻獨角，毛色發青，四足如熊，神威凜凜，令某甲不禁打了個尿戰。

皋陶一指某甲，神獸騰的扭過頭來，眼睛瞪得像銅鈴，發出閃電般的光芒，一步步向某甲逼近。某甲嚇得癱軟在地。神獸越走越近，猛地張開血盆大口發出一聲撕心裂肺的長嘯：

「咩……」

廌

再次聲明：不是聊公心存嫉妒編排神獸，實在是無數古籍上確鑿寫著此獸長得極像羊。這個「神羊」（《後漢書》給取的這綽號）便是獬豸，單名一個「廌」字。固然，也有旁的權威書籍說牠長得像牛鹿熊麒麟之類，這裏為了敘述方便，就徑取一說啦。

某甲一見此獸叫出「咩」來，估計是食草動物，便長舒一口氣，繼續以企盼的眼神含情脈脈地望著大法官皋陶。聊公心知此獸的神威，早已心上一緊。又苦於不能告訴某甲，只好勸他自求多福。

廌走到某甲身邊，定定地看著某甲，似乎要從他臉上看出事情的真相來。而皋陶亦半睜開眼睛，神色凝重地看著廌的一舉一動。

突然間——

A版本，廌用角頂了某甲一下，皋陶眼睛一亮，大喝一聲：「拿下！」某甲頓時被拿下，處刑（至於處什麼刑，下邊再講）。此版本見《論衡》。

B版本，廌用角狠戳某甲，扎穿心臟（或者頸骨等致命處）。某甲一手捂著心窩，一手指著廌，痛苦地說：「你——你——」氣絕身亡。此版本見《淮南子》。

C版本，膺再次張開血盆大口，把某甲整個兒吞進肚子裏去。此版本見《艾子雜說》。

D版本，膺衝上來繞著某甲又跑又跳，一個勁地撒歡。此版本見某甲的想像。

B、C兩個版本裏，某甲死掉，不管。A版本裏，皋陶已經可以斷定某甲有罪。所謂「審判」，分為「審」和「判」。審理階段已經結束，下面就是判決。在此之前，某甲提出了抗議：「我抗議！」皋陶一敲法錘：「說。」

換了外國怎麼審

某甲站起身來，整了整衣冠，說：「你這種審法太愚昧並且不人道。我建議採用文明國家的審理方式。」

皋陶點點頭，問身後的師爺公孫策：「英國採用的是什麼審判辦法？」公孫策一臉茫然地看著皋陶：「什麼是英國？」

聊公咳嗽一聲，走上前來，唱個肥喏，曰：「英國採用的是熱鐵法。」皋陶說：「麻煩先生示範一下。」聊公喚來一個皂隸，命他取來一塊燒得透紅的鐵，放到面色煞白的某甲面前，道：「摸。」某甲扭身就要跑，被身邊兩個牢頭摁著，把手撳到熱鐵上，嗤——

某甲殺豬般的慘叫，聊公皋陶公孫策皂隸牢頭一干人等齊聲說：「太殘忍了！」

燙手完畢，聊公吩咐：「將此手嚴實包紮，三日後看。如無潰爛，則是冤枉；如有潰爛，則有罪無疑。」

某甲飽含熱淚，道：「英國在這個時代也是蠻荒之地，我要用埃及印度巴比倫三大古國的審判方法！」

聊公沉穩得很，道：「先用印度的。取一隻羊脾來！」皂隸甲取來一隻羊脾。聊公又道：「塗上各種毒藥。」七八個皂隸拿著刷子往羊脾上塗五顏六色的各式劇毒。聊公曰：「吃下去。若無恙，則為冤枉；若有恙，則有罪無疑。」

某甲不肯，早被七八個劊子手捆翻在地扒開嘴來塞進羊脾。頓時面色青紫變幻，七竅緩緩流出血來。

聊公大場面見慣，繼續說：「換巴比倫的。把他捆在石條上投到河裏去，看他是沉還是浮……」某甲慘叫一聲：「打住！埃及的呢？」聊公今日誓要賣弄到底，便曰：「好，換埃及的。將某甲心臟取出，稱量一下。以其輕重，決定冤屈與否，是該上天堂還是下地獄。」

某甲狂噴鮮血，仰天而倒。皂隸們躍躍欲試，都想一睹新鮮，卻見某甲翻身而起，溫情道：「還是我中華古國之審理方式文明人道，小的伏法！」

皋陶面無表情地點點頭：「早伏了法，又何必受這許多皮肉之苦。來啊，拉下去劓了！」

忽有一人高叫道：「且慢！」

正是：聊公博識無不服，某甲遭刑有人憐。欲知這叫停之人是誰，且聽下回分解。

五刑

上回說到有一人保下某甲性命。眾急視之，正是聊公。

皋陶在上回中已經見識過聊公手段，恭敬問道：「先生有何囑咐？」聊公說：「子曰不教而誅謂之虐。某甲雖然已經伏法，但顯然對什麼叫做『劓』不甚瞭解。希望大人能給在下一個機會，向他詳細講述五刑之起源，同時也使我們這本書更像科教片而非警匪片。」皋陶問公孫策：「你以為何如？」公孫策回曰：「我根本不知道你們在說什麼！」皋陶點點頭，對聊公說：「那就勞煩先生了。」

聊公乃作法，時光倒流。

這是一片開闊的史前原野，到處都是斷折的胳膊和腿，還有缺胳膊斷腿的人橫七豎八地躺著，好像被小孩子弄壞了的人偶玩具一樣。顯然，這是一個戰場。幾個奇裝異服的少數民族士兵在巡檢。

一個士兵發現了七竅流血面色青紫一手潰爛的某甲，問聊公：「此人是誰？」聊公恭敬答曰：「炎帝部落的士兵。」士兵便將某甲輕輕提起，扔進戰俘和戰利品堆裏，一起打包帶走。

好，趁這個間隙，我們先來講解一下什麼叫做五刑。

所謂五刑，最早乃是指劓、刵、椓、黥、殺五種肉刑，首創者是蚩尤部落，也就是剛才把某甲當戰俘抓走的那個小兵所在部落哇哈哈哈。黥，在臉上刺字塗墨；劓和刵看字形就曉得了，割鼻子割耳朵；椓，分椓陰和椓竅，分別是指男子去勢、女子幽閉（簡單來講就是分別損壞男女的生殖器官）；殺，砍頭。

這五刑，當時還按受刑者身分的異同，分地方執行。平頭百姓，在菜市口砍頭；貴族，去郊外秘密執行。除五刑而外，還有流刑，就是發配邊疆，在當時是用得比較多的刑罰。像堯的不肖子丹朱之流，就被流放到華夏大地的對立面去了。這些當時的政治犯，給邊遠未開化的民族帶去了文明的曙光。

另有說法，認為五刑在當時都只是「象刑」——象徵性的刑罰。殺，就拿塊黑布把臉蒙上；椓，就戴塊黑尿布。這在當時榮辱意識強烈的原始部落是有可能的，到後來世風日下的時候，隨著人們臉皮的增厚，象刑就變成肉刑了。也有可能是兩套刑罰並存，象刑用來教育部落內部犯了錯誤的同志，而肉刑用來鎮壓極少數階級敵人。

五刑之創造順序，應該是先有殺，再劓、刵、椓、黥。我們可以以某甲的經歷來說明五刑的創制經過。

話說某甲被蚩尤部落俘虜。當時蚩尤族正鬧饑荒，把某甲養著吧，肉又不能吃，還糟踐糧食，我們自己還吃不飽呢！於是把某甲殺掉，這就是殺刑。也許殺了以後覺得不解恨，再往他屍首上砍幾刀，這叫戮。

如果當時蚩尤族生產力發展了，糧食夠吃，覺得某甲可以留著做個豬倌幫忙餵豬，又怕他逃走，大夥一合計，覺得養豬靠手就夠了，就把某甲的腳給剁了，這就是剕。這是後來黃帝族要發明的刑罰，蚩尤族可能還沒有掌握。

某甲雖然腳斷了，但無時無刻不在想著逃跑，於是每天苦練倒立，終於有一天，靠雙手倒立著跑了。蚩尤族人把他捉回來，在臉上刺了「這是蚩尤族的奴隸」，塗了墨，這就是黥刑。想想還不解氣，又把丫鼻子給剁了，這就是劓刑。再把耳朵給削了，這叫刵。

某甲身殘志堅，趁男人們出去打獵，把蚩尤族一個MM給泡了。男人們回來一看，怒了。一個機靈的傢伙咆哮著「去勢！去勢！」於是就去勢了，這就是椓刑。

當然，某甲這個時候也可以改變性取向去勾搭男人，而且這在當時不算犯法，大約要到商朝的時候才予定罪。

以上五刑，都是肉刑，在中國法制史上一直沿用到西漢，才由文帝基本廢除。之後又經反覆，真正的清除，要到清末修律。這五刑將來要經過皋陶改造，就是大多數法制史課本上所謂的「奴隸制五刑」，以與後來所謂的「封建制五刑」相區別。始作俑者是蚩尤，發揚光大者則是我們的華夏首任大法官，也就是後來的皋陶了。

聊公說完這些，咳嗽一聲清清嗓子，問：「大家明白了吧？」皋陶咽了口口水，說：「大哉其創造力！那蚩尤是怎麼想得到刑這種東西的呢？」聊公說：「問得好！要知道這刑是怎麼來的──啪！（驚堂木聲）且聽下回分解。」

刑起於兵，法起於律

刑是什麼？砍頭，斷手斷腳，拿鞭子抽，臉上刺字，千刀萬剮？都算，不過境界小了點兒。

春秋時期，大約比孔子早上一百年的樣子，魯國有位大夫臧文仲。當時晉文公派醫生拿鴆酒去毒死戰俘衛成公（結果是沒毒死，可能醫生做了手腳）。臧文仲就對此表示了不滿。他的理由是：鴆殺是私刑，習慣法和成文法上都沒有規定。刑罰一共只有五種：「大刑用甲兵，其次用斧鉞，中刑用刀鋸，其次用鑽笮（音則，刺面的意思），薄刑用鞭撲，以威民也。」中等的刑罰是用刀鋸和鑽笮，大致是斷手斷腳挖洞刺面之類；最輕的刑罰是用鞭刑（今天新加坡還在沿用）和撲刑。鞭和撲有區別，嚴格來講撲包括鞭刑。撲刑有三種，笞，帶個竹字頭，就是拿竹板子打；杖，最早是用荊條打，所以老廉頗負荊請罪就是讓藺相如對自己施杖刑的意思；鞭，革字旁，用皮革抽打。這些將來還要細講。

這裏的大刑，是斧鉞，也就是砍腦袋；甲兵呢？盔甲和兵器，指代軍隊。你不聽話，派兵討伐你。這個大刑才夠得上資格稱「大」刑，到後面帝制時代衙門裏所謂「大刑伺候」，叫得聲色俱厲，卻只打幾下屁股（笞），實在太小家子氣了。

所以呢，「兵」，也就是打仗，乃是刑的老祖宗。我們還要知道，法和刑乃是兩回事。舉一個刑法條文：「第二百三十二條，故意殺人的，處死刑、無期徒刑或者十年以上有期徒刑。」整個這第二百三十二條，乃是一個法條。而「死刑、無期徒刑、有期徒刑」，則是「刑」。那麼同樣的，法也出自於打仗。

比如聊公要去打仗了，那麼讓某甲衝鋒，就得有個號令。這個號令以什麼來發布呢？打擊樂。這不是聊公胡扯的，這是《易經》和《周禮》上說的。

《易經・師卦》曰：「師出以律。」這裏的「律」可不是今天的法律，而是音律。這音律是哪裏來的呢？《周禮》裏面有一篇極好的文獻，叫做《考工記》。它告訴我們，前面有軍隊打仗，後面專門有人搗鼓各種打擊樂。上古的時候通行的是鼓，最古老的戰鼓，巧得很，名字就叫「皋鼓」。那麼，我們就讓皋陶大法官友情客串一回擊鼓手，在後面擊鼓吧。

聊公說：「衝！」於是皋陶擊打大而短的鼓，其聲疾而短聞，某甲奮不顧身地殺入敵軍之中。敵軍伏屍百萬，流血漂櫓。某甲爭亡逐北，殺得不亦樂乎。聊公說：「小心有詐。收。」皋陶擊打小而長的鼓，其聲舒而遠聞，某甲提著一串首級興致勃勃地回來了。

這個鼓聲就是「律」，違反律就要遭刑。符合了律，遭刑的就是敵軍。

聊公最後總結說：「上古時候最能打的是蚩尤部落，所以蚩尤部落刑法最發達，既發明了律，又創造了刑，堪稱中華法律的鼻祖。」

皋陶又問：「那麼，請問為什麼中華首席大法官是我皋陶而不是什麼蚩尤呢？」

聊公戟指皋陶，大喝一聲：「問得好！這是因為……」

死而不亡蚩尤族

上古時代，基本還是一個信史與神話雜糅的傳說時代。

在這個半神半人的傳說時代，大體格局是這樣的：中原一帶的華夏族有炎帝和黃帝二部。炎帝族東擴的過程中碰上了東夷的蚩尤部落。兩邊打仗，結果炎帝不支，失敗，求助於黃帝。黃帝與炎帝聯手，靠了各種神神怪怪或者說外星人的幫忙，把蚩尤打敗，將其首領殺死。

其他東夷族的部落顯然不服，與炎黃做抗爭。這時候黃帝發揮出中華民族兼容並蓄的美德，將蚩尤族最厲害的兩大本事學到手——刑和兵。刑，前面說過啦，蚩尤族創制了五虐之刑：劓、刵、椓、黥、殺。這是黃帝族所不曾有的。後來的儒家經典如《尚書》之流只會一個勁地責怪蚩尤「始作亂……作五虐之刑」，卻不想想為什麼仁慈的黃帝將它保留了下來。至於兵，據說當時蚩尤族已經很會打造金屬的兵器，所以戰鬥力格外強悍。

黃帝收服了蚩尤族，就讓其在部落聯盟內部繼續執掌刑法。而蚩尤族多出司法大吏，所謂皋陶，經考證即是蚩尤的音變。皋陶另一個名字叫咎繇，蚩尤——咎繇——皋陶，還是很像的。而且當時蚩尤族的圖騰大約是牛（蚩字上部像不像牛角），後來被黃帝抽象出來做成旗幟，就是一個牛頭的符號。後代有《龍魚圖說》，說黃帝畫了蚩尤的像以震懾東夷，大約就是這麼一回事。

而根據《說文解字》，廌就是個牛頭的形象。所以說廌只不過是蚩尤族一個抽象符號的象徵而已。但是聽說前陣子廌已經被韓國選為首爾的城市吉祥物（獬豸），鄙視下。不過韓國的獬豸頭上沒有角，自然也就沒有中國獬豸執法辨奸的本事。

所以上古典籍中反覆出現、橫跨堯舜禹三朝的超級壽星法官皋陶，並不是一個人，而是一個部落，一個執法世家（聽到這裏，皋陶砰然而散化作凡塵點點，公孫策等驚惶失措大呼小叫某甲則慘笑道哈哈哈你也有今天）。

蚩尤族對後世的影響，有三個。一個是政治上的，夏朝把皋陶一族封在六、蓼等幾個地方，後來被楚國滅掉，影響微乎其微；一個是法律上的，夏朝修正了蚩尤五刑，一直用到西漢。而實際上，這五刑一直到清朝依舊在法外有所沿用。再一個是文化上的，楚國製作了一種「獬豸冠」，是法官專門戴的一種帽子。這一種冠被沿用下來，到漢朝的時候還有，名曰「法冠」。後世法官服飾上的獬豸圖案同樣是蚩尤族血脈的表現。而漢字「法」的繁體「灋」右上角那個部分，就是個「廌」。在今天這樣一個袪魅的時代，這個部分被自然而然地去掉了。關於這個法字，有興趣的朋友們可以看一看朱蘇力先生的一篇文章〈「法」的故事〉，很精彩。

除了法字，還有好多個字有一些比較有趣的故事，我們下一篇再聊吧。下一篇的主角依舊是皋陶（已經被耐心的公孫策等人重新拼裝完畢）和某甲（某甲旁白：饒了我吧……）。

邊立法邊造字

依舊只是傳說而已。

話說大禹治水，修理到了黃河下游流段，便在山東境內用父親捨命偷來的「息壤」建造了一座城池，以為治水的總指揮部，是為「禹息城」。水勢漸漸小了，老百姓終於可以從屋頂上下來，把被水泡爛的傢俱拿出來曬乾。可是這時候，有位遊手好閒的某甲，遊蕩在城裏，趁人不注意就順手牽羊。某甲隔壁的某乙（這次人手不夠了，再捏幾個配角出來），更心狠，順手牽牛，搞得民聲沸騰。

老百姓告到官府，官員某丙收了這兩個小廝的賄賂，拒不受理。這樣一來，禹息城裏的蟊賊終於大起膽來，開始殺人、姦淫、搶劫，無惡不作。

大禹聽到這些消息勃然大怒，把皋陶從舜那裏調來，叫他想主意。皋陶早就已經在籌畫制定一部刑法了，便借了這個機會，根據往日的司法實踐，把各類犯罪行為包括處置辦法都一股腦兒刻在樹皮上，敬獻給大禹，是為《獄典》。大禹一看，覺得可行，便予以頒布。皋陶便按照新行的《獄典》，處置人犯：

某甲犯盜竊罪，在城中街頭劃一方形，是為「囚」，讓某甲站在其中反省；

某丙是官員貪贓枉法，令自劃「囚」站在其中反省，是為「囹圄」；

某乙盜牛，牛是重要的生產工具，其犯罪性質極其惡劣，施杖刑後關在專門的房內，是為「牢」；

某丁搶劫，比盜竊罪加一等，令立在「囚」中並以惡犬看護，是為「獄」；

某戊殺人、某己姦淫，處「大辟」刑。

細細考究囚、牢、獄等字形，都有當年皋陶造獄的痕跡保留下來。而皋陶也因這一創舉，被歷代奉為「獄神」；獄官上任、犯人受刑，都要先拜一下這位獄神。但其實，《獄典》決非後世的《監獄法》，而是一部刑法。雖然早已失傳，但畢竟傳說是我國歷史上首部成文法典。後來的禹刑、湯刑，都是在此基礎上損益而成。皋陶制法之後三四百年，古巴比倫王國才創制了《漢摩拉比法典》，成為西方第一部成文法典（意淫一把）。

再次強調，以上只是傳說。而且被處置的都是一些甲乙丙丁之類沒有名字的小龍套。下一回，我們講幾個真實的案例（當然，也只是傳說比較真實的案例而已），見識一下中國歷史上第一個有名有姓的犯人究竟是哪個倒楣蛋。

首例問責制和遲到處罰

發大水了，堯問身邊的大臣四嶽：誰適合去治水呢？四嶽齊聲說：有一人，有經天緯地之才，吞吐日月之志，可以治水。堯問是誰，四嶽回答說：聊公。堯咳嗽了一聲，說：說正經的。四嶽乃推薦鯀。堯依然不是很滿意，但由於已經否定了一個人選，不好再否決，於是同意。

鯀治水三年不成。怎麼辦呢？

堯把鯀殺死，命令他的兒子禹繼續治水，禹就把水治好了。

禹後來有一次召集諸侯。清點人數的時候，缺一個人。小組長一點名才知道，是防風氏沒有來。禹正待發作，防風氏風塵僕僕地趕來了，說是路上有事情耽誤了。

禹二話不說，叫人把防風氏拉出去砍掉了。

好啦，兩個簡單的小案子講完。那麼請問看官，如果你是鯀或者防風氏，你覺得冤不冤枉？肯定冤枉啊。冤枉的原因有兩個，第一個：你沒說過治不成水就要殺頭哇，也沒說遲到了就要處死嘛。早知道我就不接治水這活兒或者調個鬧鐘不睡過頭不就完了嘛。

好，我們聯繫一下後來的事情：一千年後吳國有個孫武，受了闔閭的荒唐命令，要把他的妃嬪們操練成軍隊。這是大家耳熟能詳的段子，但是請注意一個細節——孫武第一次發號施令，妃子們都不聽，孫武並沒有發作，而是說：

> 約束不明，申令不熟，將之罪也。

也就是說，法律必須事先讓人熟知，方可治人以罪。遲到了是打手心還是砍腦袋？治水不成是罷官還是滿門抄斬？這都必須事先講明白。

堯和禹都事先不告訴你，把判罪的依據捏在自己手裏，不叫外面人知道。唐朝的大學問家孔穎達注疏《左傳》的時候一語道破天機：這叫做「刑不可知則威不可測」，乃是帝王駕馭臣下之術。

這在後面的時代可能是如此，可是對於生活在恐龍還沒滅絕乾淨的原始社會末期的部落首領們來講，他們只不過是還沒有想到要事先把法令公布再進行處罰而已。他們只是很隱約地覺得：你既然做錯了事情，便該受到處罰。而當時的老百姓包括受刑者本人也隱約覺得如此，卻從來不去想：這個刑罰是否處得有道理？是不是我犯了錯誤便要任你宰割？

這個思想一直到四千年後的今天，也沒滅絕乾淨，在執法者和犯法者腦子裏繼續作祟。

再來講第二個小問題：我治水不成或者遲到，究竟是故意的，還是有原因的？用法律術語來講，究竟是故意、過失還是意外事件比如不可抗力？防風氏遲到，大家覺得他有問題；那麼如果他是因為路上堵車遲到呢？或者是因為路上勇救落水兒童而耽誤了呢？再或者路上遇上大地震被埋了個把月才好不容易自救成功趕到會場的呢？不分青紅皂白殺掉是不是冤枉了？

堯和禹顯然沒有想過這些問題，就把他們殺掉了。頭腦簡單害死人哪！

不過還是那句話，怪不得他們。從觀念和制度上區分故意和過失，大約已經是西周時候的事情了。但實際上直到今天，我們也沒有完全區分清楚這兩件事情。君不見，多少老師和領導掛在嘴上的一句名言就是「遲到沒有理由」，說得斬釘截鐵正氣凜然。而就在這凜然的正氣之下，多少私的權利和私的自由，被壓迫得暗無天日。

殺戮堵不住千古悠悠之口。今天，浙江流傳了很多關於防風氏的傳說，在這些傳說中，防風變成了另一個治水英雄；而大禹則成了像朱元璋一樣為兒子繼承王位而清除乾淨荊條上的刺的小人。

這樣淳樸的傳說之中，也許就隱含著對於這種秘密刑的不滿吧？

諸神隱退，裝神弄鬼

到了大禹殺防風的時候，其實神判法的時代已經可以告一段落了。接下來的渺茫的夏以及後繼的商周，祭祀之風依舊鼎盛，但當權者的頭腦已經不再簡單，而是學會了裝神弄鬼唬弄黔首黎民。判個死罪什麼的，總要先來上一句「恭行天罰」之類，以示正當。有興趣的讀者可以去翻翻《尚書》裏的官樣文章，大多是此類東西。

我們回到神權法。為什麼上古的法官們要借神的旨意來判案子，搞得審理跟巫術一樣呢？原因有這麼幾個。

一是大家相信萬物有靈。比如我們幼小的時候，也會與小蟲子小動物乃至小花小草對話，想像螞蟻的王國；不小心撞了桌子，父母也會拍打桌子說：誰讓你撞我家某某！以安慰小孩。人類的幼年大抵與個體的童年類似，天然地相信有鬼神的存在。所以自然地，便要仰仗自然的神力來判斷案件。

二是借神靈之名，來服眾。皋陶做法官，判某甲死刑，某甲肯定要問：憑什麼！這一問，問的便是這判案的正當性依據。這是一個幾千年來法理學界一直爭論不休的問題。而皋陶們所能找到的辦法便是說這是老天的旨意。老天最大，天要你死你不得不死！

其實這也是可懷疑的。幾個疑點：

一、你怎麼知道這是老天的旨意？你和老天是什麼關係？這個問題要到夏朝才能從形式上予以解決。

二、老天如果自己跟自己矛盾了，一會兒下這個旨意一會兒下那個旨意，怎麼辦？這個問題要由西周的姬旦來解決。

三、老天究竟有沒有旨意？這個問題荀子會給出一個答案。

但其實，這幾個問題直到今天也沒有解決，它們依舊是法律上的大問題。

二 夏商西周：上古的光榮與夢想

神與王的矛盾

我們首先要理解一下上古時候人們的精神世界。

三代之時，神靈充斥天地之間。萬物有靈，所以經常要祭祀山川河岳乃至百穀黃土。而人死後也有靈，會進入另一個世界以另一種形式存在，所以要祭祀祖先。

這裏就有兩個世界混淆在一起，有條不紊地並行著。事實上另一個世界到底存不存在，我們到今天也不得而知。

那麼，世俗的王（比如商王）要想維護自己的統治，就會胡扯說自己是上天（或者說上帝）的代表。但是，如果神和王發生矛盾怎麼辦？這個問題很多人不會去問，但是我們要問一問。

比如說，夏朝的一個王桀，把某部落首領某甲抓了來關在均台裏面。均台是夏朝的中央監獄，裏面設置了水牢，叫做「種泉」。某甲就被浸泡在種泉裏面。

某甲在裏面泡著，覺得不是個滋味。便想了辦法賄賂桀身邊的人（上古時候監獄的管制還不嚴啊，不過話說回來，即便在三千多年後的今天有些黑老大還不是把監獄當賓館）。這位收禮的也毫不含糊，立馬說服桀把某甲放掉了。某甲回去以後造了反，把夏朝滅掉建立商朝。某甲的原型是湯，改編自《史記．殷本紀》。其中關於夏朝監獄設施的那段絕密資料，由託名姜太公的一本古兵法《太公金匱》友情提供。

好啦，這裏有個問題：為什麼代表上天的王被人推翻了呢？湯在《尚書．湯誓》裏給出的解釋是：「有夏多罪，天命殛之。」然後表示要恭行「天之罰」。當時湯的軍隊群情激憤，就一起把夏桀的命革掉了。革命的時候來不及思考的問題，我們今天卻不得不思考一下。

湯說上天命令他去執行「天罰」。但問題是，「天罰」可不是人人有資格執行的。有這個資格的，只有王一人而已。如果人人有資格執行天罰，今天你說你受了天命來罰我，明天我說我受了天命去罰你，豈非亂了套了？

湯沒有糾纏這個理論問題，而是舉了許多夏桀的罪惡，最後引了那句著名的口號「時日曷喪，予及汝偕亡」（太陽啥時候滅亡？我願與你同歸於盡）來調動群眾的革命情緒，於是把太陽王夏桀滅掉了。

這個理論問題，涉及到的依舊是法統的正當性依據。為什麼天不命令別人去滅亡夏朝，而單單命令你湯？你和天是親戚？這個問題要到西周由周公來解決。

這裏是同一個天命之下兩個王的直接矛盾。下面一個案例是神與王的矛盾。

某甲是商朝一個王。太平日久，無所事事，就製作了一個木偶，給它起個名字叫「天神」，然後左右開弓打了天神幾十個大耳刮子。某甲又用囊裝上血，懸在半空，走馬射箭把囊射破，血從天上掉落下來。某甲呵呵大笑，說老天被他射了個窟窿。

一天某甲出去打仗，被老天哐的打下個雷來，劈死了。

這位王，便是商朝著名的無神論者武乙。因為一生信奉與天鬥其樂無窮，名聲便很不好。

武乙並不是精神病患者，他之所以與天鬥，原因是這樣的：商朝的時候，既然在王之外別有一個天神的存在，也就是世俗權威之外別有一個超越性的權威，那麼便需要有個仲介連結兩者。而這個仲介不光光是王，更有上古的一個鼎盛的職業：巫。

巫如果聽著王的話來傳達上天的旨意，那王權與巫權便相安無事。如果巫決心與王對著幹，那兩者勢必衝突。武乙之所以與天鬥，就在於試圖削弱巫權而加強王權。

但凡一個政權有兩個權威，勢必出現這樣的結果。洪秀全之所以不能容忍楊秀清，就是因為只能由他自己來擔任唯一的天父代言人；秦始皇之殺韓非，也是因為只能由他作為唯一的法家理論解釋者。

這樣一個問題，在商朝的時候只能通過一方死亡另一方勝利來解決，而從理論上解決要到西漢。

一個教訓是這樣的：一旦某人或某集團說自己代表了誰誰誰，那麼我們就要去思考：第一，你憑什麼可以代表？第二，如果你代表他，那麼如果你和他矛盾了，我們相信誰？

事實上，很多「代表」只不過是「代理」而已。兩者的區別就在於，從法律上看，代表者與被代表者人格是混同的，而代理者與被代理者是兩個主體，這可以使我們更清楚地看到一些問題；並且代理者如果代理不善，是可以更換的。

為什麼可以更換？歷史已經發展到了西周，我們看看周公旦的回答。

以德配天

武王革命，推翻商紂，建立周朝。商朝國祚六百年之久，人們的頭腦也進化了不少。所以在六百年之前沒有人問的一個大問題，現在被提上了議事日程：

憑什麼是你姬周代表上天？

統治者最怕思考二字。不是假怕，是真怕。人類一思考，上帝就發笑；人民一思考，皇帝就緊張。我們再回顧一下這個疑問的來源，也就是商朝統治者是如何解釋自己政權的正當性依據的。

商朝認為，存在一個超越性的意志：天。其人格化的象徵，則是「（上）帝」。「帝立商」，所以商朝可以永世長存，受天就可以永命。

結果商朝滅亡了。殘酷的現實使得周公不得不去思考如何解釋自己的敵人為什麼滅亡，這實在是一個奇怪的現象。

但事實上並不奇怪，任何一個政權都要挖空心思去解釋被自己推翻的那個政權滅亡的原因。理由很簡單，建構本政權的正當性依據。也就是老百姓問的「憑什麼」。

周公以他的大智慧，提出了這樣一個邏輯：

首先，天命無常。這個常是永恆的意思。老天爺不會吊死在一棵樹上。某甲行，就立某甲；某甲不行，就立某乙。

其次，老天爺選擇代言人的標準是「德」，叫做「以德配天」。注意，不是文，不是武，不是財富，而是德。這個標準奠定了中國幾千年的價值觀。

第三，姬周有德，商無德，所以周代商而立。這裏其實隱含了一個意思：如果哪天周沒有德了，那麼周也得下台。

這個邏輯，其實比許多簡單的強盜邏輯（比如×××就是好就是好就是好）要高明得多，的確反映出當時的政治思想往複雜的高水平的進步。但是，周公在對上古神權法理論進行的完善，同時也等於在把它往墓地裏送。

神聖是什麼？神聖就是不問來源。當你解釋為什麼的時候，這個問題就已經不再神聖，因為可供分析。而真正神聖的問題是分析不得解釋不了的。

所以周公敬神而遠之，把主要的精力放到了「保民」之上。這是中國法律史上的一大進步，隨之而來的許多制度也讓我們的某甲在今後受刑時可以免受這種奇奇怪怪的罰，而起碼死得明白。

真正的明白，有時候只是一種糊塗。相信有神和破除迷信，誰更好？天知道。

總而言之，我們的老祖宗已經由神話時代充滿幻想的大腦進化到幼稚的理性時代了。我們來看看他們在這一大背景下設置的天真而嚴肅的制度吧。其中有一些影響了我們幾千年，更有一些幾千年後我們依舊沒有做到。

這才叫數典而忘祖。

齊魯鬥法

還是先看兩個小案例。

某甲和某乙，都是山東好漢。祖祖輩輩在這片將來要被稱為齊魯大地的土地上生活了好幾十輩子了。不過這倆孩子運氣巧，趕上了周武革命。周初封諸侯，把兩個一等一的功臣都封到了這片鍾靈毓秀的土地。

一個是姜太公，封於齊；一個是周公，封於魯。某甲在齊國境內，某乙在魯國境內。

作為齊魯大地著名法制刊物《聊公案》的總編，聊公先生對這次分封極為關注，派出了著名記者呂不韋先生趕去調查兩位新任國君的施政綱領。

呂不韋趕到的時候，兩位開國元勳正好在一個茶話會上閒聊。呂不韋問周公：「請問周公先生，聽說您最近正在制定周王朝的法典。那麼您的魯國將會採用什麼樣的治理方式呢？」周公思索了一下，沉著地說：「親親上恩。」一邊的太公聽了哈哈大笑：「魯從此要一天天衰弱下去了。」周公惱怒地看了太公一眼。

呂不韋看出點火藥味來，便轉而問太公：「作為從底層社會幹起來的您，又會採用什麼樣的治國方略呢？」太公笑眯眯地說：「尊賢上功。」周公噗嗤一聲笑出來，然後嚴肅地說：「的確，齊國從此要強大下去了。」太公看著周公問：「那你笑個啥？」周公實在憋不住，放聲大笑：「可惜百代之後，這齊國就不姓姜嘍！」

呂不韋回去以後，就把此事記載進《呂氏春秋》。

好，我們把鏡頭瞄向齊魯大地，繼續做深度報導。

某甲世世代代打魚為生，平時為人豪爽不羈，與人一言不合便要拔刀相向。太公到了這裏以後，繼續鼓勵大家：原來打魚的接著打魚，政府給你提供相應的公共建設和制度保障；原來做生意的接著做生意，政府給你們制定遊戲規則，大家不要偷奸耍滑；婦女也別閒在家裏，都織布來賣。有興趣做官的，跟著我去攻打邊上的萊國，按照功勞大小授予相應官職！

某乙祖上是做生意的，平時為人脾氣也火爆，頗有山東好漢的風骨。周公沒有來就封，而是派了他的大兒子伯禽面授機宜來執政。伯禽到後，宣布：原來做生意的別都做生意了，每個縣做生意的名額有限制，重大貿易由國家來代理，其他人都種地去吧！

某乙只好去種地。伯禽又宣布：大家要做文明人，見面要作揖，見長官要行禮。其他各種婚喪嫁娶紅白喜事一律要舉行相應的禮儀，不會的可以派有關官員來指導。基本禮儀分為五種，去參看將要制定完成的《周禮》。我們魯國要先行一步，爭做精神文明大國！

一天，某甲在路上遇見乙。甲呵呵笑著上去拍乙的肩膀，乙連忙表情和敬作了一揖。甲說：「咋了？幾天沒見，想做城裏人了？」乙一笑，曰：「非也，此乃禮也。禮之不存，人將不人。」

聊公先生走上前去，問：「二位覺得哪種生活好一點？」

某甲哈哈大笑，說：「當然是咱的生活樂和！每天打魚，到市場上賣，老婆在家織布，生活富足，老婆孩子熱炕頭，比以前飢一頓飽一頓強多啦！」乙說：「以前不知禮，過得渾渾噩噩。如今知了禮，每日修身養德，夫妻相敬如賓，上下尊卑有分，長幼和睦，確實很好。」

聊公見這兩個人也說不出所以然來，便跑去問周公先生的評價。跑到周公館，一個門人進去通報。一會兒周公跑出來了，披頭散髮，頭髮濕漉漉的。聊公心下大為嘆服：「人道周公一沐三握髮，果然名不虛傳！」乃問曰：「周先生……」周公打斷說：「我其實姓姬，請叫我姬先生。」聊公道：「好的，姬先生。請問姬先生，姬先生的公子和太公先生在齊魯的兩種治國方略，姬先生覺得哪種好一點呢？」周公說：「太公上任五個月，就向我彙報了情況。他說他依照當地風俗因地制宜，把相關的習慣制度化，把相關的風俗規範化，就算完成了初步的建設。犬子那邊還沒有消息。我估計也快來了，請閣下與老夫一起等候犬子彙報了情況，我們再做論斷吧。」聊公曰：「善。」於是一起等。

一個月過去了。

半年過去了。

兩年……

三年……

盼望著，盼望著，伯禽來了，來自魯國的腳步近了。

周公急忙迎上前去，問：「伯禽啊，你怎麼才回來？」伯禽得意地說：「我費了九牛二虎之力才把魯國的舊風俗全部抹掉，把周禮的全部規矩在那邊進行了貫徹，然後觀察成效。其中一項規矩是父母亡服喪三年，所以我在那邊等了三年，驗收了情況，來向您彙報！」

周公默默地思索了一會兒，說：「嗯，魯國可以作為我朝學習周禮的示範國了。不過，魯國今後可能真的要受齊國的氣了。」

好啦，歷史上這個案例是用來說明兩個道理的：

一、齊魯不同文化的起源。

二、太公到底是比伯禽高上一籌。

但恐怕這個故事不止說明了這麼兩個道理。或者說，這恐怕是中國歷史上價值最被低估的故事（不需要加「之一」）。下面，我們來深度挖掘一下這個故事背後的資源。

第一個隱喻

我們來看齊魯鬥法所包含的幾個隱喻。

首先值得關注的是兩位的施政綱領。在鬥法之前，太公提出要「尊賢」，周公提出要「親親」。哪個好？相信不等聊公問完，大家就要舉雙手外加腳丫子贊成太公。「親親」兩字聯想開去，大約可以想到的有「任人唯親」、「封建禮教」、「家族式管理」乃至「家天下」等等。

如果我這個問題放到古代來問，恐怕就可以激起一番唇槍舌劍了。我們先來看看「親親」和「尊賢」的象徵意義。

所謂「親親」，乃是指以血緣為紐帶，建立起一個宗法制度。制度是如何形成的？這是一個大問題。我們來看看周公的智慧：

首先，繼承的辦法有很多，比如兄終弟及，比如賢人政治，比如選舉，等等。那麼最早的原始部落是怎麼產生領袖的呢？明末清初的大學問家王夫之先生告訴我們：一個部落裏面，總有一個打野獸打得最多或者分配食物最公平大家都信得過的人物比如某甲，就被大家公推為部落首領，此時還是選舉政治（故其始也，各推其德之長人、功之及人者而奉之）。某甲再牛×，也只能領導本部落的，別的部落自有其能人在，如某乙某丙之流。三個部落組成一個聯盟（方式可以有多種，比如聯姻，比如戰爭），公推一個更牛的，於是某甲又被推了上去；兩個部落聯盟互毆，決出勝者，某甲又成為勝利者……如此下去，最後各大賽區勝出者中的終極冠軍，便成為天子（因而尤有所推以為天子）。

天子某甲老了，要死了，搞禪讓，搞賢人政治。這實在是一個好制度，問題在於讓人起了爭心。

商鞅先生用他一貫刻薄而譏諷的語氣說過：一隻兔子在野外跑，堯、舜、禹、湯這樣的大聖人也會爭相來追，因為這隻兔子還沒主。

的確如此。此言命中禪讓制度的最大要害。從古至今，很有一些人對禪讓制度揭出所謂黑幕，說堯是被舜逼宮的，舜是被禹害死的等等。或許是以今小人之心度古聖人之腹，但實有其事的可能性絕對不小。在我們這裏，某甲要老死了，繼承的候選人有乙丙丁三個。誰上？誰賢誰上唄。關鍵問題在於——

誰賢？

公說公有理，婆說婆有理。武力解決。如此一來，政治繼承的成本就太高了。這是「尊賢」的第一大害：考核賢能的指標過於主觀，無法量化。

怎麼辦？我們繼續看王夫之的論述：在這樣的情況下，便有身在其位的人（比如大禹）諳通其道，賴在位子上不肯走，而產生了世襲制度（安於其位者習於其道，因而有世及之理）。制度一旦產生，經歷數世，便有了慣性。後世即便有那麼幾個昏君暴君，也起碼比無政府狀態強（雖愚且暴，猶賢於草野之罔據者，如是者數千年而安之矣）。

以上抄自王夫之的《讀通鑒論》。這就是世襲制度的起源。在沒有民主選舉的情況下，這確實不失為一個選擇。

有人要說啦，那君主一人世襲不就可以了？沒有必要搞全面世襲吧？（如諸侯、卿、士）這豈非效率太低下了？

今人考慮過的事情，古人都已經考慮過了。太陽底下無新事。這不是說今人沒有思考的權利，但今人的思考必須在古人思考的結束之處展開，這是起碼的負責任的表現。

三國的時候，有位曹元首（不是外號，是人名）。說起來此人也不陌生，乃是曹操的乾爺爺大太監曹騰的哥哥之後（關係還是有點遠），在魏國也是位王室宗親。

在哪個地方當宗室也別在魏國當宗室，那叫一個憋屈，看看曹植就知道了。曹元首憋屈之餘，寫了篇〈六代論〉，大談分封諸侯搞世襲的好處。他說：一個人搞，不如大家搞。一旦出事情，兄弟之間可以有個幫襯。他用了一個俗語：「百足之蟲，死而不僵。以扶之者眾也。」不過牆傾有眾人扶，牆倒自然有眾人推。這個問題曹元首可憐巴巴地說：「以前七王之亂，乃是因為給諸王的權太大了。如果少給一點權，斷不會造反的。」分明是「大爺，您看著賞點兒吧」的口吻。

曹元首是局中人，我們請上第二位封建世襲制的辯護者，來看個局外人的說法。此人也不陌生，乃是三國陸遜之後——陸機。

注：解釋一個問題，我這裏的「封建制」乃是指封邦建國的制度，即分封諸侯搞世襲（當然

具體內涵不只這些）。這裏就不做考辨啦。

陸機先生為封建制的存在提出了一個有力的理由：有利於地方建設和國家的發展。用句現在的話來講，有利於地方發展的可持續性。為什麼這麼說呢？陸機從人性的角度做了分析。

根據近代經濟學的理論，人是趨利避害的，不管在官僚制度下還是封建制度下。比如某甲，在上海做個縣令。按照太公「尊賢上功」的綱領，他最緊要的是做出業績來。所以，上海的老百姓的所謂幸福感所謂長遠發展，是不在他考慮範圍內的（君無卒歲之圖，臣挾一時之志）。他會大搞面子工程政績工程，三年任期一到就往中央提拔了，把一堆中看不中用的花架子留給下任。

那麼如果皇帝下令，封某甲為上海侯，情況立馬不一樣。侯爵可以世襲，也就是說上海這塊地方就成了你和你的子孫的財產（當然，普天之下莫非王土，從理論上講上海只是由你代管）。這可得好好珍惜了，子孫根呀！老百姓快樂了你得好處，國家吃虧了你倒其楣（民安，己受其利；國傷，家嬰其病），所以世襲制對國家好處大。

到明末的時候有位顧炎武。他老先生經過對天下郡國的實地考察，雖然沒有提出恢復封建制的動議，但也認為不妨使地方官員封建化，以抬高其地位加重其權力（尊令長之秩），一個縣令便是五品官職。地方搞得好則不妨以世襲為獎勵。這樣一來，人人為己，則國泰民安（合天下之私，恰可成天下之公）。

我們再回到周公的時候。究竟是「親親」為核心的封建世襲制度好一點，還是「尊賢」為核心的理性官僚制度好一點？

真的不是一個那麼容易回答的問題。

其實，「親親」之禮反映的乃是一個「差序」，等級；而「尊賢」之法則是一個「平等」，均勻。差序和平等，孰優孰劣，不好說，得看具體的事情。而在一定的情勢下如何達到兩者的比例均衡，才是最關鍵的。

周公現在就面臨著如何在西周初年的社會精確調節兩者比例，使其達到制度上的黃金分割點的問題。

非大聖賢不能為之。

第二個隱喻

第二個隱喻關乎太公與伯禽分別的治國方法。

太公因仍舊俗，很快就解決完畢；伯禽改造舊俗，花了三年功夫才再造了一個新魯國。哪個辦法好？

可能又有同學舉腳丫子贊成太公的辦法了。這裏涉及到法制建設的兩條基本路徑，此也是近代以來法理學界爭論不休的一個大問題：

法制建設究竟應該採取理性建構、還是自然演進的方式？

簡單來講，我這裏有一部法典。我可以很負責任地告訴你：這部法典比你所在的國家的現行法典更加進步十倍，更加優秀百倍（當然，這裏的一個前提是法典的優劣可比較）。那麼，你怎麼辦？

A方案，堅信「甲之佳餚或為乙之毒藥」，不管你，發展我自己的。此之謂「自然演進」。

B方案，把自己國家的舊法統統燒掉，打掃乾淨屋子再請客，把新的優秀法典迎進來。此之謂「理性建構」或曰「政府推進」。

兩個都是理想模式下的極端辦法。哪個好呢？（當然也有所謂「依托本國國情引進外國先進經驗」之類折中的辦法。但聊公以為此乃偽辦法。兩點之間必須有重點，模棱兩可最不能解決問題）

還是看不清楚吧？我們來看個洋人的公案。話說一八一四年，法國皇帝拿破崙（Napoléon Bonaparte, 1769-1821）先生頒布了《法國民法典》（*Code civil des Français*），令周邊國家的法學家極其眼紅。德國一位德高望重的蒂博（Anton Friedrich Justus Thibaut, 1772-1840）教授，開始積極呼籲德國也有樣學樣制定一部自己的民法典以治天下而垂史冊。正當全德上下激情昂揚之際，有人曰：不可！眾視之，乃柏林大學教師薩維尼（Friedrich Carl von Savigny, 1779-1861）先生也。

薩先生曰：兄弟莫急，聽我一言。所謂心急吃不了熱豆腐，立法也是一樣。法律不是法學家們的憑空構想製造出的精密儀器，而是活在人民的日常行為之中的，是民族的共同意識，隨著民族的成長而成長、民族的壯大而壯大。所以立法典一事，還是要從長計議。

這些言論在一個集子裏，叫做《論立法與法學的當代使命》（*Vom Beruf unserer Zeit für Gesetzgebung und Rechtswissenschaft*），成為歷史法學派的開山之作。

當然，這個論戰最後是薩氏贏了，而德國也終於積近百年之功而「自然演進」出了《德國民法典》（*Bürgerliches Gesetzbuch*）。但是在今天的中國，恐怕就不會是薩氏贏而是蒂博先生的論調更有市場了：時不我待，快馬加鞭地推出《物權法》以為民法典的出台奠定基礎，亦是當務之急。

扯回來。西周初建，百廢待興，也是一個時不我待的關節點。「理性建構」與「自然演進」兩個極端辦法肯定要並用。但是如何並用，便又是周公先生所要考慮的大問題了。

我想，當初在制周禮這樣大規模的立法行動的時候，這些問題肯定都在周公的考慮範圍之內。而他考慮之後的行動，自然地對中國產生了上千年的影響。

周公制禮

謝安想要納妾，其妻不許。謝安的子姪門生們前去相勸，說男人三妻四妾乃是合於禮道的。謝夫人問道：「這禮是誰制的？」答曰周公。謝夫人便傲然道：「倘是周婆制禮，恐怕要倒過來。」

謝夫人這段話被收在一本《妒記》裏，那是因為在夫權社會的緣故；在今天，這段話要收在

《聊公案》裏。

這個小案例說明一個問題，謝夫人的回答機巧也好，強詞奪理也罷，起碼她已經意識到了立法者的立場對於法律立場的決定性作用。但恐怕沒有看到另一個方面：優秀的法律乃是妥協的產物。

霍姆斯（Oliver Wendell Holmes, Jr., 1841-1935）先生曰：法律的生命在於經驗，而非邏輯。作為大法官的他，恐怕更多是針對司法而有此感慨的。但是用到立法上，聊公以為亦有其道理。周公現在便面臨著這樣的問題：如何將天下千餘年來的經驗提煉出邏輯，然後定為「禮」。這是西周立國的頭等要事。

我們先來看歷史的發展。

上古社會，人類的群落乃是以血緣為紐帶而連結的。某甲的部落都是某甲之親戚，某乙之部落都是某乙之親戚。這種由血緣而政治產生的集合方式，叫做「宗法」。後來兩族聯姻，則成為一個部落聯盟，其組織形式仍是宗法。若兩族戰爭呢？好問題。

兩族戰爭，則一族勝利，一族失敗。某甲戰敗，則要考慮一個生存的問題。要麼繼續抵抗，要麼投降。西方有本名著叫做《古代法》（*Ancient Law*），作者梅因（Henry James Sumner Maine, 1822-1888）先生曰：這個時候某甲會採取一個辦法——假裝自己是某乙的親戚，以融入其團體之中。這叫做「宗法擬制」。擬制者，形是而實不是，假裝也。

所以我們看到，歷史上那些開天闢地的大神們相互間都是親戚。所謂炎帝是黃帝的兄弟，怎麼可能？一個在西方活動，一個在東方活動，之前乃是風馬牛不相及的。無非是一個被另一個打敗罷了。又所謂蚩尤乃是炎帝的苗裔，戰敗之後圖存而攀親戚罷了。

這樣一來，乙吞併甲，再吞併丙，再吞併丁……最後全天下都是乙的親戚了。這一點可以從《史記》上關於一些上古名人家譜的記載得到驗證：無論是堯舜禹湯還是周武，其先祖都可以追溯到黃帝。甚至後世的皇帝如司馬炎，也鑿鑿記載「其先出自帝高陽之子重黎」，由帝高陽再往上推，一樣可以到黃帝。所以我們今天說「炎黃子孫」，都有一個「宗法擬制」冒認親戚的遺緒在裏邊。

好啦，當乙統一天下而全天下都是其親戚的時候，「親親」的宗法結構便開始自然地發揮其統治功能了。所以說，在後世（秦朝之後）繼續討論「封建制」的存廢，意義只能局限於極小的範圍。因為宗法制已經不再。

「親親」的內涵有兩個，一個乃是橫向的「親親」——即便是親屬也有親疏之分。你的親哥哥和你七舅姥爺家三外甥女的前一個丈母娘的親疏程度肯定有區別。就如往水裏投個石子，形成一圈圈往外震盪的波紋。

第二個乃是「親親」的題中之義，縱向的「尊尊」，是杜形的，按輩分劃分。輩分高的，便在杜子頂端，輩分低的只好墊底。

尊尊與親親相結合，便形成了一個金字塔型，把全天下都籠絡成一個團體了，這便是西周初年的宗法結構了。

周人對此結構的一項改革，便是確立嫡長制，也就是在同輩裏面規定了「尊卑」之分。嫡，乃是正妻之子，餘稱庶；長，乃是年齡最大之子，餘稱次。嫡長相結合，便是下一任王位（或其他什麼位子）的繼承人，稱為嫡長子。今天我們來看，繼承王位完全是件碰運氣的事情哪！但在當時看來，此非人事（事實上也不是人事）而乃天命啊。

以宗法結構為基礎，政治結構便也無須過多的設計就可以決定了——封建制。嫡長子繼承大統為周王，其餘的兒子封為諸侯；諸侯的兒子，嫡長子為諸侯，其餘的為卿。以此類推。這樣一來，一個金字塔型的宗法結構乃決定了一個金字塔型的政治結構，穩當得很啦。

以上是親親。那麼尊賢往哪裏擺？根據王國維先生《殷周制度論》的考察，王、諸侯的位子乃是封閉的，按照宗法結構來分配；而卿大夫、士的位子乃是開放的，能者居之。所謂「世卿」，只是後世的亂制，不合周公的本意。

這就是周公尋找到的「親親」與「尊賢」在制度上的黃金分割點。這個設計依托於當時的實際，可見周公決不是一個理想主義者，而是一個比較現實的政治家。這是政治的大體結構，具體的「禮」，我們後面再講。

所以周公所設計的政體，宗法結構便是其全部正當性的依據，而不必在此之外另外找正當性依據了。

比如有人問某乙：請問憑什麼你做天子而我只能做諸侯？某乙可以回答：因為我是你叔叔，你是我姪子。叔叔比姪子大，所以我尊你卑。有什麼問題？一點也沒有。

所以這樣一個政權的正當性依據乃是建立在「倫理」之上的，而不必別借什麼神神怪怪來作為信仰以唬弄百姓。這個倫理又是哪裏來的呢？自然界來的，從來如此。所以只需要再虛安一個「天」，表示天命在此，我盡好人事便可以了。沒有上帝，沒有妖怪，淳樸而祥和的人間。

我們來看看外國的情況。按照梅因先生的說法，外國（這裏指西歐，在同時期指希臘）自然也有「宗法擬制」的現象，但是到底不成氣候。原因何在呢？

我不是地理決定論者，但一切文明追溯到根源恐怕只好從地理上來尋找原因。

古希臘文明乃是海洋文明，從而造就了相互進行商業貿易的多個邦國。邦國與邦國之間要進行貿易，貿易的精神乃是平等。這樣一來，他們便發現了宗法擬制之外和平共處的辦法：立約。人與人立約，國與國立約，乃至神與人立約。契約精神的本質乃是平等。立約的目的在於通過立約雙方的妥協尋找到對於兩方來講都能夠接受的「度」，這個「度」便叫做「正義」。正義就是各得其所。

正義＋平等＝公平。這就是古代西方文明中公平的起源。

所以當我們得意於我們自古統一的大一統精神的時候，我們其實也喪失了某種東西。大一統追求的最高價值是「秩序」，也就是穩定壓倒一切。而邦國林立追求的最高價值便是「自由」，以及保障自由實現的前提價值——「公平」。

上帝給你一樣東西的時候總會奪走一樣東西。能量守恆定律在社會領域同樣適用。上帝永遠是公平的。

法律是什麼

法律是什麼?這是一個法理學的題目啦。我所敬愛的劉星先生,便寫過以此為題目的一本小書。(劉星:《法律是什麼:二十世紀英美法理學批判閱讀》)在開展這個題目之前,我們照例來看段公案。

周穆王乃是著名的旅遊家。但他在位之時,也仰賴了一位大司寇呂侯,製造了一部「刑」來治理百姓。這部刑便叫做《呂刑》,這在西周初年乃是立法的又一盛事,表示禮刑在形式上分途,在實質上合作,以治理萬民了。

這部「刑」,規定了墨、劓、剕、宮、大辟五種刑罰,而外還有罰金的辦法,稱為贖刑,古稱共有三千條,恐怕不是法條而是判例。

好,這部刑乃是法律。那麼之前我們大費周章來講的禮是什麼東西?道德?普通規章?習慣法?都不好說。

大家都知道,法律是底限道德。但是法律和底限道德畢竟有差別。我們拿久不出場的某甲來講案例。

比如大家在意識中都隱約覺得,說謊不好。這是一個道德的共識。那某甲說謊了,怎麼辦?

完全沒有辦法。如果說了點小謊，大家集體鄙視一下，從此少跟這個人交往也就完了。

一個群體到底是有聰明人的，聰明人找了大家來商量：從此誰再撒謊，用棒子打十下。這看起來像是在立法了，我們記為法1。

有天，某甲的爸爸得了不治之症（整完兒子開始整老子了）。某甲得到醫生的消息，擦乾眼淚，強顏歡笑地對爸爸說：「醫生說了，你這是小病。」甲父一聽，從病床上一躍而起，曰：「胡扯！剛才我聽到了，我這是不治之症！你又說謊，按法1要送官用棒子打十下！」於是把某甲扭送公安機關，把案情一說，執法者們犯了難。

這個情況有點特殊。或者說，大家反倒是覺得甲父有點不近情理。哦，看來說謊還是要分情況的。於是重新修改法1，新法為：善意的謊言，無罪；惡意的謊言，用棒子打十下。是為法2。

問題繼續在發生。某甲把一個人給坑了，騙掉一百塊錢，被逮捕。某甲坦然道：「我這是善意的謊言，因為錢是萬惡之源。我把他錢騙走，是為了讓他走上善途。」嗯，善意與惡意不是法律用語，而是道德評判，沒有實際可行的標準。出台司法解釋：所謂惡意，乃是使被害人遭受實際的不利益。是為法3。

好，繼續。某甲心想，騙十塊錢也是打十下，騙一千萬也是打十下，索性幹一票大的！於是騙了一千萬。被扭送官府。執法者終於明白，不同的罪要處以不同的刑，於是制定了處罰細則：騙一百元以下，棒打十下；騙一百元至一萬元以下，棒打五十；騙一萬元以上，棒打一百。是為法4。

有行刑的衙役，平素就對某甲懷恨在心（就是上次那個被某甲騙了一百塊錢的冤大頭），用帶刺的荊杖來行刑，把某甲屁股給打爛了。執法者覺得有問題，繼續完善，規定了刑具的規格和施刑的部位。是為法5。

……

從法1到法5，乃是一個法律不斷形式化的過程。簡而言之，就是法律越來越不像道德，而越來越像法律的過程。當然，這個進程在中國不是主流。中國古代的法，停留在法1的層面就可以了。如果出現第二種情況，古代的法官們（當然要漢代及以後了）會這樣論罪：雖犯律條，其情可憫，無罪釋放，予以表彰。

台灣一位學者林端先生做過一個講座，說：紅綠燈在大陸只有參考價值。律條在古代同樣如此。

不管怎麼說，從禮到刑，乃是一個立法技術上的進步。儘管呂侯制刑在中國法律史上的地位並不高，也不為人關注。畢竟嘛，法律是一項技術活。

不過也畢竟嘛，技術在中國古代一向是沒有市場的。

在西周生活

某甲投胎到西周，會過上什麼樣的生活呢？嗯，我想比在其他任何朝代都要舒坦，更能感觸上古的風氣。

如果投在王公貴族家，那繼承父親的爵位就有戲（條件參見前文）；就算是次子而且庶出，那起碼也可以退而求其次當個卿啊士啊什麼的吧。

如果投在一般的國人（一說，國人便是士）家裏，那也是人格健全的公民。在城市裏有房子住，在郊外有田地耕。

要是你的田地還是「井」字型的，就是我們練字時的九宮格。周圍八個格子所收穫的農作物，歸自家；中間一個格子所收穫的農作物，歸公家。

如果某甲投胎做了一個庶民，那也不是多麼垂頭喪氣的事情。《詩經》裏頭有篇〈七月〉，就是為我們描寫庶民某甲的幸福生活的：

正月裏把農具修理；

二月裏到田間耕種，督耕的「田畯」看得滿心歡喜；

妻子給某甲送來便當，女兒攜著竹筐去陌上採桑；

……

八月裏某甲開始收穫，女兒繅絲給貴人做衣裳；

十月獲稻，釀製美酒給貴人獻上；

冬天出獵，尋覓狐狸做貴人的皮袍……

用階級分析法來看，恐怕這個詩是奴隸主作的，把庶民的生活寫得如此其樂融融。如果投胎再次一等，那就到沒有國界的地方去做野人。這樣不為疆域所覆蓋的地方，在西周還是很不少的。

天子吃著大夫送上來的糧食，大夫吃著自己封邑裏那井字田中間一格裏的糧食，士吃著自己田裏井字中間一格裏的糧食，庶民靠自己的本事吃飯。這樣「君食貢，大夫食邑，士食田，庶民食力」的有層次的生活，安詳而穩定。

我們大家知道，《禮記》有云：「禮不下庶人，刑不上大夫。」那麼恐怕庶民某甲不是很能接觸禮了？

嗯，結論也許可以說正確，但推理過程有問題。

我們先把原文找到：「國君撫式，大夫下之；大夫撫式，士人下之；禮不下庶人。刑不上大夫，刑人不在君側。」

什麼意思呢？古代貴族出行，都坐車（今人貌似也是）。車前面有條橫木，名字就叫「式」。諸侯在路上，遇到對面一個大夫坐著車過來了，諸侯就「撫」一下「式」，以表示答招呼。那麼大夫呢？要恭敬地下車行禮。這就叫「國君撫式，大夫下之」。那麼大夫遇到士，也是一樣的。士遇到庶人呢？這就不用了。因為老百姓哪裏有車嘛，也就不存在下車行禮的問題了。

這就叫「禮不下庶人」。那麼「刑不上大夫」呢？也有他的說法，我們下一節講。

總之，把「禮不下庶人，刑不上大夫」放在一起講，工整固然工整，卻不免斷章取義。其荒謬和拿「果真」造句說「蘋果真好吃」是一樣的。

當然啦，庶人需要遵守的禮比較簡略。東漢著名的鄭玄先生在注釋《禮記》到這一段的時候，說：庶人既沒錢（不能備物）又沒閒（遽於事），所以相對就沒那麼多繁文縟節啦。

但是不可否認，無論庶人還是貴族，禮幾乎構成了西周人生活的全部。生老病死，婚喪嫁娶，行軍打仗，居家旅遊，從搖籃到墳墓，都有相應的制度規定。一般來講呢，可以分為這樣五類：

吉禮：祭祀祖先，敬事鬼神。這是西周人的精神生活。

凶禮：就是辦喪事。

軍禮：行軍打仗時的禮儀。當然不是打仗之時，而是戰前和戰後。如誓師之類。

賓禮：外交場合的禮儀。

嘉禮：婚禮，冠禮（成年儀式，呼喚復興此禮），宴會之禮。

我們重點來談談婚禮。

某甲長大了。到法定婚齡了，要結婚。西周有沒有法定婚齡呢？不好說沒有。比如我們今天規定，女的到二十了，可以結婚了，這是法定婚齡。西周是什麼樣的規定呢？女的到二十了，還不嫁，就要有專門的官員（這個專門的官員叫「媒氏」）來追究你的責任了。男的是到三十。也就是說，西周的法定婚齡乃是法定非婚不可齡。

難怪嘛，那時候地廣人稀，人口乃是很可寶貴的，所以不是鼓勵生育，而是強制生育。

好，幸福的某甲打算結婚，那就先瞭解一下政策吧。西周實行的是一夫一妻制。沒錯，一夫一妻。嫌少？那後面再加個小括弧：一夫一妻（多妾）。簡單來講，只有一位正妻，其他的按照一定等級再劃分，都是有身分等差的。比如天子有一位「后」，再往下有夫人、世婦、嬪、妻、妾等等。就算是再窮的士，也會有妻妾。《孟子》裏面一個齊國的士，窮到在墳地上撿別人家的祭品吃了，也還是有一妻一妾的。黃蓉姑娘在大理戲弄漁樵耕讀之「讀」的時候，攻擊《孟子》這段寓言的不合理，說「乞丐何曾有二妻」，把個大理前宰相朱子柳唬得五體投地。如果當時聊公在彼，定可以幫老朱扳回一城。

那有沒有真正貫徹一夫一妻制的呢？有。誰？匹夫。

匹夫在今天固然是罵人的話（當然今天已經沒有多少人用這麼「文謅謅」的詞語來罵人了），但那時候還不是。比如在郊外活動的野人、庶民之類，男的都叫匹夫，女的都叫匹婦。意思是沒有小妾，只有夫婦兩個相匹。

好啦，某甲要結婚。而且某甲奔卅了，快到法定非婚不可齡了，再不結婚官府要宏觀調控了。怎麼辦？

某甲走在街上，看到一個女子。一打聽，叫某乙。某甲說男大當婚女大當嫁我看咱倆挺般配，要不你就從了吧。行不行？肯定不行。這裏違反了西周締結婚姻的幾項禁止性條件。

頭一個，同姓不婚。某甲姓某，某乙也姓某，同姓，不能結婚。這是中國史上的一大進步，不是小進步，是里程碑式的進步。為什麼呢？從優生學的角度來講，我們今天都知道近親繁殖是有害的，生下來的小孩子奇形怪狀呆頭呆腦。那麼古時候的人們是怎麼認識的呢？不是什麼封建禮教之大防，而是比今天更深刻。

第一個，男女同姓，其生不蕃。和今天的理由一樣，近親結婚生下來的小孩和秋後的螞蚱一樣蹦達不了幾天的。那時候去古未遠，同姓的一般都是近親。這個道理，洋人到近代還不懂。達爾文（Charles Robert Darwin, 1809-1882）那樣偉大的生物學家，連進化論都搞得清楚，卻硬是和自己的表妹結婚，生下的小孩子平均年齡比東漢的皇帝還要短。

第二個，附遠厚別。怎麼說呢？就是通過結婚來擴大本組織的規模。不要老跟組織內部的人結婚，結來結去搞得本組織成了近親繁殖。要結婚找外面人去。比如姬姓和姜姓一結婚，勢力就擴大了，這叫「附遠」；厚別呢，把自己組織內部人員之間的倫理關係理理清楚。不要一對起話來全是「哥，你比爸強」「媽也這麼說」。

嗯，一個是優生學上防止近親繁殖，一個是政治上防止近親繁殖。比今天的認識高明啊！所以某甲只好去找乙某結婚而不能找某乙。我們再強調一次，西周規定同姓不婚。所以西周開始，中華民族的智慧爆發的加速度就高於之前了。

某甲找乙某，可不可以？還差一點兒。你得調查清楚對方的背景。品德好不好（逆家子）？是不是沒事就自個家的成員互相生小孩玩（亂家子）？幾代以內有沒有受過刑的（世有刑人）？

有沒有家族病史（世有惡疾）？是不是死了爸（喪婦長子）？

逆家子不取，亂家子不取，世有刑人不取，世有惡疾不取，喪婦長子不取。這個叫做「五不娶」，也是某甲找老婆所需要考慮的方面。當然，至於是不是嚴格遵守，那是另一回事了。

好，某甲找了乙某，家庭背景清白。可不可以結婚呢？不行。要有父母之命，媒妁之言。如果你沒有父母之命媒妁之言而私許終身，是要遭到舉國上下集體鄙視的（《孟子》：不待父母之命，媒妁之言，鑽穴隙相窺，逾牆相從，則父母國人皆賤之）。

當然啦，這是比較文明的情況。也有一些部族，還沒有習慣一定要父母之命和媒人介紹。這種情況，周公制禮的時候也有考慮。所以專門特設每年的二月份，男女可以私自約定終身，而不會受到官府的處置，不影響婚姻效力（仲春之月，令會男女，於是時也，奔者不禁）。這樣的規定，於防水大壩之上又開水閘洩洪，以適應不同民族的需求。周公真是大聖賢呀！多麼體貼入微的制度設計！

結婚的程序呢，也是不簡單的。起碼要經過六個環節。首先，某甲要托媒人（看吧，媒人的作用來了）向女方求婚。這個叫「納采」。其實一直到今天有些傳統重的地方還有這個環節，並且是要送一定禮物來表示誠意和美好願望的，比如銀元、綢緞衣服、八副羅裙、鞋面、紅綠手帕什麼的，要湊足十個，表示十全十美。古時候沒有這麼麻煩，送隻大雁就可以了。為什麼送大雁呢？因為大雁是候鳥，順時氣而合陰陽；而且大雁死了一隻，其配偶就守寡一輩子（德鳥啊！）。這種優良品德是值得我們某甲學習的。

送過大雁了，某甲的媒人還要問乙某：你媽貴姓？乙某氣鼓鼓地回答：「姓某！」得，這事就黃了。乙某的母親如果跟某甲同姓，也是不許結婚的，還是優生和倫理的考慮。

聊公菩薩心腸，不忍心讓一對新人就這麼黃了，就站出來飽含熱淚對乙某說：「其實，你媽不是你的親媽，你奶奶也不是你的親奶奶！你生母不姓某，而姓乙啊！」乙某恍然大悟，問題就解決了。

這個環節叫「問名」。媒人順帶問了乙某的生辰八字，喜孜孜地回去找到某甲。兩人一起到某甲的宗廟裏，拜祭某甲的祖宗，呈上某甲和乙某的生辰八字求廟裏的卜人給算上一卦。卜人就拿著烏龜殼和蓍草之類的東西，搗鼓了好一陣，蠕動了乾癟的嘴唇，例行公事般說：「吉。」這個環節叫「納吉」。

這時候某甲就把家裏的小豬儲蓄罐拿出來砸掉，把錢拿出來，小心翼翼給了媒人。媒人鄙夷地看一眼，拿去給女方。這個叫「納徵」。

一旦乙某家拿了這個錢，就不允許反悔。這時候婚姻就具備了法律效力。

某甲再跑到宗廟，求卜人算了哪天是黃道吉日，再告訴乙某家。這是「請期」。

到了這一天，某甲就歡歡喜喜地跑到乙某家，把乙某一路迎回來舉辦婚禮。這叫「親迎」。

然後倆人一起進一個布置好的新房，上床，然後……這叫「洞房」（貌似大家都知道……）

納采、問名、納吉、納徵、請期、親迎，這六個環節下來，婚禮算正式結束。古時候沒有手。

機，得媒人來回跑。媒人的作用就體現在這裏，很不容易的。

等到某甲生了小孩子，在三個月內要取名字，取好了再去官府進行登記。這就是一個小某甲的生涯開始了。

如果某甲死了，那麼繼承發生。繼承的辦法我們在宗法制度裏面已經講過啦，這裏就不重複了。

以上講了西周人的生活。那麼調整這些生活的就是禮。如果換算成今天的法律術語，有土地法、繼承法、婚姻法等等民事法律，甚至禮的精神性原則是不是可以說是憲法（事實上憲法學的張千帆先生專門寫了一篇此方面的論文〈在自然法與一般法之間：關於「禮」的憲法學分析〉，大家可以看看）？

誰說中國古代沒有民法誰無知，誰去證明中國古代有民法誰無聊。

我們下節講某甲的死掉。

在西周犯罪

某甲在自己家裏，面無表情地撕著一隻燒雞吃。甲的爸爸衝進來一把搶過燒雞，拿著邊吃邊走掉了。某甲默默地看著爸爸得意而遠去的背影，感覺喉嚨口有一種憤慨的衝動。

聊公從屏風後走出來，攛掇：「告他。」某甲凝重地點了點頭。聊公遞過一束箭，說：「這是訟費。本朝規定，為防止濫訴，收束矢以為訟費。」某甲繼續點點頭。

某甲提了這束箭，去找本行政區的法官。城裏人找「鄉士」，鄉下人找「遂士」。某甲有城市戶口，便找到鄉士。鄉士收下了箭，問：「訟還是獄？」某甲看聊公。聊公曰：「本朝訴訟分兩類，以罪名相告曰獄，以財貨相告曰訟。西洋人管這叫做刑事訴訟和民事訴訟，差不多就是這麼個意思。」

某甲覺得自己的爸爸搶燒雞乃是一件「搶奪罪」，卻又拿不準，只好囁嚅著「訟」。鄉士嗯了一聲，眼皮也不抬地問：「所告何人？」某甲曰：「父。」鄉士終於抬起眼來透過老花鏡看著某甲，說：「君臣父子無獄訟。」

「Cut!」聊公走出來，解說道，「《禮記》有云：『凡聽五刑之訟，必原父子之親，立君臣之義。』所以兒子是不能告老子的。如果堅持告，告者有罪。前面整個關於宗法制到封建制的立足，都在於倫理。兒子告老子，其倫理基礎勢必遭毀壞。我們錄製這個節目，其教育意義正在於此。」

這種情況下某甲只好鬱悶地回去了。

那麼如果所告的不是父親，而是某乙呢？好，訴訟程序進一步推進。

鄉士派了張龍趙虎把某乙傳喚來。張龍趙虎回來說：「某乙乃是齊國的國君，正在魯國進行國事訪問，來不了，全權委託秘書某丙擔任其代理人。」鄉士搔了搔頭，說：「開庭吧。」聊公曰：「慢！」然後對著鏡頭說：「這裏講解一下。西周打官司要求雙方當事人都到庭，此為『兩造具備』。大夫級別以上貴族有權派自己的臣下做代理，這大約就是我國代理制度的起源吧！」然後恭敬地對鄉士說：「尊敬的法官大人，請繼續。」

鄉士不滿地敲了敲法錘：「肅靜肅靜！某甲，你先說。」某甲說了某乙搶他燒雞，某丙作了辯護。鄉士為難地說：「兩邊都有道理呀！那麼只好——上烙鐵！哈哈哈！」鄉士哈哈獰笑著撕掉面皮，原來卻是皋陶，身邊的公孫策皂隸一干人等一起對著某甲獰笑起來……

「某甲！某甲！」鄉士連敲法錘。某甲從幻想中驚醒，只好顫抖著說某乙搶他的燒雞，某丙作了辯護。鄉士為難地說：「兩邊都有道理呀！那麼只好——公孫策！」公孫策從一個陰暗的角落裏獰笑著走出來，某甲轉身就準備跑。

「報告大人！屬下剛才觀察了，某丙辯護時前言不搭後語（辭），面色青一陣紫一陣（色），呼吸紊亂急促（氣），聽覺也出現了問題，我剛才連叫他三聲他都沒聽見（耳），並且眼神渙散游離（目）。毫無疑問，正是某丙在說謊！」

「Cut!」聊公走出來，對著鏡頭說，「西周審理案件已經開始重視證據。通過辭、色、氣、耳、目五方面進行觀察，以判斷當事人是否在說謊。這叫做『五聲聽獄訟』，乃是世界上最早的將心理學運用於司法領域的測謊技術。雖然還很粗糙，但是相比起同時期的歐洲還在沿用的神判法，肯定是文明而人道且科學的曙光啊！當然啦，這是在毫無證據的情況下採用的偵破辦法。有證據，則從證據。」

聊公喝了口清茶潤潤嗓子，繼續說：「根據相關記載，當時的證據有書證、物證、證人證言和勘驗結論等。比如《周禮》有規定，打土地官司的，拿官府地圖做證據；打契約官司的，拿契約文書作證據。證人作證的，必須發個毒誓說我要是做偽證叫我生個孩子沒屁眼以保證口供的真實性。」

鄉士聽了公孫策之言，就以此作為審理的結論。比照了刑書，沒見有「搶燒雞」條。參看以前的判例，有「某丁搶奪烤鴨案」，頗類似。就問某甲：「某乙搶你燒雞，是眚呀，還是非眚呀？」某甲直直地看著鄉士，忍不住又扭過頭來用無辜的眼神向聊公求助。

聊公搖著鵝毛扇，笑曰：「所謂眚，乃是過失也；所謂非眚，乃是故意也。」某甲便道：「回大人，非眚。」鄉士點點頭，又問「那某乙是惟終呀，還是非終呀？」某甲又可憐巴巴看聊公。聊公「啪」地打開一柄摺扇，曰：「惟終就是慣犯，非終就是偶犯。」某甲想了想，回道：「想是非終吧！」鄉士再一點頭，便判道：「按照以前的慣例，要判某乙劓刑。但考慮到刑不上大夫，嗯，可以改罰二百五十鍰。某丙，你看怎麼樣啊？」某丙連連點頭，甘願受罰。於是一樁官司至此終了。

幾句後話先交代掉：

1.倘若鄉士不立案開庭，某甲可以上訪告御狀。告御狀的辦法有兩個：一是跑到王宮正門外邊去敲「路鼓」，就會有太僕出來接了你的狀子，交給周王。二是跑到路邊站在一塊紅色的「肺石」上。站到被人看見了，就會過來接了你的狀子，交給周王。我想多數人還是願意敲路鼓。當然，這個站肺石也有個防止濫訴的作用在裏頭，類似後世的殺威棒。

2.倘若鄉士收了某乙賄賂而枉法，某甲也可以上訴，兩案並告。一告某乙搶你燒雞吃，二告鄉士「惟貨」。嗯，這是我國最早的法官責任制度啦，叫做「五過之疵」，分為惟官（依仗權勢）、惟反（挾私報復）、惟貨（收受賄賂）、惟內（庇護親屬，蓋此時尚無回避制度也）、惟來（受人請託）五種行為。

3.死刑在這時候已經分等級使用了，平頭老百姓「棄市」——殺死了扔在菜市場上叫人唾棄三天；而貴族則可以留全屍——由專門的行刑者秘密縊死以照顧其面子。

4.不判死刑的，除了割鼻子剁腿而外，已經有了徒刑的發明。關在牢裏，進行勞動。這種辦法，顯然比處肉刑文明得多，既保全了犯人肢體有利於他改過自新，又可以讓他勞動以促進生產。但這種辦法現在還不普及。不過沒關係，是金子總要發光的，好的刑罰也不例外。徒刑在未來將成為最主要的刑種。

5.這時候的監獄叫「圜土」或者「囹圄」。一個土牆圍起的圓屋子。有專門的牢頭叫「司圜」，有專門的獄具叫桎、梏、拲，分別是戴在腳、頸、手上的，都是木頭的。

下面再重點解釋一個上一章的遺留問題：究竟什麼叫做「刑不上大夫」。

刑不上大夫，我們解釋它說：大夫以上不受刑，此乃封建等級特權之鐵證。這種說法，屬於完全不顧歷史事實而睜眼瞎說。

從桀紂到周厲周幽周宣王，哪個沒有給大夫用過刑？關龍逢比干杜伯乃至管叔蔡叔都受過刑罰。這樣的話，要放到原始語境裏面去理解。原文拿出來看：

刑不上大夫，刑人不在君側。

刑不上大夫的原因，乃在於受過刑的人不適合待在君主之側，那是很煞風景的事情。天子半夜做夢醒來，發現左右侍立著的官，一個缺條腿，一個滿臉刺著字，乃是很恐怖的事情。拿出去搞外交，也不好看。

所以此言的真實含義，乃是「肉刑不上大夫」。至於一般的流刑徒刑乃至死刑，大夫是不可避免的。遇到肉刑，則轉化為其他刑種加以處置。另外執行死刑也享受一定的留全屍的優待，上面已經說過啦。

嗯，從上面「某乙搶某甲燒雞案」這樣虛構的案例，我們已經看到從夏商到西周中國法律的跨越式發展。我們的先人已經開始學會區分犯罪的故意與過失、偶犯和慣犯，並且規定了刑事責任的年齡，一定歲數的老人和小孩子是可以免於刑罰的。我們還有法官責任制度，有測謊技術和證據制度，有比較合理的「兩造對抗」的訴訟制度，有代理人制度（雖則還僅限於貴族），有罰金的辦法，有數罪並罰的辦法。雖然還很簡單和幼稚，但是在維護人權方面，實在堪稱當時世界的楷模。而今天叫囂人權的幾個國家，有的甚至連神判法的辦法都還夢想不到。

任何黃金時代，都有吐盡輝煌的時候。下一節我們講一個真實的案例，一個象徵著西周黃金時代瓦解的案例。

一個案子了結西周

周厲王三十二年（前八四六年）三月初，周厲王姬胡先生在康宮的太室沉思。某甲徑直地走進來，姬胡愣愣地看著他。某甲走到姬胡對面，坐定。點起一枝煙，深深地悶了兩口，抬起頭問：「你就是周厲王？」姬胡想了想，點點頭。某甲又悶了一口煙，把煙頭扔到地上，踩滅，站起來，「撲通」一聲跪在地上，帶著哭腔嘶喊：「大王！為小的做主哇！」

原來，某乙租了某甲的土地，卻違約沒有給租金。姬胡皺皺眉頭，叫太史南把這個案子交給大司寇虢旅，由他來處理這個事情。虢旅接到這樣一個無聊的案子也覺得很無聊。把某乙宣來，對質了雙方的口供，又把相關的地圖田契都尋了來，一一檢查，都沒有問題。便判了某乙敗訴，令他起了個誓：「若再不還某甲田租，願受流放之刑。」於是揮揮手，算結了這個案子，便忙他的公務去了。

某乙回去後就還了錢。而某甲則很歡喜，回家鑄了個鼎，把這事情用了一百零二個字銘在鼎上。由於某甲真名叫鬲從，所以這個鼎叫鬲攸從鼎。

後來，這個鼎被挖了出來。上面的字被考古家翻譯並整理出來。再後來，這段文字被轉抄。而聊公則從一本錯訛極多的爛書上看到了它。然後聊公說：「就是這樣一個無聊的案子，了結了西周。」

對，是我在誇大其辭賺你眼球！哈哈哈！但是——這個案子裏面確實反映了西周滅亡的蛛絲馬跡。我們一起來探索。

這個案子裏面，我們所認識的只有周厲王。他引發了兩個成語，一個叫「道路以目」，一個叫「防民之口甚於防川」。你都聽說過？好極了。

讓我們把鏡頭再對準這位周厲王姬胡先生。他此時依舊在沉思。

建國之父們集中一代人的智慧所創制的宗法制和井田制為基礎的封建制，已經出現了危機。一個表現在於，宗法制的紐帶鬆了。周公立法的本意在於「家天下」三個字。嫡長子做天子，其他小孩封到天下做諸侯。諸侯的嫡長子做諸侯，其他小孩封到地方上做大夫、做士……隨著時間的流逝，人口的繁殖，家族的龐大，把宗族的觸角伸及全中國。弟弟們拱衛嫡長子，猶如眾星拱月。這才叫普天之下莫非王土率土之濱莫非王臣，這才叫「家天下」！

極好的理想設計，但是智者千慮必有一失。

周公先生，您可曾想過，百年之後那些諸侯大夫士庶人們還會認寡人這個大哥嗎？姬胡覺得胸中一種滑稽的悲楚在湧動。周公的這個疏漏在三百年後居然以這樣的缺陷落到姬胡的頭上，當真令他哭笑不得。

事實上，昭王的時候就已經王道微缺，夷王的時候就已經諸侯不朝。到現在，更是有諸侯削減貢品甚至拒絕上貢了。王室的日子，一天比一天緊巴巴。

天子食貢，大夫食邑，士食田，庶人食力，多麼完美而有層次感的制度設計！現在，除了天子食不到貢，其他的依舊在有條不紊地進行著！

另外，民間的土地也開始鬆動。土地王有？開什麼玩笑？抓在誰手裏就是誰的！不准租借？不准買賣？去你的！不租哪來田金？不買賣哪來收入？除了周天子恪守祖訓不租不借外，全在下面亂搞！

中央無權，地方坐大。

姬胡不能坐以待斃，姬胡決心有所作為。

幾百年後，瞎子左丘明會在《國語》上鄭重地刻下四個字以作為對這位改革家的祭奠：

厲始革典

姬胡觀察出了先聖周公設計這套制度的內在機理。正如三千年後王國維先生將會說到的，宗法制「納上下於道德而合天子諸侯卿大夫士庶民以成一道德團體」，但周公本人並沒有這樣理想化。這只是表象。

根本上來講，這個體系還是要靠王室以實力來維持的。

小諸侯雖多，卻以王室為中心運轉。這樣，可以保障王室的實力不至於衰頹；而王室擁有了實力，則可以打擊不聽話的小諸侯、開拓疆土封任新誕生的諸侯。如今王室實力不濟，所以既不能有效解決諸侯間的糾紛，又不能開拓疆土封給新天子的弟弟們，這些弟弟只好在王畿之內分一小塊地，如此又削弱了王室的實力。周而復始，惡性循環。

加強王室實力是關鍵。

認識到這一點，姬胡任用了一位經濟專家榮夷公。榮夷公的辦法乃是兩個字——專利。

今天的法律術語，在中國古漢語裏都有出處，也就是其語源。但是以這麼個古漢語來對應翻譯那麼個外國的法律術語，則是日本人的貢獻。「專利」這個詞語，就是打這裏來的；但是其意義，卻和今天完全不同。古漢語專利的意思，同樣可以用今天的一個經濟學術語來做大致對應的翻譯——

專項稅收。

榮夷公的這個辦法，乃是在早已分配給諸侯們的山林川澤（應該也包括土地）上收稅。你們不是違反祖制瞞著我私自買賣田地嗎？好，我們索性撕破這層窗戶紙，我承認這田地是你們所有的。但我要你們交稅。你們不是在私田上下足功夫，卻任公田荒廢嗎？好，公田私田都給你，公田私田都收稅！

在承認土地私有的背景下，才有了前面某甲大著膽子找周厲王打官司狀告某乙拖欠租金的案子。

這個案子，可以說是西周的最後一案了。

經濟之外，姬胡又將軍事委託給一位號公來全權處理。這樣一來，就繞開了兩位元勳的後裔——周公和召公。世襲的權威受到了挑戰。

姬胡的改革使得暮氣沉沉的西周炸開了鍋。姬胡乃命令從衛國調來一批巫人專門負責監督輿論，嚴禁對改革說三道四。這個做法，想必是會得到未來的法家的稱讚的。

召公坐不住了，跑來含淚勸告姬胡：「防民之口，甚於防川！」姬胡拒絕聽從。

國人果然暴動，將姬胡推翻。姬胡晚年死在一個叫做「豬」（彘）的地方。

兩百多年後，魯國在其境內實行「初稅畝」改革，極大解放了生產力。改革內容和姬胡的「專利」基本相同。

聊公找到姬胡先生憤憤不平的在天之靈，鄭重地說：「提前到來的改革等於破壞；社會沒有發展出足夠的存量，改革就難以產生增量而只會產生阻力；改革的成敗，藍圖固然關鍵，但推行手段更關鍵；大國的改革，應該從試點開始；穩定壓倒一切。」說完，揚長而去，留下一個獨立而思考著的姬胡。

厲王之後，乃是周公召公共和行政，然後是宣王即位出現了一個所謂的中興。最後幽王烽火戲國法之後，西周王朝被犬戎給打掉了。歷史老人連敲幾通急鼓，催促一個白金時代的降臨。

聊公站在鎬京的城鄉結合部，看著忙忙碌碌往雒邑搬家的周平王和他的宰輔大臣們的龐大隊伍。

也有一些人並不跟著這支隊伍去，而是收拾了行囊失落而匆匆地搭上了前往祖國各地的火車。他們是最近一批政府的裁員，政府的財政實在養不活這麼多人了。他們中有王室圖書館的守藏吏，有守廟的小官，有天文官，有記言記事的史官，有採集街談巷議的稗官，有負責審案的低級法官……現在鐵飯碗砸了，不知道前途在何方。

西周的夕陽已經洩盡了最後一絲輝煌，天沉了下來。聊公想到握髮來見的周公，想到憤憤而獨立的姬胡，想到打官司勝利而歡喜地鑄鼎紀念的鬲從，輕歎一口氣，便要離去。

忽然聽到遠處一個渺茫的歌聲在野唱：

苕之華　芸其黃矣
心之憂矣　維其傷矣
苕之華　其葉青青
知我如此　不如無生

聊公最後望了一眼西周的天空，便義無反顧地隨著平王的部隊往東周去了。

三 春秋戰國：白金時代的破與立

二屍三命案

雍子和叔魚的屍體躺在邊上，劊子手正在把他們的腦袋砍下來。邢侯麻木地看著這兩具屍體，心想：他們在死去之前也曾經是活著的。思量未已，一種刺骨的冰涼已經介入他的頸項，隨後的沸騰灼熱將他的思緒吞沒了。

二屍三命。

聊公默默地轉回頭去。這樣血腥的場面，在春秋之前的法律史上從來不曾缺乏過，今後也將繼續層出不窮。更何況，這三個人並非死無餘辜。

雍子生前是晉國的功臣。他是楚國申公巫臣的公子，由於並不被父兄喜歡且遭到惡待，於是跑到晉國來。究竟是怎樣的原委，聊公不想多講了。總之雍子曾經很努力。他靠著他的努力和實力，在一次戰鬥中立了功勞。國君把部邑賞賜給他，他萬萬料不到就是這片地，要了他的命。

邢侯也是申公巫臣的兒子。這位楚臣申公巫臣衝冠一怒為紅顏，舉家跑到晉國來了（具體事蹟可以去查《左傳》）。他在晉國多有作為，國君把邢邑封給他。這塊地，由他兒子邢侯繼承。邢侯同樣萬萬料不到，這是一片奪命的土地。

當然，奪命的永遠不是死物，而是生物，是生物永不止息的欲望。

部邑和邢邑的邊界並不明確，所以雍子把邊界劃得有點大。邢侯不是省油的燈，聚集了百姓在邊界上鬧，抵制雍子。

讓他三尺又何妨？聊公這樣問雍子的靈魂。雍子咬牙切齒地說：不蒸饅頭爭口氣！唉，為什麼恨一個人可以十年五十年甚至五百年這樣子地恨下去，為什麼仇恨可以大到這種地步呢？

生前的雍子對自己的家人一腔仇恨。想不到自己跑到晉國，他們居然可以跟了來；想不到自己封到部邑他們卻可以住隔壁！是可忍孰不可忍？雍子把親兄弟邢侯告上法庭。

本是同根生，相煎何太急？

叔魚很高興自己當上了司寇。叔魚姓羊舌，名鮒。羊舌一家子在當時的晉國是望族，他的兄長叫叔向。

叔魚爬到這個司寇位子可不容易。這是他鑽營許久幹了好幾件詭詐的事情，才弄到的職位。漢朝開國宰相陳平先生說過：「我多陰謀，道家之所禁，其無後乎？」這是頭腦清醒的人說的話。叔魚頭腦不清醒，他絕對想不到這個他千辛萬苦得來的位子要了他的性命。

雍子告邢侯，執政韓宣子令司寇叔魚接手這個案子。

雍子打探好了，叔魚預備判自己敗訴。雍子也打探好了，叔魚這人沒別的毛病，就是貪財好色。

雍子挑揀了自己一個如花似玉的女兒，給叔魚送過去。這大約是中國歷史上首起對司法官的性賄賂吧？但直到今天，關於「性賄賂」基本上還是立法空白。

叔魚得了如花美眷，便開庭審理，判了雍子勝訴。邢侯一怒之下，情緒失控，殺了叔魚，又殺了雍子。

就是這麼個案件。韓宣子犯了難：這樣一來案情就複雜了，該怎麼判呢？沒奈何，把叔向找了來。

放在洋人那裏，是反對這樣做的。叔向乃是叔魚的大哥（同父），這裏面涉及到一個回避的問題的。而在中國，韓宣子全不考慮這個問題。召你叔向來，正是對你的信任。

叔向並不辜負韓宣子的信任，他說：「三個人都是死罪。」

韓宣子問他：「依據何在？」

叔向說：「夏朝的刑法規定：己惡而掠美曰『昏』，貪以敗官曰『墨』，殺人無忌曰『賊』。這三樣，按夏朝的刑法都是死罪。一個沒死的，殺頭；兩個已死的，戮屍。就這麼簡單。」

韓宣子鄭重地點了點頭。

叔向出來，遇到一童子，曰：「某奉軍師將令，在此等你多時。」叔向問：「你家軍師是誰？」童子曰：「隨我來便知。」說罷，領著叔向三繞兩繞，至一處茅舍，舍中傳出琴聲錚然。叔向入內，見一人拊掌大笑：「先生做得好大事！」孰視之，正是聊公。

叔向皺皺眉頭，用表情示意：「我很忙，你有事快說。」

聊公笑笑，問道：「請教先生可知道什麼叫做罪刑法定原則？」

叔向：「？」

聊公心想諒你也不知，嘴上卻說：「此乃是現代社會的一項基本刑法原則。基本內涵乃是：法無明文規定不為罪，法無明文規定不處罰。先生判決叔魚一案，請教晉國哪條法令規定受性賄賂從而枉法須判死刑？」

叔向：「晉國並沒有這樣的規定，但是夏朝的刑法有此規定：昏墨賊，殺。此乃是皋陶製造的刑法，難道還不足以作為判案的依據？」

聊公：「請問此項規定何處有載？」

叔向：「那時候並無竹帛，某博聞強識，故而得知。」

聊公：「好，可見依舊無明文規定。再問，誰人告訴你昏就是『貪以敗官』而不是頭昏的意思？」

叔向：「昏自然就是貪以敗官。」

聊公：「原來司法解釋也是你杜撰的。再請教，你憑什麼說叔魚是貪？貪物質財富算貪還是貪美色也算貪？」

叔向：「都算。只要貪便是不好的。」

聊公：「嗯，看來事實認定也有問題。再請教，你知道什麼叫做法律的時間效力嗎？」

叔向：「什麼是法律的時間效力？」

聊公：「即指刑法的生效、失效時間和溯及力的問題。請教，你居然援引一部夏朝的法律（何況還莫須有）來斷本朝的案子，難道夏朝的法律還沒有失效嗎？」

叔向：「聖王的法則，雖萬世而行之，豈會失效？」

聊公：「那按照紂王的法律，先生你死上十次都夠了，請問我可否引紂王的法律來判你死刑？」

叔向：「紂王獨夫，豈能與聖王並論？」

聊公：「好，那麼獨夫之刑還是聖王之法，誰說了算？」

叔向：「公道自在人心。」

聊公：「好一個人心，人心最不可捉摸。你就以這不可捉摸的人心，宣判了三個人的死刑？你違背了刑法的基本原則！」

叔向輕蔑一笑：「我根本否認那是刑法的基本原則。好啦，先生倘無他事，在下先告辭了。」

聊公不語，目送叔向到門口，卻見他停下腳步，卻並不回頭，而是背著身問了一個問題：

「請問先生，按你所說的現代刑法的原則，應該怎麼判這個案子？」

聊公思忖一下，道：「叔魚受性賄賂，晉國法律沒有規定；無法確定是沒有審清事實所以錯判還是枉法故意錯判，疑罪從無。雍子性賄賂叔魚，晉國法律同樣沒有規定，無罪。邢侯故意殺人，死刑。」

叔向扭過頭來，哈哈大笑：「那豈不是白白放過兩個壞人？邢侯當真是死得冤枉了！」

聊公不服氣：「那是你法律不健全的緣故！」

叔向道：「什麼時候法律才能健全？這是以人治而補充法治之不足。」

聊公大怒：「人治任意裁量空間太大，早就被文明社會否定掉了！」

叔向冷笑道：「難怪你們出了許霆案這樣的千古奇聞！從五年有期徒刑到無期徒刑，這個自由裁量空間倒是小！須知，公道在人心，有治人，無治法。」

聊公語塞。

叔向頭也不回地走開。邊走邊說：「你的想法和子產接近，你可以去找找他。」

身後傳來聊公的聲音：「我正要去找他。」

子產鑄刑書

子產任鄭國的執政，已經是第十八個年頭了。他在任上最大的感慨是：鄭國的家，不好當。

子產堪稱春秋時代最務實的政治家，把虛名看得如天邊的浮雲一樣。但是就是這種務實的作風，使得他也成為了當時最具有爭議的人物。

國際上對他的評價，子產都是清楚的。但是沒有辦法，戰爭太頻繁了。

鄭國地處中原，夾在若干個大國的中縫裏面。誰瞧你不順眼，就來打一打。要說真的把你打亡國了，早死早超生也好。惱火的是，這些打擊都不致命。把你打個半死，收手，警告你今後還要來打你。反覆但不致命的打擊，正是促使一個國家變革的因素，也使得政治家的精神由理想而轉向實用。

不獨鄭國如此，放眼天下，哪個國家不是如此？不過鄭國遭受的打擊更多，故而更加實用主義罷了。

飽漢不知餓漢飢，子產心想。

除此之外還有原因：社會精英下沉，新階層的崛起。子產不知道這個新階層是不是將來階級分析法所認為的代表新的生產力的地主階級。但是他清楚：這是周公設計的封建制度的又一大問題。

姬胡著眼的是王室的衰微，子產則看到了社會底層的崛起。

封建制度的精神是嫡長子繼承制，餘子則下沉成為下一級的階層。如此層層下沉，幾百年過去了，最後的結果卻是「士」階層成為最具有知識和人數優勢的一族。問題在於，沉澱到底的他們幾乎沒有上升的機會。

封建制是一次性的制度。這個制度的精神，著眼於維持而非創造。所以在周初大封諸侯之後，就沒有新的諸侯級封建了。此後，只能依靠血統的關係，進行大夫級別的封建。你生來是士，那就幾乎沒有成為大夫的可能。

當一個階層有了實力卻沒有相應的晉升路徑時，就是革命的時候了。封建制必然帶來革命，無論中國還是西方。這是在當初周公進行制度設計時就已經種下的因子，今天終於眼看要瓜熟蒂落了。

此外，還有一個助跑的加速器：政府的知識分子下崗。王室養不起那麼多的知識分子，所以只好裁員。這樣一來，這些官方知識分子就成了民間知識分子。這些人開始著書立說傳教，進一步開發了社會底層的民智。

民智一開，就開始對政府有意見了。最近的一個意見來自於法律方面：你政府制定的法律為什麼不公布出來讓大家都知道？而司法裁量的權力又在你們這些卿大夫的手裏！要麼公布法律，要麼讓我們階層的人也進入司法系統！

這是最近的聲音。

子產處在一個兩難的境地。開放司法系統而隨便讓什麼人都可以進來，這在近百年內還是不可想像的事情，條件並沒有成熟，只好留待後人去做。公布成文法，還是可以接受的條件。而且這樣一來，也有利於民眾知法守法，各地官員有法可依，可以免去政府不少手腳。

子產兩害相權取其輕，在他執政的第十八個年頭鑄造了一個鼎，將政府的法律銘刻在鼎上。

把這隻鼎擺在政府的大門口，任人參觀。

「為政者只好走儘量中庸的道路。可是現在左派的人把我當右派，說我太保守；右派的人把我當左派，說我太激進。難呀。」子產坐在沙發上接受聊公的採訪時抱怨道。

聊公笑了笑，問：「聽說最近有右派的代表給您寫信？」

子產也笑了笑：「還能有誰？我們的老朋友叔向罷了。」

聊公佯作大奇狀，問：「叔向信上怎麼說？」

子產鄙夷道：「此信全文收在《左傳》裏面，公熟讀經史，豈會不知？」

嗯，這封信聊公自然知道。全文的大致意思是這樣的：

子產啊，我早就擔心你要出事，今天終於出事了！先王們議事以制，不為刑辟。你倒好，把刑法明明白白地刻在了鼎上。老百姓不知道刑法，還只是愚民；知道了刑法，就會變成刁民啊！你看看歷朝歷代，都是些桀啊紂啊這種人才頒布刑法，而你作為鄭國的執政，居然也鑄刑鼎，看來你一死掉，鄭國就完蛋啦！

原文比這個要長，而且意思豐富得多，大家可以去翻《左傳》。

子產回了什麼信呢？我可以全文錄在這裏，因為不長：

若吾子之言，僑（子產名公孫僑）不才，不能及子孫，吾以救世也。既不承命，敢忘大惠？

子產是讀懂了叔向的信的，所以回了這麼封透著無奈的信。後代的人沒有讀懂叔向，於是說：叔向是奴隸主舊貴族的代表！他堅持奴隸主壟斷的秘密法，所以反對代表新興地主階級利益的成文法的公布！

也不是沒有道理。但是，我們研究法律，則更應該從法律的角度來看這個問題。

我們來看叔向信裏面那八個字：「議事以制，不為刑辟。」啥意思？比如說，某甲犯了個案子（某甲：為什麼又是我？），該定什麼罪，判什麼刑呢？在子產而言，拉到刑書前查查條文。嗯，第五條第二款規定是殺人罪，該砍頭，那就拉去砍掉；沒有這個規定，那就放掉。清清楚楚，明明白白，簡簡單單。在叔向而言，則把某甲的情況上報給負責司法的幾位法官。他們對案情進行一個討論，大致覺得應該怎麼判了，就予以定罪處罰。這就叫「議事（就事論事）以制（從而判決。制是決定、判決的意思）」，事先不公布什麼刑法。

我們先來看叔向這個辦法的缺陷：

第一，司法成本高。每個案子都要進行討論，從而決斷，耗費人力物力和時間，司法成本太高。而且把簡單的事情複雜化了。尤其是在一個疆域遼闊的國家而言，這個缺點會很突出。

第二，使法律喪失了預測功能。老百姓能看到法律，就可以根據法律來做事情。明確知道什麼事該做，什麼事不該做。法律不公布，則無法如此。

第三，法官自由裁量權過大，容易作奸犯科。由於沒有明確的法律可以遵循，法官的自由裁量空間過大。絕對的權力導致絕對的腐敗，萬一出那麼一兩個叔魚，就麻煩了。

「停！」聊公正滔滔不絕地歷數叔向裁決法的缺陷，忽然有人緊急叫停。聊公一看，正是叔向本人。

叔向冷笑一聲：「許多寫書的都喜歡把自己駁斥的論點當靶子來使而不容其反駁，從而給自己的讀者造成一種被駁斥的觀點果然有問題的錯覺。沒想到聊公你也幹這種鞭屍之事！」

聊公不好意思地笑笑。叔向說：「我來一一駁斥你上面所謂的三個缺點，可否？」

聊公知趣地讓到一邊（以下為叔向在說，不代表聊公的觀點）。

第一，所謂的司法成本高，這是不值得一駁的。如果這件事情是對的，那麼司法成本再高也應該去做；如果這件事情是錯的，那麼司法成本再低也不可做。可見這一點是建立在「議事以制是錯誤的」這個前提之下的，把待論證的觀點當前提來用，聊公你好大的本事啊！當讀者都是傻子麼？（聊公訕訕地笑）

第二，所謂的法律喪失預測功能。聊公你有句話說得好，「老百姓能看到法律，就可以根據法律來做事情」。那麼，老百姓看不到法律，會根據什麼來做事情呢？會根據道德，根據禮的精神。法律只是底線的道德，把法律公布出來只會使大家想辦法去打法律的擦邊球甚至鑽法律漏洞，而我不公布法律，則會使老百姓都根據道德根據禮的精神原則來行事，有何不可？

第三，所謂的法官自由裁量權過大。誰說法官就沒有制約了？先前的判例，對他是制約；禮的精神原則，對他是制約；輿論的壓力，道德的譴責，他內心的善意良心，他頭頂的浩瀚星空，那一樣不是對法官的制約？

聊公走出來，道：「我承認你說的有道理。但是，萬一就有法官無法無天，怎麼辦？」

叔向說：「別的法官來把他繩之於法。人民的眼睛是雪亮的，以天下為法官，則無漏網之魚。」

聊公繼續道：「那如果天下都認同這個法官無法無天的行為呢？」

叔向笑了：「這樣的話，那就算有公布的成文法也沒有用。有治人，無治法。再說了，你以為法律公布了，真的就一切都明確了嗎？西方法諺有云：「法律不經解釋則無法適用。」一個法條裏的任何一個詞語，其實都要進行解釋。你每用一個司法解釋來解釋一個詞語，這個司法解釋中的每一個詞語本身就需要別的司法解釋來解釋，從而陷入一個惡性循環。法令滋彰，則盜賊多有。在這樣的情況下，其實每個法條還不是在審判的過程中靠法官以自己的判決來解釋？這還不是法官的自由裁量權？難怪乎美國的傑羅姆・佛蘭克先生（Mr. Jerome Frank, 1889-1957）說，法官早上吃了些什麼，都能決定司法判決的結果。」

聊公不語。子產走了出來，道：「邏輯上，你正確；實踐中，我合適。先生的理由在來信中已經說清楚了；在下的態度，也在回信中表明白了。」

聊公出來打個圓場，說：「這樣吧，究竟孰是孰非，我們在實踐中見分曉。我這裏有個案子，也是我在春秋時代找的第三位主人公犯的事。請兩位看一看鄭國公布刑法的結果。」

鄧析之死

姓名：鄧析
國籍：鄭
愛好：抬槓
座右銘：抬槓是一門邏輯藝術
頭銜：中國第一位律師，名家的鼻祖，法家的先驅，法律教育家、社會活動家

鄧析坐在家裏，拿了一片竹簡，在往上面寫字。他眯縫著眼睛，神情得意而專注。一個小廝進來報告：「先生，又有官司了。」鄧析頭也不抬，以常人察覺不到的幅度點了點頭，繼續寫字。

某甲進來了，跪在地上就哭，越哭越傷心。鄧析不為所動，兀自寫字。某甲看哭得沒什麼效果，就抹乾淨鼻涕，直說：「我爸爸前陣子渡河，淹死了。一個船家某乙撈到了屍體，卻向我們要錢才能把屍體贖回來。請教先生該怎麼辦？」

鄧析看都不看某甲，邊寫字邊說：「給錢。」

某甲眼淚汪汪地說：「索價太高！要不也不會來勞動先生了！」

鄧析略一思忖，放下竹簡，說：「等。令尊的屍體，除了賣給你，他還能賣給誰？」

某甲一聽有道理，千恩萬謝，打算離去。小廝卻過來攔著他，指指旁邊的一塊價目表，上面寫著：大案子外衣一件，小案子短褲一條。某甲想了想，不是什麼大案子，就脫了條短褲給小廝。

某甲前腳走，某乙後腳就來了：「鄧老爺，我前幾天打魚撈到一具屍體，據說是河上游的一個富人家的大老爺，我就琢磨著賣個好價錢。結果他們跟我還價，你說有這麼當兒孫的嗎？我就不給，他們居然要去官府告我，官府也沒轍說這案子法律上沒有規定。我就跑您這兒來，求您給支個招，您說我是降價處理呀還是囤積居奇的好？」

鄧析繼續寫著字，不動聲色地說：「等。這樣的奇貨，除了找你，他們還能上哪買去？」某乙連忙謝過，取了條短褲，給旁邊的小廝，走了。

鄧析寫完了最後一個字，重新讀一遍，滿意地笑了，喚過小廝來：「把這個送致子產先生。」小廝拿過竹簡，略瞥一眼，道：「先生，您上次在市場上公開張貼大字報抨擊子產先生公布的刑書後，子產已經頒布了新的條令：嚴禁張貼大字報（懸書）抨擊刑書了。」鄧析笑了：「懸書者，張貼使眾知也，是面向不特定受眾的；致書者，投遞使之曉，是針對特定受眾的。我這是致書，豈是懸書？你只管去投便是。」小廝領命去了。

子產拿著鄧析送來的竹簡，皺著眉頭一語不發。叔向哈哈大笑：「這等妄人，只需依著禮處決掉算了。昔日太公治齊，就把胡言亂語的華士、狂矞殺掉了，今天只需依著那個先例，把鄧析殺掉。」子產瞥他一眼，道：「政府豈可失信於民？朝令而夕違，民將焉從？來人啊！」一個小吏應聲而至。

子產道：「再下一道命令，嚴禁致書抨擊刑書！」

小吏出去正忙著給刑書打補丁，鄧析家的小廝又來了：「哥們，別忙活啦。我家先生估計子產先生要禁止致書，所以他老人家改了『倚書』的辦法，把竹簡包在包裹裏。包裹和信件可不一樣，麻煩您再給子產先生送去吧！」

子產拿到鄧析的包裹（倚書），臉都綠了。他想了想，說：「來人啊，把前面那三條統一起來，改叫『嚴禁抨擊刑書』！」

小廝把這個新改動告訴鄧析，鄧析想了想，點點頭：「這一條算是大體過關了。你去把從鼎上拓下的銘文取來，我們再搞他下一條。」

鄧析與子產的較量在繼續著，全鄭國都惡作劇般看著這場好戲。新的法令在不斷出台，舊的法令在不斷撤銷。子產處於下風啊！大家都這麼認為。

在一片對子產的喝倒彩中，聊公卻敏銳地觀察到：鄧析可鑽空子的法條越來越少，而子產打滿補丁的刑鼎越來越扎實和完備。一部在立法技術上全面超越最早的刑書的新刑法，已經呼之欲出。

終於，鄧析找不到攻擊點了。他站在政府的門口，眯縫著眼睛細細地看著子產鑄造的刑鼎，彷彿在看自己的孩子。但是，在此期間，鄭國已經民聲喧嘩，老百姓都在攛掇鄧析：先生寫一部新的刑書吧！我們照著您的去做！

鄧析最早聽到這種聲音的時候，打了個寒戰。

子產同樣打了個寒戰。他鑄造刑書，目的決不僅僅在於公開法律。還有一個目的，他沒有說出來。如果這種聲音成為現實，那麼他的一個隱藏的目的將成為泡影。怎麼辦？

鄧析終於上門拜訪子產了，他來自首。

「我見刑書有云，亂政者殺而戮之。今我操兩可之說，惑亂民心，請問子產先生為何網開一面？」鄧析笑眯眯地問。

子產萬萬料不到鄧析會這麼說，他思忖未已，卻聽鄧析又云：「《夜宴》有句台詞：我泱泱大國，當以誠信為本。鄭國雖小，卻也不可無信。銅鼎銘文，清清楚楚。子產先生難道要率先破法？」

子產看著鄧析，不說話。

鄧析終於收斂起一貫嬉皮笑臉的神情，正色道：「難道國法是虛，而子產先生的法才是實？法令只能出自君門，子產先生莫非要以己令而壞國法？」

子產終於被震動了。是啊，法令只能出自君門，這才是我鑄刑鼎的最大意圖啊！「來人，將鄧析拖出斬首！」

鄧析笑了：「亂政者殺而戮之，先生不要壞了規矩。殺後記得還要戮屍！」說罷，昂首出去。走開兩步，又停下道：「我書櫥裏有件東西，是給先生的。」

叔向在一旁歎道：「鄧析如此良苦用心，原心論罪當可赦免啊！先王行禮治時，多有此等喜劇；如今季世用法治，故多這等悲劇！」

門外傳來鄧析最後反駁的聲音：「禮治有個體的喜劇而多群體的悲劇；法治有個體的悲劇而多群體的喜劇。」

子產殺鄧析而戮其屍，鄭國乃安定，國法得行。

聊公陪同子產一起到鄧析書房，打開書櫥，取出一堆竹簡。簡上寫著「竹刑」二字。細看其內容，都是對子產刑書的修正，內容精當，堪稱中國歷史上首部專家擬制法典草案。

子產遂廢刑書而行竹刑。

鄧析以其死成就了子產的第三個目的。現在我們有工夫來盤點一下子產鑄刑書的目的了：

第一個，前面已經說過啦，士和庶民階層的崛起，要求有一個公開的法律可予以執行。這個涉及到法的預測功能的實現。

第二個，為了提高司法效率，降低司法成本。這個前面也有涉及，一個國家有了明確而公開的法律，司法官員們裁量的權力就會減小，從而只需要照著法律行事便可以了（至少理論上如此）。

第三個，也是子產所不曾說的一個：統一立法權。本來，全天下統行周禮，諸侯國是沒有立法權的；後來禮崩樂壞，禮樂征伐自諸侯出，立法權已經多元化了，諸侯國享有了極大的立法權。子產覺得，這是西周崩潰的最大教訓。而他又隱隱地察覺到，在各諸侯國內部也在出現著立法權進一步下沉的苗頭：禮樂征伐自卿大夫出，各家卿大夫坐大。怎麼辦？子產想到的辦法，乃是鑄造刑書，把政府的法律明明白白地鑄造在鼎上，讓崛起而沒有政治地位的士和庶民階層根據公布的法律來監督企圖凌駕政府之上的大夫。

這就是子產的苦心。叔向，你大約沒有真正明白我的用意吧？

若干年後，叔向所在的晉國也鑄造了刑鼎。這在很多《中國法制史》的教科書上被稱為與鄭國子產鑄刑書一樣的中國最早公布成文法的運動。並且拿這個和《十二銅表法》和《漢摩拉比法典》比，說比他們早了多少多少年。其實晉國的鑄刑鼎和鄭國的鑄刑書性質完全不同。

晉國的鑄刑鼎，是由趙鞅和荀寅幹的。這兩個，都是晉國的大夫；其中一位，是後來趙國的國父，三家分晉的老祖宗。晉國晚了一步，終於立法權下沉而慘遭解體之災！

再囉嗦一句，中國這麼早就公布成文法恐怕不是什麼值得驕傲的好事情，立法技術沒有跟上。我們看看鄧析和子產的較量就知道了。制定一部法典最起碼必須有一定的抽象歸納的立法技術，能夠以簡明的文字而涵蓋大千世界，並且能夠在一定程度上預測未來。而子產所制定的法典，實際仍只是對一些具體問題的規定。這樣的法典在具體的操作過程中不得不靠司法人員的具體裁量和判例來彌補。這樣一來，刑書之實行，又不能說其是法治的表現了，又給將興的儒家提供了「有治人無治法」的口實。

後來，叔向死了，一位年輕人歎息說：「他是古之遺直啊！」再後來，子產也死了，這位年輕人繼續歎息說：「他是古之遺愛啊！」

上古最後的遺風，直也好，愛也罷，都已經沒有市場了。聊公與這位年輕人並肩而立，送別上古的良法美意。良久，聊公說：「不要慨歎了，該你出場了。」

年輕人向聊公長作一揖，道：「孔丘受命。」

最低共識

西方的康德（Immanuel Kant, 1724-1804）子曾經曰過：「我不怕被反駁，就怕被誤解。」三千年來的孔學史，幾乎就是一部誤解史。其他諸子因為被關注得相對少些，從而被誤解得也相對少些。

要想不被無意誤解和有意曲解，必須與爭論者之間取得一個最低限度的共識。有共識，才可以有分歧。沒有共識的分歧是沒有意義的，是雞對鴨講。當前中國的學界（至少是法學界），不是創新太少，而是共識太少了。

所以，聊公把儒墨道法諸家的鼻祖和徒子徒孫們一併找了來（老子已經出了關，正在西方化佛準備普渡印度人民，也被聊公找了回來），讓他們討論一個最低限度的共識。

聊公問：「否認自然有其秩序的，請舉手！」

除了公孫龍糾纏著要聊公界定一下「自然」和「秩序」的概念以外，沒人吱聲。

聊公一腳踢飛公孫龍，繼續問：「否認自然的秩序是最好的秩序、並且應該用之於人世的，請舉手！」

除了鼻青臉腫的公孫龍繼續追問究竟什麼叫人世外，依舊沒人吱聲。

兩個皂隸把公孫龍拖走後，聊公第三次發問：「人們可以發現並將自然秩序用之於人世，使人世得到治理，對不對？」

老子蠕動了一下乾癟的嘴唇，還沒開口，莊子率先跳出來：「不對！」大夥兒看著他。莊子曰：「自然秩序謂之道，道者無所而不在。故君王以無為為治，拱手可矣。倘若硬要去發現自然秩序，則發現得必不完全；若還要費力用禮啊法啊的形式去描摹自然秩序，則描摹得必定不像。這樣一來，人們被一個走形了的秩序所治理，這就是苦惱的起源了。」

聊公看老子，老子默默地點了點頭。聊公說：「好，道家的站在旁邊，不再參與接下來的舉手。第四個問題，認為不應該以相同的秩序來治理天下人的，請舉手！」

孔子孟子和他們的門生舉起了手。荀子想舉手，又有點猶豫。猶豫了一下，最終還是沒舉手，結果遭到大家的一致唾棄。孔子曰：「禮者，別也。父母至親，君長至尊，自然應該與閒雜人等有所區別。故聖主治理天下，豈能無別？」孟子在一邊義憤填膺地說：「某些人把父親和沒有親戚關係的人、主君和沒有隸屬關係的人，同等對待，這樣離情背德，無君無父，與禽獸何異？」搞得好幾個墨家弟子向鉅子請纓要過來揍他。

聊公將儒家的幾位大賢也請在一邊，剩下的還有墨法兩家。

聊公清清嗓子，問出了第五個問題：「要想實現社會之趨同，必須靠普遍之同情心，靠聖人、賢人之表率作用，以強有力之社會組織實現此點。同意者舉手？」

墨子面無表情地舉起了手。荀子想了想，把剛要舉的手縮了回來，再次遭到諸子百家的集體鄙視。

好，現在站列的隊形，從左到右依次是：道家—儒家—墨家—荀子—法家。聊公又將各家之共同底線予以公布，則：

1.人類應當遵循天然之秩序，此為各家共同同意的底線。這個底線的意思在於：第一，在人類誕生之前便存在一個先驗的秩序，此秩序基本就是儒家所謂的「天道」，道家所謂的「道」（或者「自然」），墨家所謂的「天志」等等。這樣一個秩序，乃是絕對正義的，絕對公正的。第二，人類應該遵循這樣一個秩序。倘然做到這樣，便實現了各家的最高理想。

2.人類可以發現並將此天然秩序以一定形式宣布出來，然後予以貫徹，這是實現治理的有效辦法。這是除道家以外各家的共同底線。這個底線的意思在於：各家覺得天然秩序難以直接作用於人世，且難以為人直接遵循。所以需要以一定形式進行察覺，並公布出來。這個形式肯定難以與天然秩序完全一致，但是起碼可以通過人類的努力不斷接近它。

3.這個先天存在的秩序，是相對不同的人予以相同治理的，上天面前人人平等。這是墨家和法家的共同底線，儒家根本反對這一點。

4.這個秩序只能由國家而非社會來宣布，只能由同一無個性的吏員通過同一無個性的程序來貫徹，而不必依靠賢人能人來因地制宜與時俱進。這是法家與墨家的分野之處。而荀子則徘徊於儒法之間，思想比較混亂。（荀子說：以我的思想體系來看的話，你們才混亂呢！）

聊公不再理睬亂哄哄吵鬧甚至已經打算動手的諸子，面對觀眾們說：「確立了共同的底線，我們就以道、儒、墨、法這個順序來講諸子的法律觀了。這裏的『法律』，在很大程度上是指諸子對於社會秩序的理解。因為在很多人那裏，甚至是根本反對法律的存在的（莊子跳出來說：比如我！）。這在今天都覺得是不可思議不值一駁的荒謬觀點，在當時都是經過聰明絕頂的大聖哲們認真論證和認真反駁過的。」

這才是真正的辯論。

道家無爲

道家便是極端反對有法律的第一個學派。

「自然力還不夠強大麼，要你們去替大匠斫？」老子淡淡地問。聊公說：「老百姓在一起生活，難免有糾紛。兩家人家吵架了，總得有個評理的地方吧？政府為了簡化程序，提高解決糾紛的效率，就頒布一套辦法，請問這有什麼問題？」老子瞥莊子一眼，意思是：你上。

莊子嬉皮笑臉地說：「您說的這套道理我不清楚。我只知道：馬兒呀，蹄可以踐霜雪，毛可以禦風寒。吃草喝水，翹足而跳，這是牠的天性啊！有一天遇到聊公，聊公說：我最會治馬了！燒之，剔之，刻之，雒之，連之以羈馽，編之以皂棧，馬就死掉一小半了；飢之，渴之，馳之，驟之，整之，齊之，前有橛飾之患，而後有鞭策之威，馬就死掉一多半了。聊公得意洋洋地拿了這套治馬的辦法來問莊周，說：請問這有什麼問題？莊周真的不知道該說這套辦法有什麼問題！」

聊公訕訕地一笑，又問：「莊先生真會講笑話。那看來只能夠順著自然的本性來搞治理啦！那我如果把天然的秩序發現出來，原模原樣地造出一套法來治理百姓，總可以了吧？」

列子說：「不可以。」聊公嚇了一跳，問：「列先生從哪裏冒出來的？」列子說：「老衲隨風而來隨風而去。」聊公說：「請教先生高見？」

「從前在宋國有個聊公（媽的，又是我！），告訴宋國國君，說：我最會製作仿真樹葉了！做了三年，做了一片葉子，跟真的一模一樣，放在真葉子堆裏，都找不出來。可是——」列子看看聊公，頓了頓繼續說，「這有什麼意義呢？」

聊公思索了一會兒，冷靜地說：「這個寓言告訴我們，如果你做出了仿真樹葉，就不應該放到真樹葉裏面去，否則會找不出來！」列子說：「不，這個寓言告訴我們，做人不能無聊到聊公這個地步。」

老子終於開口了：「事實證明，做人是可以傻到聊公這個地步的。自然界自然有司殺者，會判斷一切的是非，決定人之生殺。而偏偏人世間的無聊人們，喜歡自己製造一套法律系統，來代司殺者殺。就好像有去代大匠砍樹，哪會不傷到自己的手呢？」

聊公聽到老子替他說話，很歡喜，問：「那麼你們怎麼保證老百姓自己就可以發現並且遵循自然界的最高秩序，也就是你們所說的道呢？」

老子順手一指，聊公頓時返老還童返童還嬰，哇哇大哭。老子一把摟過來抱在懷裏，用慈愛的語氣說：「看看，多可愛的小寶貝啊！你的元氣是那麼的充沛，哭一天也不會累；你的頭腦是那麼的淳樸，毫無算計之機心。可是……」老子把小聊公扔在地上，聊公見風就長，晃一晃已經身高五尺有餘。老子用同情的語氣說：「看看你在人世間摸爬滾打這幾十年，老成世故，油腔滑調，面目可憎。可見，人之初生，本合於天地之道；及至後來，沾染社會習氣，才變成你現在這個樣子啊！」

聊公鬧了個大紅臉，問：「那請教，好好的人怎麼會變成壞蛋的呢？」

老子繼續說：「一者，自然界為之。五色令人目盲，五音令人耳聾，五味令人口爽。不知道你這幾十年來幹了多少聲色犬馬之事才變成這個樣子啊！二者，社會國家為之。天下多忌諱而民彌貧；民多利器，國家滋昏；人多伎巧，奇物滋起；法令滋彰，盜賊多有啊。」

聊公聽了聽，覺得有道理。問：「那應該怎麼辦呢？」莊子哈哈大笑：「絕聖棄智，大盜就完蛋啦；把珠玉毀掉，小偷就滅絕啦；把秤桿量斗砸掉，老百姓就不爭吵啦。」

聊公說：「不對呀，我統一秤桿量斗，製造一個最準的，不就得了嗎？」

莊子說：「你造了量斗給他量米，他連你的量斗帶米一塊兒偷掉；你造了秤桿給他秤肉，他連你的秤桿帶肉一塊兒偷掉；你設置了法律矯正他的行為，他連你的法律一塊兒偷掉。竊鉤者誅，竊國者侯。他竊國以後，說前面那位聊公頒布的辦法一律不算數，老子說的才算，於是設立了新的標準。請教聊公：到底誰說了算？」

聊公想了想，說：「天說了算。」

老子曰：「正是天說了算。早知如今天說了算，何必當初人去代天說？」

聊公正要臣服於道家學說，忽見遠處一個人念了歪詩過來：

紛紛揚揚下大雪，
下到地上變成水。
反正早晚要變水，
不如當初就下水。

老子聽得這首歪詩，吃了一驚，微睜眼看那來人，卻是某甲。

某甲見了老子，說：「道家的這套立論，在於一點：人要順應其自然的本性，而不要自作巧偽，對不對？」

老子點了點頭。某甲繼續說：「你們這套立論的基礎，全在於一點：人的自然本性，乃是無欲無求的，對不對？」老子又點了點頭。

某甲再問：「這點難道不背於常理麼？你說絕欲可以息爭，固然不錯；但絕欲豈是人人能夠做到的？你說嬰兒乃是無欲無求的典範，卻須知即便是嬰兒，也是需求奶水的。從嬰兒到成人，身體長大，即便是最原始的食欲，也在不斷膨脹。你要人人學漢朝的張蒼，一把年紀了還靠吃人奶過活，這才是違背人的自然性的吧？」

老子閉目不語。莊子道：「老子先生可不曾說過要一輩子喝奶水。人長大了以後當然要甘其食、美其服，你到底看過《道德經》沒有？」某甲一笑：「《道德經》處處自相矛盾，有什麼可看？一會兒說『五色令人目盲，五味令人口爽』，一會兒又說『甘其食美其服』，究竟哪個對哪個錯？」莊子想了一想，道：「天地之間豈有對錯存焉？你以為對，恰恰是錯；你以為錯，恰恰是對！」

某甲怒目道：「正是你們這班故弄玄虛之徒，每次辯到正要觸及關節之時，便用這種貌似高境界之語來搪塞攪渾水！中國的邏輯學，就是壞在你們手裏！」

某甲平復了一下情緒，又說：「外國有位馬斯洛（Abraham Harold Maslow, 1908-1970）先生，告訴我們：人的需求乃是有層次的，分為生存、安全、社交、尊重、自我實現五個層次。低層次需求的滿足，便帶來高層次需求的萌生。你們以為人吃飽肚子，就可以不管其他了，還要人弱志強骨，虛心實腹。這難道不是違背人性？」

莊子大怒：「大道隱則智慧出，智慧出則巧詐起！人生煩惱自識字始！使民無知無欲，難道不是絕好的辦法？」

某甲冷笑：「人生有四個境界：不知道自己不知道，知道自己不知道，不知道自己知道，知道自己知道。這才叫進步。你們為了躲避知道自己不知道所帶來的苦惱，便提倡索性不知道自己不知道，從而無知者無欲，此乃杜絕進步之根！」

某甲又面向聊公道：「道家之病，乃在於以為自然狀態乃是最好的狀態，卻看不到所謂爭心與仇殺，正是自然狀態下之常態。正是為了解決因人之自然性而起的爭端，所以人成立了社會，建立了法律。而道家本末倒置，以為是因有社會有法律，故有爭端。這種學說，有何益處？」

聊公大為拜服，道：「士別三日，當刮目相看！」

某甲從袖內取出一冊書，道：「昨日有位異人，取此奇書與吾，道：汝將此書評道家一節，反覆研讀，明日於某處會老莊，管教你風頭百出。」

聊公取書一看，正是梁啟超先生著的《先秦政治思想史》。

老子終於開口了：「梁任公只見道家之病，未見道家之利。先秦思想之所以令人目眩，乃在於各走偏鋒。極端片面到極處，便吸引人到極處。道家走無政府主義一途，走反智一途，非真欲叫人無政府而反智。任公不察，望聊公察之。」

聊公拱手道：「先生賜教！」

老子面向觀眾，道：

1.道家思想，反智之意，在於令人存一分清醒，不要過於迷信自己的智力而自取滅亡。

2.道家思想，無為之意，非絕對不要政府，而是令人存一分戒惕，休要以為政府可以取代個人而存在。政府永遠不應該是有自己獨立利益的實體，而應以民利為利。

3.道家思想，無欲之意，非叫人自找苦吃。乃在於令人於物質迷亂之時，存一點清淨而聖靈的精神空間。

以上三端，諸君察之。

聊公想了想，果然覺得玄妙無窮。又向老子道：「如此，則道家思想如何用之於治國和法律，還望先生能指點一二。」

老子曰：「道家思想治國，歷代不乏其例。蕭規曹隨、文景之治，休養生息、保土安民，哪樣不是道家的功勞？南懷瑾說得好，儒家如糧，道家如藥。藥不可多吃，但生病之時，非他不可。至於道家思想在當代的體現麼，呵呵……」

莊子嘴快，搶道：「不折騰三字而已！」

聊公大覺有趣，乃道謝過了，直往孔孟處而去。某甲拿了那本《先秦政治思想史》，亦步亦趨。

儒家教化

聊公走到杏壇，只有孔子孤零零地站在那裏。聊公看了看四周，問：「怎麼就你一個人？」孔子莞爾：「你不是人？」聊公大笑。孔子曰：「人相偶，打一字。」聊公天賦異秉神武聰明，此等謎語當然難不倒他，隨口應道：「洋娃娃。」

孔子莫名其妙，問：「請教原因？」聊公得意道：「人相偶，相字乃是個虛字；所以謎面乃是『人偶』。人偶者，洋娃娃也。」

孔子暗罵一聲無聊，臉上卻依然堆著和氣：「人相偶，乃二人也。二人者，仁也。」

聊公說：「哦。」

孔子曰：「儒家思想，言道言政，全部根基便是一個『仁』字。」

聊公說：「我們今天言法。」

孔子曰：「言法也是一樣的，你不要插嘴，我來講。」

（以下為孔子所講）

仁是什麼意思呢？我在《中庸》裏面講過：「仁者人也。」也就是說，仁乃是使人之所以為人的東西。你看，這仁字可以析為「二人」。倘世界上只有一個人，哪裏來「人」這個概念呢？必須有兩人以上，他們互相一看，都是兩個眼睛一張嘴，都是聰明智慧的，我們給他們一個共稱，叫做「人」。所以仁和人是通的，仁乃是人與人相通共約之處。後來孟子荀子爭論性之善惡，我存而不論。只要知道，人之初性相近。這個性的相近之處，就是仁。

聊公不耐煩道：「麻煩你繼續。」

你看，你又不耐煩了。這個仁字，乃是儒家立學之根本，也是言政言道之根本，必須首先搞清。樊遲問過我，什麼叫人，我說：「仁者愛人。」

聊公跳出來道：「你看你看，你前後矛盾！剛才還說仁者人也，現在又說仁者愛人，搞得你的徒弟不知所從！所以說中國人做學問最不認真，全是你們開的好頭！」

你急什麼？一個概念，只能是它本身而不能是別的任何東西。所以你看現在的詞典字典，那些字詞後面跟的定義，都是不得已而下的，斷沒有百分之百描摹得像的。所以西人用直接的理性的方法下定義，固然嚴謹，但有其弊端。你下得再嚴謹的定義，也始終只能是掛一漏萬畫虎不成反類犬。只是這隻犬和虎在多大程度上相似罷了。

聊公說：「你少廢話，繼續說你的仁！」

好，所以我們用感性的間接的辦法去描摹一個不可言說的事物。這不是下定義，只是描摹。我有的時候說仁者人也，有的時候說仁者愛人，還有許許多多仁的描摹。弟子們就從這些對仁的描摹中，感受和領會仁之為物。那麼為什麼說「仁者愛人」呢？因為這乃是仁的正面內涵。換個西洋術語，這叫做狹義上的仁。換句話說，就是「己欲立而立人；己欲達而達人」。你將心比心，覺得自己想要什麼，想別人怎麼對待你，你就怎麼對待別人。這個將心比心的辦法，叫做「近取譬」，這是仁之方。

那麼仁的反面內涵，乃是「恕」。你看「恕」可以拆成哪幾個字？

聊公道：「女口心。」

呃……也不能說你錯，我的本意是要拆成「如心」二字（聊公：麻煩你下次自問自答）。如心，就是將心比心。恕，乃是從反面將心比心。「己所不欲，勿施於人」，就是恕。和上面的「仁」剛好對著。這就是我們為人的全部辦法。好，下面講道和政。

道家也講道（聊公：你這不廢話），而且居然還有人譽之為中國古代唯一涉及並大談宇宙哲學的流派（聊公：你心裏不服？），實則吾人以為不然（聊公：你這是嫉妒）。你給我閉嘴！離開「人」而談宇宙哲學，其能為哲學乎？即便做出一副客觀之態，但總有一天要認識到，這種純粹的客觀乃是不可能做到的。此言當為西人誡。

所以我信奉「人能弘道，非道弘人」，「六合之外，存而不論」。所以凡事必須以人為中心，而人則以我為中心。以我往外推開，形成一圈層結構，則有父子兄弟夫婦長幼君臣五倫之義。父慈子孝兄友弟恭夫義婦聽長惠幼順君仁臣忠，各安其位，各自之間將心比心，以仁道待人，以恕道束己，則政成矣！儒家之道，只有五倫而無有三綱。三綱都是後人搞出來的。我所講究的，父子夫婦君臣之間，都有各自相對待的「義」，而絕無單方面絕對的義務。只有單方面的義務，則此維繫斷然不能長久；有相對待的「義」，則方能抱成一道德團體啊。

聊公問：「政到底是什麼？」

政者，正也。何以正之？道在絜矩。矩者，以我為標準；絜者，以我量彼。量的前提，乃是共同承認一個矩。所以政治非一人之事，而是公共之事啊！

以正治之，則為政治。政治的第一個辦法，乃是正名。這個「名」，其實便是「矩」的一個表現。我以這個「名」，來與「實」相比較，看是名副其實還是名不符實。前者，我們就說他「合」，後者我們就說他「離」。合則順，則是；離則逆，則非。是者順者，全社會褒揚之；逆者非者，全社會鄙視之。這樣一來，人人都有羞恥之心，就會朝著順的是的方向走。即便沒有羞恥之心，也沒有在社會上立足的餘地，只好自己滅亡。這就是政治。

聊公問：「法呢？我們的主題是法，已經有讀者抨擊說你越說越遠了。」

以上哪一言不是法？名就是法，矩就是法。這個法怎麼立出來呢？天垂象，聖人則之，是為法。必須靠賢達能耐之人，來立起這樣一個法來，後世效法。再有更聖賢的人出世，覺得這個法不合適，便進行變法。這個就是法啊！

聊公道：「可是違反了你這個法，連一點強制的制裁力都沒有呀。這怎麼能叫法？充其量叫道德罷了。」

法與道德之二分，乃是後來的事情。如此，則彷佛法是非遵守不可的，而道德可遵守可不遵守。整個國家的關注力也全在法上，而道德則淪為口號甚至歌謠。這是變態的。法未必必須國家強制力來保障，而須靠社會制裁力來保障。我們所說的「鄙夷」、「唾棄」，都是社會制裁力。倘若真有臉皮厚的，一意孤行，則全社會公認此種人無可救藥，自然而然就有刑來制裁他。但是這個刑萬萬不可先期使用，甚至不可有極明細的條款來公布。否則，人人便要鑽你這刑的空子，養成惡劣風氣。所謂「道之以政，齊之以刑，民免而無恥；道之以德，齊之以禮，有恥且格」。就是這個道理啊！

聊公一拍手，道：「你這樣一個法，要靠聖君賢相來立起並維持之。結果只能是『人存則政舉，人亡則政息』，人治人治！哈哈哈！」說罷便抬腿要走。

你且不忙走。如今「人治」二字，如過街老鼠人人喊打。我卻要喊個口號，也是你們當今法學界一位朱蘇力先生喊過的，叫做「認真對待人治」。不要一見這兩字，便笑道「人治人治，哈哈哈」抬腿便要走。喂，你走那麼遠做什麼，聽我靜氣講一講。

其實人治，其關節並不在於「治理」，而在於「表率」。聖君賢相，更多的乃是表現出自己良好的品行和愛好，為天下之楷模，為世人所效法。緣故是什麼呢？世人賢者太少，而昧者太多。以眾昧為治，則是要出問題的。所以我們崇尚一個賢人政治，以聖人之德感染小人之德，如風行草偃。聖人在上而世人在下，則基盤穩固，首腦明睿，可以為治啊！再按照我之前所說的五倫十義的辦法，層層推開，級級效法，則大同之治可盼。

聊公大喝道：「呔！你豈不知道賢人不世出，而不肖者一抓一把哉？人亡政息之本質問題，你還是沒有解決啊！」說罷洋洋得意，抬腳又要走。

哈哈，你若是這樣看輕人治，以為如此即抓住人治之全部軟肋，此治理辦法如何還能延續五千年而不敗？你說的問題的確是問題，解決這問題只有兩個辦法：一個叫做法治，其實我叫他物治；一個叫做多數集思，少數為治。

物治的辦法，乃是將治理之術凝固為法。這個法固然保險，但失之死板。全天下這許多情況，一刀切，而不因地制宜；全天下這許多變化，一刀切，而不與時俱進。無論空間時間，都是效率優先、秩序優先，我且問你，這樣的辦法如何能勝得過人治？何況一個制度運行若干年，漏洞就被小人發現並利用之，於是要麼變法，則流民眾之血，傷社會之元氣；要麼不動，則積弊日久，必生災異。是以活人而屈從於死制度，你給他取個好聽名字叫法治，我偏給他起個難聽名字叫物治。

所以儒家之為政的辦法，全在於教化。以詩教，以書教，以易教，以禮教，以樂教，以春秋教。化民成俗，則民可以自為治。如此則可越升平世而達致太平世啊！

我誆你到這裏來，其實並沒有所謂「法」要傳授你。儒家但有「俗」而已。因倫理而興教，以教而成善良之俗，俗之不可易者為禮，以禮治萬民而民可自治。你看西方，言必稱利，實際乃是極不好的。

利者，有兩端。一個是利益，西方的機理以為眾人爭利則成社會之利，其實相爭相制而致平衡之局罕見，而兩敗俱傷或一榮一損易見。這樣人人相互間抱有戒備機心，如何比得上我儒家鼓勵「立人達人」之道？彼以爭，我以讓，君子小人之分也。

還有一個是權利，更要不得。權利乃是以「我」為目的，有一個「我」的存在，方有權利。個人都以己之滿足為鵠，而為了獲得權利才負有義務，則履行此義務非出本心。何況權利具有自我膨脹性，豈有饜哉？只是相互忌憚，才設置個「權限」，又是制衡之道；一旦失衡，則由文明墮入野蠻。此乃叢林法則進化之結果，非人道，非仁道啊！

總而言之，西人以爭為能事，己所不欲，都施加給敵人。你看無論資產階級之革命，還是無產階級之革命，都是消滅對手為目的。而儒家則以讓為風尚，將心比心，溫良敦厚。即便敵人，也以化合為上，次則釋之。絕無褊狹之國家主義，而有包容之天下觀念。若言儒家的辦法不如西人，恕我愚昧，實在未看出來。

丘言至此已盡。兩套治理辦法，你取哪個？

聊公不語。

墨家無別

一群摩頂放踵短褐之徒蹲在路邊。見到聊公到來，其中一位劉德華站起來表示迎接：「在下墨者革離，奉鉅子令等候先生多時。」聊公喜孜孜地跟著革離一起，見到了墨子。

墨子說：「你是要我講法律？」聊公說：「對。」墨子說：「好，法律是用來解決糾紛的機制。糾紛發生的根源是什麼呢？又有什麼最理想的辦法來解決呢？你看，這裏有位吳人某甲和越人某乙，是世仇。你說有什麼辦法讓他們完全和好呢？」

聊公道：「不可能了。」

墨子對某甲某乙說：「你們握手言和吧。」某甲某乙齊聲道：「毋寧死！」

墨子說：「你看，就是這樣兩個人，有這樣大的仇恨。你知道，我們墨家的發明創造是很厲害的，《墨經》裏面記載了許多物理學的實驗和原理，哪怕洋人也是很佩服的。有位李約瑟（Joseph Terence Montgomery Needham, 1900-1995）……」

聊公打斷道：「請說正題。」

墨子說：「好，我最近發明了一個分歧終端機，可以解決人世的一切糾紛。你猜是用什麼原理解決的？」

聊公道：「猜拳。猜拳的唯一弊端是出拳先後順序不同，你的終端機可以克服這個弊端。」

墨子說：「你《非誠勿擾》看多了吧？猜拳靠的是概率，我這個是真能從根源上解決問題。你看！」

十幾名墨家弟子搬出來一個巨大暗箱，暗箱兩端有兩個門，可以各容一個成人出入。

墨子說：「下面有請某甲某乙走進去。」

某甲某乙就從暗箱兩端走了進去。墨子走過去，一摁暗箱上的一個按鈕，暗箱裏發出一陣陣絞肉的聲音。少頃，聲音停了。幾名墨家弟子從兩邊把暗箱拉開，裏面走出來一個某丙。墨子解釋道：「某丙乃是某甲某乙的合體。」說完，走到某丙面前，說：「你還恨某甲嗎？」某丙恨恨道：「恨。」墨子說：「那你打他呀。」某丙看了看自己的身體，覺得無從下手。

墨子正色道：「天下一切苦惱的起源，乃是私有。」

聊公道：「馬克思（Karl Heinrich Marx, 1818-1883）先生也是這個想法。」

墨子道：「私有產生差別，差別產生分歧，分歧導致爭端，小爭端可以亡家，大爭端可以滅國。所以我這個分歧終端機的原理，就是從物理上消滅差別，消滅私有，從而消滅爭端。」

聊公大喜道：「這玩意兒多少錢，你開個價吧！」墨子聳聳肩，說：「這個分歧終端機目前還只是一個設想（某丙砰然而散，變成某甲某乙繼續互相敵視），沒有研製出來。不過我們可以退而求其次。」

聊公失望道：「願聞其次。」

墨子說：「其實物理上能不能合體並不十分重要。一切存在的問題歸根結底都是觀念的問題。只要心理上合體了，爭端就解決了。你看。」墨子走到某甲身後，把兩隻手按在他頭上，口中念念有詞：「你是某乙，你是某乙，你是某乙……」一盞茶的功夫，某甲雙目無神，喃喃道：「我是某乙，我是某乙……」墨子問：「你還恨某乙嗎？」某甲道：「我就是某乙，我恨自己幹什麼？」

聊公奇道：「洗腦？」

墨子說：「你說那麼難聽幹什麼！這叫信仰。」

聊公道：「被動的信仰，我總覺得跟洗腦是一回事。」

墨子說：「這樣一來，他在心理上就把自己當某乙了，某乙也可以把自己當某甲。從而他們在心理上把對方完全看成絕對平等甚至相同的主體，就不會有糾紛了。這叫做『兼愛』。」

聊公道：「昨天孔子也用了這個辦法，說要將心比心，把別人當自己，把自己當別人。他說這叫『仁』。」

墨子不屑道：「孔老二的辦法不好。他這個『仁』的根本弊病，在於依舊存著一個『我』的觀念。而且還以五倫為層次，認為爺爺不如爸爸親，隔壁鄰居不如爺爺親，始終有一個差別在裏面。有差別就有分歧，有分歧就有爭端。等到有一天自己的爸爸和爺爺有了厲害衝突，他只好幫爸爸；爸爸和自己有了厲害衝突，他只好先照應自己。我這個兼愛的辦法，比孔老二的仁，好了不知道多少。」

聊公道：「理論上的確你的『兼愛』比較好。可是這個辦法好是好，卻難以用啊！」

墨子毅然道：「好就是用，用就是好。豈有好而不能用的？我這個辦法，正是要在『兼相愛』之後鼓勵大家『交相利』，要對別人有用。每個人都堅持最實用的標準，則利益就最大化了。」

聊公問：「好就是用，用就是好？那有沒有一件事情，絲毫無用，卻是善的呢？」

墨子說：「絕對沒有。一切事情必須以有利無利為標準。所以你看我們墨家子弟，絕對不享樂，絕對不吃豐盛食物，苦行以相利，恨不得一天工作二十五個小時。這樣社會的效率才能提高啊！我們也去遊說各國諸侯不要相攻，但是儒家酸溜溜文謅謅地以義與不義為理由遊說，我們則以利與不利為理由。不戰雙贏，戰則俱損，所以非攻。」

聊公暗歎一聲為子之徒弟不亦難乎，又問：「你這個不就是西方大哲邊沁（Jeremy Bentham, 1748-1832）先生提倡的功利主義嗎？看來我國又有一項紀錄領先西方兩千多年了呀！」

墨子說：「大謬！墨家之言利，與西人之言利大不同。西人之言利也，必著眼於個人。人人爭求己之利益的最大化，疊加則為社會國家之利益。墨家之言利也，必著眼於社會人類之全體。於個人而言，則豈止無利，甚至鼓勵犧牲以成全集體之利。這等精神，比西人崇高了不知多少倍啊！佛祖而外，當以墨家子弟為最肯犧牲者了。」

聊公道：「以上是你哲學的本原了。你再說說你的政法思想唄。」

墨子說：「人類誕生之初，一人有一義，十人有十義。中國人多，差別更大，紛爭所由起。所以大傢伙想個辦法，達成契約以集合成一個義，以此義來同一天下之義，則君臣分矣。然後……

……」

聊公喝曰：「這是西哲的社會契約論啊，你盜版洋人的學說算什麼好漢！」

墨子說：「我這學說比洋人早誕生幾千年之久，怎麼反倒說我盜版他的？你這豈不是見到一對祖孫，不說孫子像爺爺，倒說爺爺像孫子？」

聊公道：「證據呢？」

墨子說：「《墨經》有云：『君臣萌，通約也。』類似證據全書皆是。你沒看過《墨子》還是咋的？」

聊公訕訕一笑，道：「我考考你罷了。你繼續。」

墨子說：「那麼天下之異義，必須上同於天子之義……」

聊公喝道：「打住！你前面說的社會契約論，好好的大有民主之色彩，怎麼忽然要全體臣民同一於天子之義了？這不是變成絕對的專制了麼？」

墨子說：「因為天子乃是最賢能之人。我所理想之社會組織，一里選其最賢者，為里長；一鄉選其最賢者，為鄉長……如此，則天子為天下最賢能者。」

聊公道：「哦，選舉政治，夠先進。看來你是反對世襲政治的啦？」

墨子說：「最反對！」

聊公道：「嗯，好。也是採用投票選舉的辦法嗎？可惜後代皇帝沒有採用你的辦法啊，要不我們就提前實現民主制度了。」

墨子說：「什麼投票選舉？投票主體乃天下最愚之民，被選者乃天下最賢之天子。以最愚選最賢，先生以為可乎？」

聊公問：「那誰來選？以什麼辦法來選？」

墨子說：「天志。天固有志，天選其民之最賢良聖智辯慧者為君長，此君待歿，則親自選定下一個最賢良聖智辯慧者為下一任君長。如此，則一直由最賢能之人來治國了，焉有不治者乎？」

聊公聽得一頭霧水，乾脆問：「你少給我『者乎』，你乾脆給我講天下最賢良聖智辯慧者到底怎麼選出來？」

墨子猶豫一下，說：「你看，我們墨家與別家不同，有自己比較嚴密的組織。一個組織，有一位鉅子，這鉅子當得是這組織中最賢良聖智辯慧者。倘若化教而為天下的話……」

聊公道：「謹受教！告辭！」說罷撒丫子就跑。

法家法治

聊公走到韓非子處的時候，天色已經晚了。韓非子笑眯眯地站在那裏恭候，完全沒有傳說中冷峻的樣子。

「這幾天聽那些沒勁的老夫子們嘮叨，您的耳朵肯定備受煎熬。」韓非子上來迎接。聊公哈哈一笑：「哪裏哪裏。」韓非子瞅了瞅四周，招了招手：「先生附耳過來。」聊公附耳過去。韓非子悄悄說：「其實吧，那幾家根本就沒有法律。您要聽法律觀啊，還得找法家。」聊公道：「哦。」

韓非子領了聊公進屋。屋子裏黑，聊公眼睛又不好，只覺得影影綽綽鬼影幢幢的。韓非子點起一盞小油燈，聊公適應了室內光線，嚯！滿屋子的人，一聲不吭菩薩一樣坐著。

韓非子壓低聲音說：「這些都是法家的人。先生出去不要聲張。」聊公道：「好。」韓非子放了心，便又以披露國家機密的語氣說：「其實啊，儒墨道三家的人物，到後期都已經轉向法家了。」聊公道：「哦？這我倒不知。」

「你看這位，」韓非子順手指了指座中一條精瘦的留兩撇小鬍子的漢子，「此人名叫慎到，根據《莊子》的記載，乃是道家的人物。和他一塊兒的還有田駢、彭蒙。他們研究道家思想到最後，發現一個問題：老子說君主要無為而治。那君主無為，靠什麼來治理呢？老子說是靠道。既然有道，那何必還要什麼政府呢？乾脆把君主臣僚都裁撤了算了。於是他們為了完善老子的學說，研究出最新成果：君主臣僚要想無為，只有任法而治。於是他們就轉到法家來啦。」慎到點點頭。

韓非又指著一位戴眼鏡的斯文人說：「這位是尹文，墨家的人物。他發現墨子說萬事要同一，最後由君主來同一。但是君主是人，人就會有變化；他本人都無法同一，怎麼為天下之標準呢？還不如把這個同一之義固定為文本，這個文本就是『法』。」尹文欠欠身。

韓非又指著一位神氣的老頭兒說：「這位是儒家的人物。他覺得儒家學問這麼好，不能光靠幾位聖人來做表率，要把聖人的言行準則轉化為法，才能夠成為萬世不易的準則。所以他就投奔了法家。」

聊公大為嘆服，問：「那這位老先生叫什麼名字？」韓非說：「他叫孫卿。」聊公說：「哦，不認識。」

那位老先生鬚髮戟張，怒道：「你個忤逆師門的臭小子！老夫是荀子，你卻叫我什麼孫卿！老夫明明是儒家之巨擘，你偏說我皈依了法家！是何道理？」

韓非微微一笑：「老師息怒，聽學生慢慢道來。」

聊公說：「對，你不要急，這種事情，急是急不得的。聽他慢慢講。」

韓非說：「之所以叫老師孫卿者，乃是因為漢朝有位宣帝，名諱叫劉詢。為了避諱，所以老師您就不能叫荀子了。他們一查老師的族譜，原來您還是周文王一個兒子荀伯的後裔，所以才姓荀的。於是他們認為您是王公貴族之子孫，就叫您孫卿了，乃是尊稱啊！」

荀子怒道：「老夫這麼多年的姓名，就因為一個後生小子也叫這名兒，說改就改了？還有法律嗎？還有王法嗎?!」

韓非說：「老師，這正是法律的體現啊。法律適用上有個原則，叫做後法優於先法。所以只好委屈老師您了。」

荀子道：「這節且不糾纏，你說說我什麼時候皈依法家了？」

韓非說：「這是正題。談到您為什麼皈依法家，話就長了。話說……」

時間倒流。冬季，室內火爐邊。

登場人物：田駢、宋鈃、彭蒙。

田駢抱著《尚書》在看，宋鈃和彭蒙圍坐在火爐邊嗑瓜子，其樂融融。

田駢（看書看到動情處，感慨）：「堯的時候多太平啊！」

宋鈃（邊嗑瓜子邊隨口說）：「聖人之治，才有這個太平的吧？」

彭蒙（嚴肅認真地）：「聖法之治帶來的太平，不是聖人之治。」

宋鈃（繼續邊嗑瓜子邊隨口說）：「聖人之治和聖法之治有啥區別？」

彭蒙（更加嚴肅認真並且慷慨激昂地）：「你也太搞不拎清了。聖人之治，是靠自己的本事；聖法之治，是遵循的理。聖人也有可能會說出一些理，但是理出於己，己非理也；己能出理，理非己也。聖人之治，是獨治。聖法之治，無不治啊！」

宋鈃（繼續邊嗑瓜子邊隨口說）：「哦。」

場景定格，傳來韓非的畫外音：「這一節小劇，記載在尹文先生的著作裏面，包含了儒墨與法家對抗的全部關節。我們一個一個來解。」

韓非從幕布後走出，說：「你看這兩位，乃是儒家最稱頌的堯舜。那兩位，乃是儒家最鄙視的桀紂。堯舜和桀紂，其賢與不肖，乃是帝王的兩個極端。儒家希望人人能成為堯舜，堯舜一來世界就大治了。可是有的時候盼救世主盼來的卻是終結者，桀紂一來世界就大亂了。你們儒家提倡人治的時候，只看堯舜不看桀紂，只看好的方面不看壞的方面。得賢則昌得愚則亂，你們掩耳盜鈴只看賢而不看愚，請問這樣的學問怎麼會沒有問題呢？所以，這就是儒家聖人之治的第一個問題——」

大螢幕上打下四個大字：遭愚則亂。

荀子冷笑一聲：「我有話說。你們提倡法治，那麼來看看實例好了。羿的法還在，他的統治在他活著的時候就完蛋了；禹的法還在，夏朝的統治卻沒幾代就亂了。有治人而無治法，你的法就算是良法，不得人而治，還不是要出亂子？同樣四個字回敬給你——」

大螢幕上也打下四個字：遭愚則亂。

韓非哈哈大笑，繼續扯：「在河南有個某甲溺水快要淹死了。某乙想跳下水去救他，某丙攔住他說：你的水性一般，就不要獻醜了。美國有位菲爾普斯（Michael Fred Phelps II, 1985-），游泳可厲害了，把他請來救某甲吧！這樣的故事，只好收到《笑林廣記》裏面去。同樣的道理，一匹千里馬，大家要去騎，您說：不要去騎，你們的騎術一般，讓古代的名騎手王良先生來騎吧！王良來騎固然比尋常人物騎得好，可是古人可復生嗎？再同樣的道理，現在有一整套完備的聖法，您說：你們不要去用，讓堯舜來用！堯舜這樣的人，多少年才能出一個呢？等都等死了。而世界上的君主，水準一般在堯舜之下、桀紂之上，都是『中主』。中主治國靠法律。法律雖然不是最優的治國方略，但起碼是最保險的治國方略。即使某代出了個桀紂，那也是千治而一亂；而你們的人治，即使某代出了個堯舜，那也是千亂而一治。不知這番說辭，能應對老師扣給法家的『

遭愚則亂』這頂帽子否？」

大螢幕上啪啪啪打下一行字：法家學說，正好克服「遭愚則亂」之怪圈。

韓非說：「好，我們繼續來看。即便是真的有賢人治理好了一個國家，那麼是賢人的能耐呢，還是良法的功能呢？比如堯舜，把他們的法律（法）給撤掉，把他們的權力（勢）給拿掉，把他們的治理之術（術）給消掉，他們連一個小國都未必治理得好，不要說天下了。可見，人治的第二個不確定性：遇賢未必治。」

荀子氣得牙根癢癢，說：「我就算承認良法有它的好處，那如果惡法呢？惡法不就會把一個國家毀掉了嗎？這才是法治的不確定性！」

韓非笑道：「非也。我們的慎到先生有句名言：法雖惡，猶愈於無法。比如某甲的單位裏分糧食，一人分十斤大米。單位的秤雖然短斤少兩，起碼比沒有秤好，好歹有個客觀的衡器。如果沒有秤，大家亂哄哄鬧，都拿手掂量，亂子就出來了，民就有爭心。所以先解決有沒有法律的問題，再解決法律善惡的問題。這是一個進步的過程。好，我們再看人治的第三個害處：尚賢不但無益，反而有害。」

聊公在旁邊插嘴：「你這個有點過分了吧？賢人怎麼會有害呢？」

韓非說：「我們常說會水的淹死。浪裏白條仗著自己水性好，就會專恃水性而不穿游泳衣帶游泳圈。常在水裏游，哪能不淹死？賢人就是如此，憑仗自己的能力，就會藐視法律，以為法律是死的，人是活的，活人不能叫法律給憋死，以自己的能力凌駕法律，以自己的見識選拔賢能。

這樣的大賢能者，最終只會給後人開個壞頭起個壞榜樣，以身作則是最要不得的，只能以法作則。所以我們說賢人破壞法制。」

聊公想想，道：「確有道理。我有切身體會。」

韓非繼續說：「其實，我們來回顧一下儒家的整個學說，就知道他的錯誤的根源在哪裏了。話，還得從頭說起。話說原始社會啊……」

時間倒流，原始社會。一群某甲穿著虎皮裙，咿咿呀呀地圍著火堆在叫。一個老某甲吆喝了一聲，眾某甲都不作聲了，恭敬地看著他。

韓非畫外音：「這是原始社會之初，部落以血緣維繫。在這樣的部落之中，自然尊崇自己的父親母親，自然就有了儒家『親親』之道。我們來看後來的發展。」

時間加速，甲部落與乙部落接觸，又與丙部落接觸。相互碰撞，最後以某乙為最能者。三個部落聯合，崇敬某乙。

韓非畫外音：「這是原始社會發展的第二階段。部落擴大，不同血緣的部落相撞擊，最後以賢者勝。所以此階段『尚賢』立而『親親』廢。大抵五帝相揖讓，即是尚賢之表現。再看第三階段。」

時間繼續加速，某乙忽然不再揖讓，而把位子傳給了兒子小某乙。

韓非畫外音：「這是第三個階段，也是原始社會的終結。此階段『尚賢』廢而『貴貴』立，有固定的君主，設置專門的官吏。則貴君主而尊官吏。這才是時代的潮流！當然，現在在官吏的選拔上還有『親親』『尚賢』的流毒遺存，所以我們提倡不以人拔賢而以法拔賢，不以人廢官而以法廢官。」

韓非從幕後走出來，說：「儒家思想的根本錯誤，就在於用原始社會第一階段的『親親』來扣到第三階段。這樣張冠李戴，請問怎麼可能成功呢？」

韓非得勢不饒人，爭亡逐北：「就算是第一階段的『親親』之道，也推不出你們儒家人性善的立論來。如今的父母，生男嬰就慶祝，生女嬰就溺死掉。為什麼？因為男孩將來能給家裏幹活，女孩不但不掙錢還得往外貼嫁妝。父母與兒女之間尚且計算利益得失，可見人性之黑暗！如此黑暗的人性，你們還要標榜仁義，我只好以一句名詩來與你共勉：黑夜給了你黑色的眼睛，你卻用它來翻白眼！」

荀子噎了半天，憋出句話來：「我們這也是疼愛百姓，所以不得已出此下策呀！」

韓非乘勝追擊：「一般母親都比父親疼愛小孩，但小孩往往聽父親的話。為什麼？因為父親以威嚴和禁令行事。其實不是父親不愛兒子，父愛如山博大深沉。我們法家正是作出了這樣的犧牲，不為愛民而虧其法，因為法愛於民。如果這個世界上非要有個人去背殘忍刻薄的黑鍋，那他一定是法家的人；如果世界上一定會有一種治理方式給予人類最深沉博大的愛，那它一定是——」

韓非說到激昂之處，用一種無形的力量克制住自己激動的情緒，哽咽地一字一頓道：

「法、律、之、治。」

慎到、尹文、申不害等人徐徐站起，熱烈鼓掌。荀子仰天而倒，噴血不已。聊公也摘下眼鏡，掏出手帕，拭了拭濕潤的眼角。

「那請問，如此鋒利的法治之劍，柄卻握在誰人手中？」一人破門而入。韓非大驚，急視之，正是荀子。

聊公戴上眼鏡端詳了一下，趕緊跑到地上吐血的「荀子」那裏，踢他一腳，蹲下，用力撕去他的面皮，面皮之下竟是一張血肉模糊筋絡畢現的臉！韓非默默道：「那是他的真臉，不是易容術。這人長得跟荀子老師一模一樣，是上屆明星臉大賽特等獎得主，所以被我找來做托兒。」

荀子道：「你休要廢話。且回答我的問題，法治之柄在誰手中？」

韓非道：「任何一個問題都可以有兩個答案，一個是說給人聽的，一個是留在自己肚子裏的。不知道老師想聽哪個？」

荀子說：「你說什麼，我聽什麼。」

韓非歎口氣，道：「但凡人主行我法家之術，則刑賞二柄悉操於手，可以御宇內。這是說給人主聽的話。其實對比起『術』來韓某更醉心於『法』。」

荀子笑曰：「法柄都在人主手中，還談什麼法？不過都是術罷了。」

韓非怒道：「不對！前面彭蒙那個段子就已經說過法治與人治的根本區別了。不錯，法治也有人的因素的介入。但是人一旦立出法來，這個法便脫離於立法者而存在了。即便他立法的初衷乃是極端為他本人服務的，但一旦物化為文本，這個文本的解釋權便在律法家手中。所以我們提倡『以法為教，以吏為師』，正是從根本上削弱人主恣意妄為之途。」

荀子道：「可是法家的工夫，更多著力於將所有權力集中到人主手中，從而使得絕對專制得以形成啊！」

韓非笑道：「不錯。我們正是決心借人主之手，將春秋戰國之際多元的立法權一元化，使得君主皇室之外，再無特權。除了君主以外，法律面前人人平等。這個時候，再用法律客觀存在於君主的意志之外這一特性將君主獨大的權力廢掉。尤其是當立法之主萬歲之後，新任君主不可輕易祖宗之法。這部法律便無人可以輕易更改，如果要更改，必須借助律法家之手。這才是個中真義啊老師！」

荀子默然。

韓非道：「老師其實也已經意識到儒家人治之弊，所以才格外提倡制度化的禮治方略而與先聖異途。學生不過是將老師的意思貫徹到底而已。」

荀子歎道：「貫徹到底，則未必再是我的本意了呀！書齋的口水終究不能代替歷史的流血。看看吧，白金時代的終結者想必早已經誕生了吧！」

久未出場的聊公從旁邊閃出，用一貫雄沉綿密而鏗鏘頓挫的聲音有感情地說道：「的確早已經誕生了，而且恐怕已經過世了。」

不錯，口水只能靠鐵血來終結。白金時代口水戰的終結者，早就已經誕生，並且在荀子出生前七十年就已經去世了。

沒關係，讓我們回溯一百年。

西元前四〇三年，魏國。

提前出現的終結者

終結者的形象一向是「真的猛男」的造型。遺憾的是，這位白金時代的終結者，我們連他的名字都搞不清楚。

季充—李兌—李克—里克：這一行都是他的名字。里克是以音傳訛，季充李兌是以形傳訛。就連「李克」這個原型，也興許是被不願意寫複雜字的老百姓們簡化而來。

他的真名叫李悝。悝這個字，有三個讀音。你可以念虧，也可以念克，唯獨不能讀半邊（儘管有這個音）。

李悝先生這時候在魏國，魏國的君主是魏文侯。魏文侯時期的魏國是魏國歷史上最強大的，李悝功不可沒。

李悝此時的同僚還有許多，卜子夏、段干木、田子方、魏成、翟璜、田文、任座、吳起、樂羊子、西門豹。相比起李悝來，我們也許更熟悉最後三個人名。但是談起對中國歷史的影響，李悝肯定排在這幾位之前。因為他不光是殺殺老婆、吃吃兒子、淹死幾個巫婆，而是制定了《法經》。

繼續告訴大家一個壞消息，關於《法經》我們幾乎也是一無所知。首先，《法經》已經失傳（假如其存在過的話）；其次，《法經》到底是許多法律史教科書上說的「第一部封建成文法典」還是僅僅是李悝的一部私家著作，沒有定論；第三（更狠的是），究竟歷史上有沒有存在過《法經》，我們也不知道。

媽的你都不知道你耽誤大家時間？魯迅先生說過無端的浪費別人時間等於謀財害命你不知道？

莫急，聊公有通天徹地之能、毀滅宇宙之功，隨隨便便施個時間倒流之法，就可以去戰國時代親口問一問李悝了。順便邀各位做個歷史的見證者。

急急如律令，疾！

聊公置身魏國大梁，一種奮進的氣息撲面而來。李悝就是在這樣一個國家裏搞改革。

聊公找到李悝（前面省略路癡聊公尋找李悝的過程N萬字），道：「先生您好哇！久仰久仰……」

李悝皺皺眉頭：「效率，注意你的效率。」

聊公趕緊說：「小可有區區幾個問題想請教，不知可否？」

李悝伏案批閱公文，頭也不抬：「說。」

聊公道：「我們想知道一下您的《法經》的內容。」

李悝一怔，抬起頭來，道：「此法尚在某的構思之中，先生如何得知？」

聊公一邊心下暗罵媽的來早了一邊滿臉堆笑道：「我猜的。那麼先生可不可以談談你的構思？」

李悝道：「我是你寫出來的人物，你自己都不知道倒來問我？不過我可以透露一二。《法經》並不是完全湮滅無考，你可知明朝人董說？」

聊公支支吾吾：「賤人多忘事……」

李悝道：「他寫了本《七國考》，裏面保存了大量關於《法經》的訊息甚至法經的原文。」

聊公說：「哦。」

李悝道：「一個明朝人，寫了本戰國時代的書，居然引用了大量戰國時代法律文獻的原文，你不覺得奇怪嗎？就好像金庸先生寫《射鵰英雄傳》，裏面引用了大量《九陰真經》的原文，誰會當真？」

聊公吃了一驚：「原來《射鵰英雄傳》裏面的《九陰真經》的經文不是真的？」

李悝：「你有病？」

聊公：「不好意思。那麼董說關於《法經》的資料是他自己編的？」

李悝道：「他說不是。他自己承認是轉引自東漢桓譚《新論》。但同樣遺憾的是，這本《新論》也已經失傳了。」

聊公假惺惺歎息道：「太可惜了。」

李悝繼續說：「不過，貴校張警老先生寫過一篇考證的文字，題目叫：「《七國考》引文真偽析疑」，從董說的人品、董說得見《新論》的可能性等方面都作了考證，最後堅定認為董說所引《法經》文字正是《法經》原文。」

聊公又吃一驚：「你連這都知道？」

李悝從架子上取出一卷竹簡來，說：「不過你如果只是想知道《法經》的結構的話，看這本書就夠了。」

聊公取過來一看，上面歪歪扭扭寫了一行字：《晉書・刑法志》。

（以下為李悝所言）

《晉書・刑法志》上有關於《法經》篇章結構的總體介紹，我們一起來學習下。《法經》的篇章結構，將成為將來貫穿從漢《九章律》到《大清律例》的一條紅線。

《法經》共六篇，分別為〈盜法〉、〈賊法〉、〈囚法〉、〈捕法〉、〈雜法〉、〈具法〉。一個一個來講。

〈盜法〉、〈賊法〉冠全書之首，因為王者之政莫急於盜賊。盜賊和今天的意思不一樣，〈盜法〉規定了暴力財產犯罪的內容，比如搶劫之類；〈賊法〉規定了暴力傷害犯罪的內容，比如賊殺人賊傷人之類。這樣嚴重且明目張膽的犯罪，放在哪個朝代都是要首先禁止的。

〈囚法〉、〈捕法〉乃是一些刑事程序法的規定，講怎麼依法把一個犯罪分子繩之於法的。

〈雜法〉規定的乃是盜、賊之外的犯罪，主要有六禁。我們羅列下來看看：

1. 淫禁：懲治重婚罪（立兩個正妻，這種一般是要殺頭的）、通姦罪（宮）。

2.狡禁：懲治危害政權罪。比如偷盜代表國家軍權政權的符、璽等，再比如議論國家法令等，刑罰一般是殺頭外帶抄家。

3.城禁：禁止翻越城牆。目的應該主要在於防止人口逃竄流失。一個人翻圍牆的，殺掉；十個人以上一起翻的，把犯罪分子所在鄉里全部夷滅。

4.嬉禁：禁止賭博。抓到了罰錢。太子玩賭博，是要打屁股甚至更換的。

5.徒禁：禁止非法集會。一群人在一起集聚一天以上，治安警察就要來查問情況；集聚三天以上格殺勿論。

6.金禁：禁止官吏受賄。大額死刑，小額罰金。

〈具法〉設立了一些特殊情況下可以對以上刑罰在量刑幅度上進行機動調整的規定，「具其加減」，所以叫〈具法〉。

李悝喝了口茶清清嗓子，道：「《法經》代表了春秋戰國的最高立法水準和劃時代的立法技術，被讚譽為第一部系統編纂的成文法典，成為後世立法的圭臬！由於其結構異常的合理，所以被後世因襲二十個世紀之久！」

李悝還沉浸在激動和驕傲之中，卻發現聊公用鄙夷而同情的目光默默地注視著他。李悝問：「你幹啥？」

聊公嗤了一下鼻子，說：「諸法合體，民刑不分，野蠻落後，結構混亂。」說完扭頭拂袖揚長要走，卻被李悝一把扯住：「胡扯！」

李悝說：「著名作家聊公先生在本書〈白金時代〉一章開篇有云：『要想不被無意誤解和有意曲解，必須與爭論者之間取得一個最低限度的共識。』要說《法經》究竟是不是民刑不分，我們先確定一下兩個概念。請問：什麼是民法？」

聊公流暢地背誦道：「調整平等民事主體間人身關係和財產關係的法律。」

李悝又問：「那刑法呢？」

聊公倒背如流：「和總的範規律法的罰刑與任責事刑、罪犯定規。」

李悝：「麻煩你正著說。」

聊公：「規定犯罪、刑事責任與刑罰的法律規範的總和。你還可以問什麼是行政法。」

李悝：「夠了。你看，民法的定義乃是強調調整對象：民事法律關係。而刑法的定義乃是強調手段：刑事手段。那麼請問：一個用刑事手段來調整民事法律關係的法律屬於民法還是刑法？」

聊公：「呃，嚴格說來也屬於刑法。因為是用刑事手段來調整的。」

李悝：「哼，事實上這兩個定義根本不是一個層面的，因為其所用的分類參照系都不同一。我剛才所問的，正是這兩個定義的交叉之處。所以說這樣的定義方式根本就是企圖化萬千世界於抽象之際自我混亂的結果！有錯誤沒關係，人非聖賢孰能無過？要命的是，居然把一個漏洞百出的分類方法當作萬能的直尺來用，結果量出我堂堂中華法系民刑不分！你頂多說『在西方的意義上民刑不分』好不好？這樣我還謝天謝地，要在你的意義上，我民刑居然分了那還是一挺丟人的事，就好像我寫的書被一個沒品味爛人買了，那廝還看得津津有味廢寢忘食嘴裏咕噥著『好，真好』。」

聊公：「淡定，淡定。」

李悝：「不好意思又激動了。我來給你講講科學地劃分部門法的方法。世界上有兩種利益：公共利益和私人利益。那麼這兩個利益可以有三個組合方式，如下：

公共利益—公共利益
公共利益—私人利益
私人利益—私人利益

這是質上的三個區分。那麼從量上來講，每一種劃分又有三個層次。這就形成一個九宮圖的樣子。

第一個層次上，不管是屬於哪一種『質』，一律由刑法來調整。違反一切法律的最後結果都是違反刑法。這才是刑法的基本調整領域。

第二個層次上，分三個格子。第一個格子『公—公』，由憲法調整；第二個格子『公—私』，由行政法調整；第三個格子『私—私』，由民法調整。這一層次上，都是由被稱之為『法律』的東西來調整的。

第三個層次上，由各類位階比較低的規範來調整，甚至可以包括公司章程、村規鄉約之類。

這才是部門法的比較細緻的劃分辦法。我的這部《法經》正是在第一個層次上進行調整的。中國將來的法典都是這個層次上的法典。這才叫乾脆利落直截了當的區分民刑。結果一個外國人跑來一看，沒有西方意義上的民法刑法，就得意地哈哈奸笑『你民刑不分』。就好像晚清的時候一個中華土鱉跑到美利堅，覺得他們的總統兼有總理大臣和皇帝的功能，就得意地哈哈奸笑『你君臣不分』。你他媽的才民刑不分呢！你們全家都民刑不分！」

聊公：「淡定，淡定。」

李悝穩定了一下情緒，又說：「我們再來看一對自相矛盾的指摘：1.古中國強國家弱社會專制到無以復加；2.古中國法典裏面幾乎沒有關於民事方面的立法規定。」

聊公想了想，說：「很合理呀。」

李悝：「一個人口大國，要想專制就必須大量設置民事方面的政策法律規定，或者來上那麼幾條簡單粗暴的規定，嚴格地限死了。事實上呢？沒有嘛。因為中國的民間社會完全有能力把大量的民事問題自我消化掉，中國的基層政府完全有本事通過位階極低的規範把大量的民事糾紛完善解決掉，所以不需要給中央政府添麻煩。結果這些洋人跑來一觀察，就得意地哈哈奸笑，說『中國沒有民法啊』。打個比方，一個A國人跑到B國，發現他們全國最大的醫院裏面沒有治感冒的地方，就笑話B國醫療落後。事實上B國只需要通過村裏的赤腳醫生就把感冒治好了，沒有人要到總醫院來治感冒。而A國必須到總醫院才能把感冒治好，所以總醫院裏專門有感冒科。結果A國還膽敢笑話B國醫學落後？」

聊公說：「哦。」

李悝：「總之，天外有天。不要把你自己頭頂上井口大的一塊地方叫天，除了這塊以外就都不是天了。這是什麼心態！」

李悝身邊一個侍立者道：「老師，牢騷太盛防腸斷。」

李悝道：「總之，春秋戰國諸子雖然有的死掉多年而有的還沒出生，立說紛紜而令人不知所從，但我李悝只取一瓢飲。立說的時候可以自由散漫信口雌黃胡說八道，但落實到國計民生就是幾百萬乃至上千萬人的大事情，弄不好是要血流成河的。當今列國，其目的務在求存而兼併，效率第一。儒墨道固然也有其妙處，但在此時代終不及法家務實。我這部《法經》，當可為這白金時代『蓋棺』，但『論定』卻談不上。塵埃落定，終有時日還要沉渣泛起。」

侍立者再次沉聲道：「但在此變法的非常時刻，為防邪說亂民，還須先由政府將書都集中起來，民間的一律焚毀，以成此萬世不易之功。」

聊公作為愛書之人聽了這話就異常不爽，道：「這廝是誰？這麼多廢話！」

李悝漫不經心道：「這傢伙叫公孫鞅，從衛國跑來給我打下手的。」

聊公聽這名字覺得耳熟，又一時想不起，便拜辭了李悝出門。戰國的天空，秋意肅殺。上帝又一次頑皮地投下了色子，打算隨機地決定著下一個霸主的誕生和下一個失敗者的出局。

這次的結果恐怕不再是隨機的了，聊公抱歉地沖上帝一笑。

春秋戰國的視野

好啦，該到總結的時候了。

我們還是首先循著制度上的紅線，來看看這段歷史的發展。周公所設計的封建制，隨著時間的沖刷，中央權力層層下垂到地方，地方精英層層下垂到民間。中國的民間社會，這時候異常發達，但是官、爵上的宗法繼承制卻使他們沒有進身之階。怎麼辦？

首先在春秋時代，上層社會開始了變革。這個變革乃是以不易的形式公布成文法，比如鑄刑書刑鼎。這是為了取信於日漸崛起的「士」階層。簡單來講，一個字——「破」，破掉舊時代賴以維繫的舊制度。

其次在戰國時代，上層社會又開始了新一輪的變革。這個變革乃是思想上大手大腳實踐中小心翼翼地把政治資源向民間開放。這個變革，我們放到下一章來講，儘管這個時候已經很如火如荼並且深刻改變了中國的命運。簡單來講，一個字——「立」，立起點燃新時代生命之火的新制度。

思想，是我們這一階段瞭解的重點。光是看「春秋戰國」四個字，便足以令每一個愛好思想史的人熱血沸騰。事實上我們也公認思想史上最頂尖的高手們就誕生在這個時代。

東邪道家，劍走偏鋒，以飄逸絕倫的世外高人姿態給中國歷史留下了最神秘莫測的一筆。

西毒法家，刻薄冷峻，用他們的生命編織起並不討人喜歡的平等而嚴密的法網，然後把這個網的綱領交付到他們執迷不悟地認為足以推進歷史前進的人的手中。

南帝儒家，熱情雍容，雖然在這中國歷史上前所未有後所罕見的極端務實和注重效率的時代不受待見，但他們自強不息的健行精神和至陽至剛的獨門秘技終將幫助他們成就萬世帝業。

北丐墨家，苦行博愛，他們創立了戰國時代強大而神秘的組織，短褐摩頂行色匆匆地奔走於戰火之間，為實現他們心中幾乎不可實現的極端理想主義的夢而薪火相傳不絕如縷。

四派絕頂高手，各走極端，似乎把中國思想史上的話都一口氣說盡了。那個幾乎沒有前人的著述可以參考的年代，思想上是多麼的充滿童趣和自由啊！

不過他們極為默契地達成了一個共識：不能繼續實行世襲統治。這種依靠血統來取人的政治，已經走到了盡頭。這將成為我們下一章的主題。

在春秋戰國視野的盡頭，我們回到歷史。雖然在齊國這時候居然還有一些國君用神判法來斷案的案例，但是整個歷史的步伐已經義無反顧地向著新的時代去了。李悝身後的魏國，成為戰國時代第一個霸主，強極一時。但是由於地緣政治的關係，無法真正形成恆定的國際影響力。

李悝之死，並沒有流血。他倒算得上是歷史上少有的改革不流血的法家人物了。人死法在。他的《法經》的文本，依舊高供在魏國的有司，作為治國的最高準則。但他的《法經》的精神，卻已經隨著一個年輕人出逃而西行入秦了。秦國，那時還幾乎是一個視野之外的國家，用一國百姓的苦難，強撐起一頂「戰國七雄」的帽子。

這個年輕人就是公孫鞅，他要結束秦國的苦難，在中國的西陲開創一個黑鐵帝國。

也或者，苦難才剛剛開始。

四 秦：法治的理想國？

給你三個選擇

不用我賣關子了，公孫鞅毫無疑問就是後來的商鞅。畢竟歷史上以「鞅」為名的名人不多。鞅是個什麼意思呢？套在馬脖子或者馬腹上的皮帶，乃是一種駕御之具。如此看來，公孫鞅真是個意味深長的好名字。

司馬遷先生不喜歡公孫鞅，在《史記》裏評價他「天資刻薄」。天資刻薄的公孫鞅，來到當時戰國的首強魏國，打算有番大作為，結果被丞相公叔痤雪藏府中，當智囊使。

公叔痤病重，魏國國君來探訪慰問，禮節性地寒暄了一些問題，比如「老丞相有沒有中意的接班人呀」什麼的。公叔痤一躍而起，雙目放光，牢牢抓住魏君的手，說：「有哇！我手下有個公孫鞅，麻煩你把整個魏國全盤託付給他啊！」

魏君一時有點木，習慣性地點點頭，心想看來老丞相已經病毒入腦了呀。

公叔痤此刻眼明心亮心境澄澈，又說：「你要是不用公孫鞅，就把他弄死，不要流落到別的國家去呀！」聊公在旁邊聽到，心裏打個激靈：靠，這老妖怪死前怎麼這麼洞悉未來？穿越小說也不敢這麼寫呀！

魏君用憐憫的目光看著公叔痤，眼睛裏泛出淚光：「會的，我會的。」

魏君走後，公叔痤良心發現，趕緊把公孫鞅找來，對他說：「如此如此這般這般……」

公孫鞅說：「哦。」

公叔痤困惑不解地看著面前這個男人，用目光詢問他在想什麼。公孫鞅笑笑：「我是一個講邏輯的人。從邏輯上講，魏君不聽你的前一句話，自然也不會聽你的後一句話。」

公叔痤也抱歉地笑了笑：「看來還是我多管閒事了。歷史該怎樣發展，不會由一個將死的老人的遺言左右的。」然後就和歷史上一切已經死掉的人一樣，他安靜地死掉了。

公孫鞅等了等，沒有等到重用他的人，也沒有等到殺他的人。是啊，魏國又不是走投無路了，怎麼會把全國人民的生死傾盤託付給這樣一個寂寂無名的年輕人？

公孫鞅收拾行李，打算離開。因為他打聽到了西方有個國家已經走投無路了，那裏興許會有機會。

公孫鞅挾《法經》入秦。在公孫鞅這樣自命不凡又的確不凡的法家看來，歷史就是法的歷史。

公孫鞅是通過一名寵臣獲得進見秦孝公的機會的，這成為太史公對他的詬病之一。

秦孝公真的是沒辦法了。他萬萬沒有料到，一度稱霸諸侯的秦國會被列強鄙視到這個地步。以前秦晉一度勢均力敵，如今連晉國的三分之一——魏國都可以輕易地把秦國幾乎弄死。秦孝公只好發出《求賢令》，邀請各國懷才不遇的人物來秦國淘金。

窮則變，這是歷史的規律之一。

公孫鞅的求見，大約在孝公的眼裏與其他人才的求見沒有什麼不同。如果有，那也許就是這個男人居然給了自己三個選擇。

一、帝道

帝道是道家的學說。從盤古開始，只有五個男人擁有過「帝」的榮譽稱號。那是多麼令人神往並且多麼令人瞌睡的年代啊！天下泱泱，君臣拱手，萬民安樂。公孫鞅說建立這樣的年代大約五百年也就可以建成了。

公孫鞅說完的時候，秦孝公已經睡著了。公孫鞅暗暗稱奇：這個君王對政治思想天才般的敏銳觸覺當真令人佩服。道家學說就是這樣一個讓君王睡著的學說。

二、王道

王道是儒家的學說。被稱為王的人多了，在儒家眼裏也不過禹湯文武區區數人而已。玉一般的溫潤，春天一般的陽暖，這就是王道的魅力。實現王道，也得有三百年的積累吧？從現在開始積陰德，大約積到秦始皇的時候，就可以有些起色了，公孫鞅說。秦孝公問誰是秦始皇？公孫鞅說你不用管你就說王道如何？

秦孝公禮貌地笑了笑：「先生知道的事情挺多的，王道挺好的。」知其善而不能用，這就是亂世的君王對待儒家學說應有的態度了。公孫鞅再次在內心深處為孝公加分。

下面臣要為您獻上的是「霸道」。公孫鞅抬眼看了看孝公。光是聽到「霸道」兩個字，這個男人眼裏已經釋放出一種企圖吞噬一切的欲望之火了。男人對政治的欲望，才是真正的欲火焚身。

我們前面講過，春秋時期存在著大量反覆打擊但力度不足以亡人國的小戰爭。在這樣的戰爭不斷地打擊錘煉之下，所有的諸侯國都本著「效率第一」的心態進行變革，一切向效率看齊。越變革，國力越強；國力越強，對外戰爭的破壞力越大。這是一個真正的逆水行舟不進則退的時代。

終於，戰爭的破壞力大到了足以輕易滅亡人國的程度。這樣，歷史就進入了戰國時代。戰爭不再以增強區域影響力和軍事威懾力為目的，而直接以兼併為目的。在這樣的背景下，一切國家都不得不以生存為基本國策，都以統一為首要目標。這是真正的狼的法則。

死去的，未必窩囊；活下來的，都是好漢。

秦孝公心裏不是不知道帝道王道才是正常的良性的救國救民的溫和好藥，但現在要的是猛藥。「霸道」二字，正合國情，正合心意。

「霸道」就是法家的學說。核心精神只有一個：不擇手段使國家在最短時間內凝聚起最強大的軍事力量。更簡單來講，「霸道」就是供國家服用的興奮劑。

秦孝公首肯了公孫鞅的「霸道」之術。但是沒有用，這只能表明君主本人的意志。還必須召開秦國的御前會議來真正將君主的意志上升為國策。

誰說中國古代君主乾綱獨斷？

御前會議參與的人數並不少，但真正有發言權的人卻不多。除了主持人秦孝公而外，只有三個人：甘龍、杜摯，以及新來的公孫鞅。

秦國歷史上的御前會議多如牛毛，具有重大影響力的也不在少數。比如未來討論全國應該行封建制還是郡縣制的那次御前會議。但是說起真正在法理學意義上在立國道路的選擇上有根本性影響力的，則非此次莫屬。

秦國御前會議

御前會議，乃是中國自古以來便有的一個議事程序。我們可以簡要介紹一下。

御前會議的召開，一般由君主召集並提出議題。究竟是大事才能召開這樣的會議還是事無巨細都要如此討論一番，各朝有各朝的規矩。不過能由君主過目的事情，基本沒有小事。

列席的人員呢？也是有講究的。一般來講，在隆重的場合有中央的高官、地方的大員、在朝的學者以及部分的皇親國戚等等。到西漢的時候就有比較完備的記載和相應健全的制度了。

列席人員雖多，說得上話的主角其實只有那麼幾個。皇帝一般而言是不參與討論的，只是作為主持和旁聽，像英美法系的法官一般。兩造具備，會議開始。

議題爭論的過程可以很溫和，也可以異常激烈甚至指鼻子罵娘，當然更多情況是暗流洶湧。議題也可以五花八門，有商定國策、有應對突發事件，有繼承大統的接班人問題，甚至天象異常地理變遷百姓生計無所不包。東漢白虎觀會議還專門討論過關於性教育的問題。

皇帝控制著會議進行的節奏，看看差不多了，就喊停，然後欽定了結論，再由有關臣僚下去制定實施的細則。

在這樣的過程中，皇帝固然可以誘導性地進行主持，臣僚也往往要揣測上意，但畢竟交鋒雙方能夠充分地表達自己的見解，所以還算是一個比較民主的方式。

我們可以看到金克木先生根據《尚書》的記載寫過的一篇小文〈上古御前會議〉，講的就是堯帝時選舜做接班人的過程。

那麼今天御前會議的地點是在被諸侯集體鄙視的戰國視野的最邊緣——西陲秦國。「秦人」這個字眼在當時的東方六國看來幾乎和野蠻人是一回事。

會議主持人：秦孝公

議題：秦國是否應該進行變法

對陣雙方：公孫鞅 vs 甘龍、杜摯

這次論戰的具體內容，我們可以去翻《商君書・更法第一》。聊公作為唯一活到今天的旁聽者，很樂意地把論戰的要點重新整理歸納如下：

關於秦國變法若干問題的會議紀要

1. 變法犯民意，怎麼辦？

這是孝公首先提出的問題。公孫鞅斬釘截鐵地引俗語「疑行無成，疑事無功」表明了自己的立場。他說：「有高人之行者，固見負於世；有獨知之慮者，必見驁於民。」顯然地，把自己捧為「高人之行，獨知之慮」。並且，公孫鞅從理論上論證了如果順民意反而可能導致改革的失敗。他認為，真理掌握在少數人手中，只有少數人才能看出時勢的變化。而在民智未開的時代，絕大多數人反而囿於自身利益反對變法。這是大多數人的短視。

結論：老百姓只可以與之共享改革的成果，而不可以與之商量改革的事業。

2. 變法的路徑應該走漸進因循式，還是激進建構式？

這是甘龍激起的討論。甘龍認為，「聖人不易民而教，知者不變法而治」。任何一項制度，都是最合理的民俗充分成熟化以後的制度追認。甘龍的這項論點，顯然建立在「民俗可以很優秀很先進」的前提之下，而這個前提又來自於他對「人民教育」的信心上。只要對人民進行足夠的音樂、文學、政治、史學修養的教育，就可以使民間自然養成善良而優秀的風

俗。這是民間的「活法」，是一切制度的母親。可見，甘龍是位儒者。

公孫鞅對此予以了反駁。他首先對甘龍進行了人身攻擊，說這是世俗之見。然後他指出了（他自以為的）甘龍理論的致命弱點：你既然認為「知者不變法而治」，那麼知者所因循的那個法又是哪裏來的呢？顯然是造出來的。他又指出（仍然是他自以為的）甘龍理論的第二個弱點：你所謂的「聖人不易民而教，知者不變法而治」顯然與實際情況不符合，因為我們所看到的事實是「三代不同禮而王，五霸不同法而霸」。

其實公孫鞅的這個反駁建立在他不瞭解或者不願意去瞭解甘龍理論前提的基礎之上。所謂「知者不變法而治」是指不必由政府從制度上進行先導性的變革，而只需要對既有民俗進行追認式的立法。

但是由於孝公之前與公孫鞅的對晤已經表明了自己行霸道的政治傾向，所以孝公肯認了公孫鞅的觀點。

結論：智者立法，愚者制於法；立法的問題要與立法的智者商量，而不應與制於法的愚者討論。

3. 變法的風險和收益問題。

杜摯提出的問題，乃是變法的風險和收益問題。他提出：沒有百倍的收益，就不進行變法。因為變法的成本太大，對老百姓折騰太大，如果沒有百倍的收益那麼等於變法是失敗的。從而他提出自己的結論：法古無過。因循舊法是最保險的。

針對這個問題，公孫鞅繼續用史實進行了反駁。他說：你既然認為法古無過，那麼請問最古的那個法是哪裏來的呢？還不是人立出來的？那麼立最古那個法的人，為什麼不遵循「法古無過」的格言呢？可見這是個偽格言。

公孫鞅指出，事實上古代的伏羲、神農、黃帝、堯、舜乃至商湯文武，都是變法而治的，相反，桀紂倒是「法古」，結果滅亡了。

這段論說在回避「變法風險與收益」的問題，但其實也略有涉及。他其實暗示了：如果不變法，從絕對量上講，國力還在上升；但是從相對量上講，戰國時代逆水行舟不進則退。不變法只有死路一條。變法則生死未卜。死路一條和生死未卜哪個更好一點呢？

由於杜摯也並沒有給出變法的風險究竟有多大的定量分析，所以公孫鞅的論說相對合理，得到了孝公的支持。

結論：反對古法未必就應該譴責，遵循舊禮未必就值得讚賞。

孝公最後進行了總結。他依舊斤斤於自己最開始提出的會不會被老百姓反對的問題。他說：「愚民們所反對的事情，正是智者們應該去做的。變法究竟是生是死，公孫鞅啊，用你的行動去回答吧！」

記錄人：聊公

我們來看甘、杜與公孫鞅的路線之爭。是不是很眼熟很像當年周公與太公的齊魯鬥法？所不同的是，當年周公、太公一人一塊試驗田，而今天甘、杜只能跟公孫鞅在偏僻的秦國進行爭論以定國策。

另一個區別，當年太公因民成俗，卻頗有法家的風範；伯禽改革制度，大有儒家之面目。如今反過來了，主張因民成俗的甘、杜，乃是偏於儒家一派的；而主張大動干戈的公孫鞅，乃是當時最大的法家。怎麼回事？

此一時，彼一時；此一地，彼一地。

我們來分析一下。所謂的改革制度，首先有目標之區分，其次有路徑之區分。就目標而言，我們畫上標籤，有所謂道家型理想社會，儒家型理想社會，法家型理想社會等等，用公孫鞅的術語，就是帝道王道霸道。就路徑而言，有激進、漸進之別，有建構、因循之分，還有自上而下和自下而上等等。我們完全可以用一個因循的、漸進的辦法來達到法家的目標，也完全可以用一個建構的、激進的辦法來實現儒家的鵠的。所以當年周公對太公之佩服，不過是對其路徑選擇之佩服，對於其所設想的理想社會類型，未必是服膺的。

而今天，公孫鞅基於實際的考慮，首先與孝公達成默契——以法家理想社會類型：「霸道」為第一階段的目標，選擇的路徑乃是激進建構式的。這些選擇在當時而言都是最合適的，時勢使然。

公孫鞅開始運用「法─術─勢」的魔力了。在秦國這樣一個積貧卻未必積弱的國家，在西陲這樣一片文化上落後東方國家近一百年的土地，公孫鞅變了一個名為「變法」的大型魔術。

西元前三五六年，見證奇蹟的時刻。

舊制度與大變法

聊公很奢侈地把「商鞅變法」這幕中國法律史上的大戲分成三幕來演，這裏播出的是第三幕。

公孫鞅在國都南門立了一根木頭，發布命令：有能把它搬到北門的，賞金十鎰。老百姓議論紛紛，覺得奇怪，沒人動彈。大家快要作鳥獸散的時候，公孫鞅賞金五十。重賞之下必有莽夫，某甲在聊公的慫恿之下上去扛起木頭，行至北門，當場獲得賞金五十。

這是公孫鞅大型魔術之前的一個小戲法，開胃菜。但是請不要忽視這個小戲法。很多魔術必須有這樣一個小戲法作為鋪墊，比如魔術師首先要你看了這個戲法產生一個相應的思維定式，或者說被傳達某種訊息。而這樣一個思維定式和訊息，乃是他的後續表演所必須的。

徙木立信就是如此。在之後公孫鞅頒布新的法令時，大家紛紛堅信：政府說話算數。所以到後來，我們看《英雄》可以看到行動起來如手使指的秦軍，我們讀《史記》可以讀到陳勝吳廣在失期之後的深深恐懼。因為他們都深深地相信：國家說話算數，令出必行。

其實我們來想想，「徙木」的把戲究竟起到一個什麼作用？立信？笑話。哪有那麼簡單！

把一切虛假的幻覺都去掉，徙木的把戲只有一個作用：傳達信號。傳達這樣一個信號：政府從今以後要開始講信用了。不要忽視這個信號，這是一切法令得以貫徹的前提。另外也可見，國家失信可以嚴重到怎樣一個程度！

短期之內信號只能用一次，治大國若烹小鮮。之後，國家需要通過大量的執法行為使民眾感覺到政府的確在守信。潛移默化，文火慢燉。時間一長，國家的信用就立起來了。這就是「徙木立信」把戲的秘訣。公孫鞅欺騙了後人的感官。

所以當這個魔術被後人學去的時候，卻失掉了它的精髓。學到了「信號」，而沒有學到後續的步驟。這些信號首先告訴大家：我要開始嚴格執法了！法律下來，果真得到執行。一段時間以後，難免有違法的。由於種種原因，違法沒有遭到懲處。違法受益，導致守法者也開始抱持所謂「僥倖」，以身試法。試驗的結果是無恙，於是大家一起違法。一起違法的結果，是使政府認識到執法太鬆，便開始「嚴打」。被「嚴打」到的，只會自認晦氣而並無半點悔過之心。

嚴打代替執法，逃罰代替守法，這就是後世蹩腳魔術師的悲哀。

好啦，小把戲所造就的思維定式已經暫時地成功植入秦人的頭腦，公孫鞅有條不紊地逐節展開他的大型魔術。

在後來的《聊公案》一書中，聊公用托克維爾式（Tocqueville）的筆調謳歌道：

> 西元前三五六年，秦國人以任何人民所從未嘗試的最大努力，將自己的命運斷為兩截，

> 把過去與將來用一道鴻溝隔開。為此，他們百般警惕，唯恐把過去的東西帶進他們的新天地：他們為自己制訂了種種限制，要把自己塑造得與父輩迥異；他們不遺餘力地要使自己面目一新。

花開兩朵，各表一枝。

話說某甲自從徙木賺了五十金，喜孜孜地回家，第二天一大早便跑到城門口來看有沒有新的法令。等他到的時候，隔壁的王胡小D之類早已到了。某甲只好縮頭縮腦地看。

自古中央頭號文件，都是關於三農問題的。今天的法令，有這樣幾條：

1. 開阡陌封疆，廢井田。
2. 鼓勵開荒。
3. 家有二男以上必須分居。

某甲看了，便跑回去告訴妻兒。某甲只有一個兒子，而王胡有十二個兒子橫行鄉里，號稱「十二生肖」。過去實行舊田制的時候，王胡家分到的地和某甲家一樣大小。人口既多而土地有限，兩家收的賦稅也一樣，則王胡家落到每個人頭上的收成就少，老吃不飽飯。

後來王胡的八個兒子出去齊國做小買賣，從事工商業還偷稅漏稅，慢慢成了村裏的大戶，人稱王百萬，經常欺負某甲，就算打起架來都是某甲吃虧。

如今開阡陌封疆、廢井田，就好啦。阡陌封疆，乃是田裏縱橫的田埂，規定了哪些地是哪一級貴族的。開阡陌封疆，就是把田裏的田埂所標誌的土地所有權情況廢除掉，重新分配。按戶口，每家一塊相同大小的地。

另外，家有二男要分居。王胡家連王胡本人有十三個壯丁，就分拆成十三戶小人家，分給十三塊地。這樣，全秦國上下，就都是規模相近的小家庭，負擔就很平均了。這些田所有權都是你的，自己慢慢耕吧。想擴大自己家的勢力不？玩命生男孩！

這是農業經濟上的措施。至於要經商的，一律收重稅。畢竟嘛，商人無祖國，四處跑來跑去，不好控制得很。王胡家的十二生肖，全部老老實實待在自家一畝三分地上了。

這個措施的影響，使得秦國的老百姓格外牢固地釘在了自己的田上。戰國末年，天下災荒。別的國家老百姓四處亂竄，老秦人寧可餓死也不移動一步。隨著秦國成為秦朝，這個變法的影響便成為天下性的影響，直到今天才開始有根基鬆動的跡象而引發了各種問題。

不得不承認，公孫鞅的變法，為後世的統治者省了多少心啊！

某甲歡歡喜喜領到地了以後，新法令下來了：統一度量衡。公孫鞅大人新造了一種後世稱為「商鞅量」的東西，作為標準的量器。這種量器的問世及批量生產、應用到人們生活的方方面面，使得賦稅的公平收取成為可能。定分止爭，在權衡上得以實現。這種量器的鑄造在當時如此普遍以至於有實物保存至今，藏在上海的博物館裏。

更新的法令還在繼續頒布：推行縣制、改革戶籍制度，實行連坐。

原來某甲居住的，乃是一個邑。都鄉邑聚，都是從原始社會的聚落演變而來的。人口漸漸的繁盛，就有了這些大小居民點，星羅棋布在秦國的地界。所謂都鄉邑聚，也都是有說法的。都乃是有宗廟的行政單位，可能供著某位已經被秦國滅亡的小國先君，也可能供著目前受封的貴族的先君。邑，則可能是被封的貴族的地盤。至於鄉聚，則相對偏野一點。總之，秦國一個國君之下，盤踞著大大小小的二級、三級封建單位。其他諸侯國更為嚴重，甚至於令不出國都。

公孫鞅的法令，將這些大小居民點就近合併為縣，設置縣令為縣級最高行政長官，有自己的行政班子。這樣一來，法令的貫徹就不必靠都邑裏的小諸侯小大夫而靠直接聽命於國君的縣令縣長了。

縣這樣的單位並非秦國的首創，但是把全國每一寸土地都歸併到縣的轄制之下，卻是公孫鞅的創舉。另外，秦國還把新打下來的或者新開闢的大片的荒地設置為郡，乃是比縣低級的特別行政單位。後來郡的人口增多，才在面積遼闊的郡下面設置縣來便於管理，結果郡倒成為了縣的上一級單位了。

對最基層的管理，乃是設置什伍，十家為什，五家為伍。有一人犯罪，什伍連坐。這樣就省了國家許多監察的力氣，而把若干家人家的命運捆綁起來。

以上，已經從經濟上和行政上廢除了貴族世家們的命根子。最後的一刀，來自於封爵制度。

某甲一直在埋怨自家祖上不爭氣，幾百輩子貧農。上溯到夏朝都是耕田的（再往上是打獵的）。這樣一來，祖祖輩輩都只好以務農為業。幾百輩子中間也出過幾個智商達到一四〇以上的神人，那又有什麼用？頂多被人稱為耕田達人而已。

現在好了，秦國實行二十等爵制，廢除世卿世祿制。在戰場上殺一個敵人，長一點功勳值。長到相應的功勳值，授予相應的爵級。哪怕你是玉皇大帝的兒子，也不例外。全國除了秦國君主一職，再也沒有世襲的位子。

蒼天開眼，這是多麼偉大的改革啊！一想到廢除世襲的偉大創舉，兩千年之後，聊公依舊禁不住為之擊節讚歎熱淚盈眶山呼商鞅萬歲萬萬歲！

如今山呼萬歲的是老淚縱橫的某甲。咱老某甲終於有出人頭地的機會啦！

老百姓最需要的，其實真的只是個盼頭。在制度層面賦予公平的機會，就是盼頭。

廢除世襲的偉大意義，怎麼高估都不為過，我們後面還要細講，先按下不表。

總之公孫鞅這次變法，唯一目標乃「農戰」二字（其實農服務於戰，唯一目標只有一個「戰」字）；而所有措施，都指向「廢除世襲」。這些舉措使得某甲這樣的秦國百姓下田玩命幹活上陣玩命殺敵，唯一的休閒活動就是生男孩子。

秦國變成了一架戰爭機器。一切改革都是妥協的結果，這句話在公孫鞅這裏並不適用。如此純粹徹底極端而理想化的改革，在歷史上真的空前絕後。以至於後來的秦朝這樣純粹徹底極端而理想化的帝國，在歷史上同樣空前絕後。

這場改革為公孫鞅帶來了國際聲譽。錯放公孫鞅來秦的魏國悔青了腸子，因為改革後的秦國把魏國打得落花流水。而這些勝利也為公孫鞅帶來了商地的十五個食邑。現在開始，我們可以名正言順地稱呼他為商鞅了。

除了以上措施而外，商鞅還辦了兩件極其高瞻遠矚的事情，顯示了他對自己的變法的蓬勃信心和無比決心。

一是燔詩書，二是遷都咸陽。

商鞅燔詩書，成為後世遭人指摘的一項弊政。這個法令的用意是什麼呢？

禁止對法令的合理性進行討論。

詩書，象徵的乃是儒家的法理學。燔詩書，乃是以簡單粗暴（毋庸諱言）的方式絕對地禁止對政府所頒法令進行法理學上的討論，一切以實踐的結果來說話。同時，這也完全禁絕了儒家「培養教化人民使之掌握執政的素養」的道路，與「民可與樂成，不可與慮始」的法家一貫主張相一致。

這項措施的原因，大約就是這些；而其利弊，我們在始皇焚書的時候再討論。

遷都咸陽，則是商鞅對自己變法的信心的體現。赫魯雪夫（Nikita Sergeyevich Krushchev, 1894-1971）詆毀史達林（Joseph Stalin, 1878-1953）時說：「他是看著地球儀指揮史達林格勒（Stalingrad）保衛戰的。」商鞅大約的確是看著世界地圖而非秦國地圖選擇秦國的新國都的。他把國都選在了咸陽。

毫無疑問，咸陽將成為第一個大帝國的首都，天下最繁盛富庶的運轉中心！

變法的後話

終於有時間來聊一聊「意義」和「終極目標」這樣一些在戰國時代幾乎絕無市場的話題了，而這在以「商鞅變法」為代表的一批戰國變法中，是不被納入考慮範圍的。即使是在法家的理論著作中，也只不過被偶一提及。

在一個務實的年代，務虛往往沒有市場。

聊公問商鞅：「你變法的目的是什麼？」

商鞅說：「富國強兵。」

聊公又問：「然後呢？」

商鞅眼睛中閃出一絲冷峻的光，道：「統一。」

聊公重複：「然後呢？」

商鞅怔了一下，道：「維持統一。」

聊公鍥而不捨：「然後呢？」

商鞅傻住了：「然後？然後就好了呀。」

聊公只好去問商鞅治下的一個黔首某甲：「你這麼奮勇殺敵幹什麼？」

某甲一臉憧憬：「立功升官！」

聊公：「立功升官了呢？」
某甲：「買田地，娶媳婦。」
聊公：「娶了媳婦呢？」
某甲：「生娃。」
聊公：「生了娃呢？」
某甲臉上綻放出最甜蜜的表情：「讓娃去打仗，好升官買田地娶媳婦……」
聊公去問當時的國際觀察家某乙：「天下惡乎定？」
某乙：「定於秦。」
聊公：「為何？」
某乙：「因為秦國強大。」
聊公：「沒啦？」
某乙：「沒啦。」

進行完上面的三段對話，我們可以來分析商鞅變法的利弊了，還是從世襲制度的廢除說起。

一種方式得以成為一個制度，首先說明其在一定社會背景下有著巨大的生命力和存在慣性，其次說明其曾在相當的範圍內長期因襲運行。西周開始的封建的世襲制度即是如此。

血統和能力的鬥爭，在中國屢屢成為歷史的主題。但是在歷史的童蒙時期，這兩者在一定程度上是交叉的。

老子英雄兒好漢，老子反動兒混蛋。不管你承不承認，先天的遺傳因素，後天的家教培養，以及家族掌握的社會資源，都使得在中國歷史的早期，世家子弟往往比奴隸人之子更加傑出。精英們集中於社會的上層，專門的才能技藝成為家族傳承的法寶而不得在社會上普遍公開。世界上最穩定也最不公平的制度，莫過於世襲。

我們前面說到，西周封建世襲制度本身，給自己的滅亡種下了惡果。第一，隨著上層精英生的孩子越來越多，而相應的高位則有限，許多龍種不得不沉淪為跳蚤，社會精英下沉；第二，隨著時間的流逝，維繫王族公卿之間的親情紐帶在實踐中越來越鬆弛以至於在觀念上都幾乎不復存在，王室衰微，許多王室官員下崗流落民間成為後來的諸子百家，各自著書立說廣招門徒，社會精英下沉。

經歷了春秋戰國，社會底層的精英越沉越多。當實力與其所具有的政治地位不相適應、並且沒有合法的人才流動途徑的時候，就是體制上的變法或者革命之時。

所以，戰國列強開始了自己有意識或無意識的對用人體制的改變。而最徹底的，莫過於秦國的商鞅變法。商鞅直接廢除了除國君（及太子）之外任何人通過血統而非能力獲取政治資源的一切通道。想當官？用軍功說話。埋藏在民間幾百年甚至上千年之久的躋身上層社會的渴望一朝被釋放，巨大的積極性洶湧地撲向敵國的軍隊。在他們眼裏，這哪裏是軍隊啊，分明是一個個只待拾取的首級，是可以換取良田高官厚爵的積分！

這才叫解放生產力。商鞅的本事，乃是將秦國變成了一架龐大的戰爭機器，並且渾身上下沒有一個廢的零部件。在對話中，商鞅那單純的思慮和目標，某甲那熾烈的渴望和憧憬，某乙那純粹的恐懼和判斷，都可以說明這一切。這是自春秋以來不斷重複打擊而不至於亡國的戰爭以及戰國以來動輒能滅亡人國的巨型戰爭，所帶來的效率驅動型社會（注：趙鼎新先生在《東周戰爭與儒法國家的誕生》中的提法）發展的極致。

非常時期有非常策略。商鞅變法並不是什麼開百代風氣的尋常變法，而只是一種類似「戰時共產主義」的非常策略。非常策略不能不加變通地直接運用於尋常時代，這是我們必須牢記的。

秦朝後來二世而亡了，這是大家都知道的史實。首先起事的是一個叫陳勝的人，《史記》裏有他的傳。這個人喊起一句口號，叫做「王侯將相，寧有種乎」，成為中國最經典的起義口號而流傳至今。

陳勝自己也沒有意識到的是，這句口號裏面包藏了商鞅變法的失敗之處和秦朝滅亡的全部玄機。

中國歷史上農民起義的口號很多，故弄玄虛者有之：歲在甲子，天下大吉；裝神弄鬼者有之：莫道石人一隻眼，挑動黃河天下反；粗鄙而極具物質吸引力者有之：吃他娘，喝他娘，打開大門迎闖王，闖王來了不納糧。

但是水準最高，最直刺被反對王朝的軟肋者，毫無疑問就是陳勝吳廣這句：

王侯將相，寧有種乎！

這句口號，起碼有這樣幾層意義：

1.字面上看，王侯將相並沒有絕對神聖的血統天賦，而是人人當得的。

2.隱含的意思：和尚摸得，我摸不得？我也爭他個王侯將相當一當！

3.再深層一點的：你憑什麼當王侯將相？天下憑什麼是你嬴家的天下？

一個一個來看。

對第一個問題的分析：

陳勝這廝生來就有反骨，他年輕時候的經典語錄有這樣幾句——

> 苟富貴，無相忘；燕雀安知鴻鵠之志哉。

這樣的話，早一百年，陳勝這樣一個耕田的絕對說不了。是誰為陳勝（為代表的中國底層人民）完成了這樣一次啟蒙？

商鞅。以商鞅為代表的實行國家用人制度改革的法家。

廢除世襲制度，等於昭告天下黎民：王侯將相，並無龍種，能者當之。所以陳勝這句口號，其實商鞅更有資格來喊。

是商鞅，給予了大家希望和機會。

結論1：以商鞅為代表的實行國家用人制度改革的法家，從制度上完成了對陳勝吳廣們的政治啟蒙。

對第二個問題的分析：

可是為什麼陳勝吳廣只是個戍卒而已呢？為什麼後來反秦的天下英雄，都依舊埋沒在社會底層而沒有王侯將相之位呢？這是個值得我們深入思考的問題，也是商鞅變法或者說商鞅政治遺產的繼承者的最大敗筆——

廢除了世襲制，卻沒有提出新的合理完善的用人制度。

考察商鞅變法的內容，對於選拔人才似乎只有一條規矩：立軍功。不可否認，在戰國時代，在秦朝還只是秦國的時候，這是一條符合時代脈搏的選拔途徑。但是當秦國成為秦朝，天下已經無仗可打（至少打仗不再構成國家生活的主題）的時候，請問到底如何選拔人才呢？

考諸史書和出土秦簡以及對「漢承秦制」的考察，秦朝大體上有這樣幾種方式：察舉、徵召和任子。徵召，乃是官府聽聞某人賢名而去請他做官；察舉，乃是地方自下而上推薦人才；任子，則是一定級別的官員可以保舉自己的子孫為官。

皇帝日理萬機，所管轄的領土如此廣大，以至於不可能親自察見在野的人才。所以所謂察舉徵召，只能是由地方官吏來推薦人才，提供候選名單。其中可操作空間之大，以至於聊公幾乎可以斷言：秦朝只有「任子」這一種人才選拔方式，徵召和察舉都不過是變相的任子！

無論是秦朝政壇的嬴李蒙王馮幾大家族，還是地方守令的世代相襲，都證明了絕對官僚化反世襲制度的秦朝，早已經陷入一個新的世家門閥掌握政權的危機之中！

先破後立，往往會有這樣的情況：破掉的已經破掉，要立的還未立起。死去的糾纏著活著的，活著的無法擺脫死去的。

世襲不好，大家都知道。可是不世襲怎麼辦？能者居上，大家也都知道。可是什麼樣才是能者？

秦朝出土簡文《為吏之道》中有所謂「為官五善」的考核標準：忠信敬上，清廉無謗，舉事審當，喜為善行，恭敬多讓。

我們來想一想，我們考公務員的時候也會看到一些選拔的標準和要求。哪些我們是要看的呢？對學歷、專業、四六級、黨員與否等等的要求。哪些我們是不看的呢？最上面的一排字：熱愛祖國、忠於人民、擁護領導、遵守法律等等。這些是所謂「虛要求」。誰會認為自己不符合？

秦朝的選拔官吏標準，就是這些誰都認為自己符合的虛要求，沒有量化的標準，沒有具體的考核辦法。

從而，在這樣的時代，官員們「任子」的時候連筆試面試這樣的走過場式的限制都不受。陳勝吳廣劉邦項羽蕭何曹參們只好憋屈在社會的底層，暗無天日。

結論2：沒有合理完善的人才選拔考核制度，乃是商鞅及其政治遺產繼承人的大敗筆。

對第三個問題的分析：

前面說過，商鞅為陳勝完成了第一個政治啟蒙：將相沒種，能者居之。那麼秦朝的統一自然為陳勝完成了第二個政治啟蒙：皇帝也沒種，力者居之。

憑什麼是你贏家坐天下？老問題，政權建立的合理性依據。以前的周公遇到過這個問題，他的解決是：以德配天，有德者居天下。現在呢？春秋戰國無數血淋淋的事實告訴我們：有德者往往敗身亡國，而虎狼之秦反而可以一統天下。靠的什麼？「力」而已。既然如此，比拳頭硬就使得遊戲規則簡單多了。我陳勝也有力，自然也可以爭個天下來坐坐。

事實上，秦朝也對自己政權的合理性依據進行過一定的包裝，用的是「五德終始說」，相生相剋。這個學說，乃是對周公「以德配天」說的發展乃至顛覆。在這裏，「德」沒有唯一的標準，沒有某個確定不移的最高價值，而是有五個不同類型的「德」，談不上誰高誰低，總之相生相剋。虞土、夏木、殷金、周火，下一個該是「水德」，所以秦朝崇尚水德和黑色，重刑殺。

這種政權合理性依據的缺陷乃在於，為自己預先埋伏了掘墓人。在埋葬別的王朝的時候用的痛快：只需要說我是正好能剋你的「×德」的代言人就可以了，然後捏造一些傳說，改變一下自己對顏色的愛好。然而當別人要反對你的時候呢？你只有一個辦法：努力否認對手並不是要出現的那個×德的代言人。好，理論上打個平手只好用武力說話，還是拚拳頭。

這個辦法要靠董仲舒去完善，何況秦朝也並不很拿這當回事。商鞅早就建立了「任功不任善」的用人標準，因為「功」是可以量化的，而「善」比較說不清楚，會使人生爭心。同樣，在坐天下的問題上，也只可能是「尚力不尚德」，誰牛×誰上。

但是，世無商鞅，誰來保障你永遠強大？

而後世則不一樣，你看被逼急了的許多草寇大盜，都是只反奸臣不反皇帝；而就算被時勢推著到了那個位置，也要演一齣禪讓或者黃袍加身的老戲，作為必須走的過場。

結論3：政權建立的合理性依據（即官方哲學的選擇）的失敗，是秦朝速亡的一大原因。

總而言之一句話，同樣一個問題：「王侯將相，寧有種乎？」問秦朝，秦朝會甩手給你一個嘴巴，叫你少廢話還想不想活了；問漢朝，漢朝會拉起你的手，坐下，語重心長地給你嘮上半天，告訴你他的種在哪裏。

所以秦朝速亡，而漢朝賴活著。

不過這些都是商鞅百年以後的事情。眼下，商鞅馬上就要百年了。

商鞅曾經在執法中割掉過太子師傅的鼻子，得罪太子。秦孝公一老掉，太子即位，商鞅自然就到了滅亡的一天。

首先是太子的師傅告商鞅謀反，即陰謀顛覆政府罪。這是中國自古以來便列在刑法第一條並且隨意性最大的罪名。請注意謀反和造反的區別。謀反有個「謀」字，即預謀。既然是預謀，便不需要什麼十分確鑿的證據了。偶爾說錯句話，做錯個動作，甚至露出個不正確的表情（面有反意），便足以構成此罪。

這裏我們來注意個刑法上的概念辨析：犯罪預備和犯意表示。犯罪預備，是指直接故意犯罪的行為人實施的某種能夠引起預定危害結果的犯罪實行行為，比如準備殺人工具等。犯意表示，是指在實施犯罪活動以前，把自己的犯罪意圖通過口頭或者書面的形式流露出來，比如揚言殺人等。刑法學上公認的，犯罪預備在許多情況下已經構成犯罪，而犯意表示則不構成犯罪。

好了，我們來看。同樣的，謀反完全可以構成一個罪名，但必須是著手準備工具、創造條件，比如聚集軍隊、私造龍袍等等，起碼要這樣吧？但是在中國，很多情況下在涉及這一罪名時，就把犯罪預備和犯意表示混淆了，一律算作預備。甚至在後世登峰造極，連犯意都沒有表示出來，也算謀反（腹誹）。

商鞅現在就被人狀告謀反。他是用法的老祖宗，自然知道獄吏的本事，所以並不申辯，直接逃跑。一位先秦大法家，對法律的見解如此，聯繫蘇格拉底（Socrates, 前469-前399年）之死，不免令人心寒。

然後如大家知道的，商鞅走投無路，連投宿旅店都因沒有證件擅自收留怕商君怪罪而被拒之門外。商鞅長歎一聲：為法之弊，一至此乎？為法之弊是什麼呢？是不應該搞成人人平等而自斷後路嗎？是為法太酷烈而遭到報應嗎？還是法律仍不甚嚴密而被奸邪小人鑽了空子呢？無論如何，反正真的是歎得非常悲涼了。

商鞅最後的下場，乃是被擒拿歸案，車裂在咸陽鬧市。在西北陽光的照耀下，斷裂的肢體，一截一截地兀自滴著血，在地上拖出一個刺眼的不規則圖形。

商鞅死而秦用其法，為後世開了一個好頭：客觀技術性的法律，不因主觀立場性的政策的改變而改變。

商鞅，這個先秦最寂寞的思想家，不去和其他思想家一般湊在齊國喧囂而盛極一時的稷下學宮，隻身深入西北這片文化的沙漠，以一己之力開創了一個時代的傳奇。這樣的獨行精神，無愧「西毒」之名。千百年後，仍有另一位鐵血宰相觀看《商鞅》話劇而不覺潸然淚下。聊公願意改編電視劇《三國演義》的一段插曲來作為對這位獨行者的祭奠：

說什麼咸陽春深，
全不曉天意人心？
拜相台反成了斷頭台，
帝王夢何處尋？
遠離了富貴繁囂地，
深入了龍爭虎鬥門，
辜負了錦繡年華，
錯過了豆蔻青春，
為報答孝公大義深恩，
拚捨這如花似玉身！
從今後，再不見你的身影，
也再不聞你的聲音！
商鞅已隨著那清風去，
化作了一片白雲。

我們曾經有過選擇

從商鞅開始，秦國出現了一個很有特色的用人現象。從樓緩、魏冉、范睢、蔡澤到呂不韋，誰有靈感誰上台，誰靈感用完了誰滾蛋。上台時候都是一齣齣布衣宰相的傳奇，下台時候乾脆利落毫不拖泥帶水。一方面，我們又要怪商鞅用人制度上沒有設計好導致如此不穩定的情況出現（當然，這種不穩定在當時對秦國而言是好事情）；另一方面，這種用人方式也顯示出秦國的蓬勃朝氣，長久下來自然也就形成了一種不成文的制度，或曰「活法」。

在這樣一種用人制度下，呂不韋達到了前任們未曾達到的成就巔峰，也感受到了前所未有的壓力。

再蹩腳的國際觀察家也發現了這一點，一個空前的大帝國即將誕生了。呂不韋信心滿滿地想成為這個大帝國的首任宰相甚至國父。這真是一項前無古人且挑戰性無比巨大的工作啊！我能勝任如此榮譽嗎？呂不韋經常這樣甜蜜地憂愁著。

在夜深人靜的時候，他也曾為這樣的問題而思考得興奮不已：這個空前的大帝國，應該怎麼統治？應該採用什麼樣的政權組織形式？應該採用什麼樣的國家結構形式？君主該是個什麼角色？宰相呢？這個帝國建立的合法性依據又何在？應該採取一套什麼樣的官方哲學？

所以呂不韋在自己的任期幹的最後一件大事，乃是匯集天下文化精英，耗多年之功，寫成了一部未來大帝國的施政綱領。

如果未來的這個大帝國真的要有一部施政綱領，聊公覺得也唯有此書有此資格了。這部後來流產的施政綱領，就是《呂氏春秋》。由於一些原因，這部曠世奇書並沒有得到法律史界的應有重視；它給後世的影響僅僅是告訴大家：我們曾經有過選擇。

提供這種選擇的呂不韋站在窗前。夜涼如水，而他的心再一次因為灼熱的思考而激動地睡不著了。嬴政啊嬴政，你可知道我會集天下精英編造此書的苦心麼？

「當然知道。」

呂不韋大吃一驚，回頭見一人正端坐在自己的案前，信手翻看今天剛送交上來的幾篇《呂氏春秋》。呂不韋喝問：「你是何人？膽敢夜闖相府！你……你是怎麼進來的？」

那人微微一笑，神態瀟灑：「在下聊公。」

呂不韋鬆了口氣，道：「近來聽說有個妖道，經常穿越歷史做些莫名其妙之事，卻並不傷人性命，原來就是你啊。」

聊公道：「第一，道教還沒產生，所以你的妖道這句台詞是個BUG；第二，在下所做並非莫名其妙之事。」

呂不韋說：「你剛才說知道我的苦心，試道來。」邊說邊面露殺機。

聊公鎮定自若，哈哈大笑：「這有何難？秦國一向是文化沙漠，被有文化的看不起。所以你找來三千寫手，想寫出一部足以令山東六國刮目相看的文化鉅著唄。」

呂不韋鬆了口氣，道：「說得好。」

聊公道：「不過你這書可有一個致命弱點。你想匯總春秋戰國以來所有的思想流派之精華，集軸心時代之大成。可惜啊可惜，你的這部書將來被《漢書》歸類為『雜家』。思想的堆砌，終究不能代替思想的原創啊！」

呂不韋笑道：「閣下謬矣！豈不見《呂氏春秋・用眾篇》之譬喻乎？天下沒有粹白之狐，而有粹白之裘，何哉？」

聊公曰：「染的。」

呂不韋搖頭道：「君以今人之心度古人之腹。取之眾白、集腋成裘故也。」

聊公道：「那你這書有啥特色也哉？」

呂不韋被激起興趣，說：「特色太多了。從何說起呢？對了，目錄！你先看目錄！」

聊公翻看《呂氏春秋》的目錄，卻見共分十二紀、八覽、六論。呂不韋說：「十二紀乃是全書精華，八覽六論是對紀的補充和發揮。你看紀，看紀！」

聊公不耐煩：「知道了啦，你不要動手幫人家翻，人家又不是不會看！」

十二紀又分春夏秋冬四部，每部分孟仲季三紀。如首三紀為孟春紀、仲春紀、季春紀，類推。聊公把竹簡扔到一邊：「這種目錄，貼到論壇上去要不了兩天就完全沉掉了！」

呂不韋一個側撲接住竹簡，愛惜地抱在手裏：「你不理解我的苦心啊！你看，我這個目錄，凡十二紀者，所以紀治亂存亡也，所以知壽夭吉凶也，上揆之天、下驗之地、中審之人，若此，則是非可不可無所遁矣！多麼精美的目錄設計啊！」

聊公鄙視地說：「土包子。無非就是天人感應嘛，你這個東西在秦國行不通，你努把力活到漢朝也許還有些市場。」

呂不韋：「？」

聊公：「好吧，你說說還有什麼別的特色？」

呂不韋說：「好吧，我讓你看看《呂氏春秋》實質內容上的過人之處。第一，軍事思想。我們都知道，天下是要統一的。所以有些所謂非攻啊，救守啊之類我們不要考慮。那麼統一有三個辦法，我們先看A方案。」

呂不韋一按遙控器，牆壁上出現畫面：秦國不斷地增強自己的道德修為，在國際上享有崇高的威望。很多小國家自然地被道德力感染而來投奔秦國。經過幾百年道德力的感染，秦國的版圖蠶食了山東六國。

呂不韋：「這是孟子的辦法，以德服人。你再看方案二。」

再一按遙控器，牆壁上出現《英雄》中的畫面：秦國的士兵喊著「風！風！風！」遮天蔽日飛蝗般的箭射向一個個城池，插在無辜老百姓的身上。鮮血橫流，最終流出四個大字——虎狼之秦。

呂不韋：「這是秦國的一貫風格。那麼，我們能不能採取一個折中的辦法呢？這就是《呂氏春秋》旗幟鮮明原創性提出的『義兵說』！你看！」

牆壁上出現新的畫面，並不斷切換。畫面一：秦國軍隊以良好的精神面貌齊步邁進邯鄲，邯鄲的百姓淚流滿面夾道歡迎，鑼鼓喧天鞭炮齊鳴紅旗招展人山人海。畫面二：魏國的百姓早上醒來，發現秦國的戰士們都和衣睡在街頭巷尾，身上沾滿了露水。畫面三：齊國一個大媽發現在一位秦國戰士剛吃完飯的碗底下壓了五個銅板和一張紙條，紙條上寫著：「秦國的軍隊絕不會收人民一針一線。」齊國大媽捏著紙條望著秦國戰士遠去的身影，眼睛濕潤了。

呂不韋哈哈大笑：「這是我最近拍的宣傳片。我的所謂『義兵說』，就是要達到這樣的效果。攻打一國，只有兩個目的，一是誅暴君，二是利黔首。軍隊進入敵國，不虐五穀，不掘墳墓，不伐樹木，不燒積聚，不焚屋室，不趕六畜。而且我們主張繳槍不殺，優待俘虜。凡是來歸順的，以家聽者祿之以家，以國聽者祿之以國，選其賢良而尊之。這樣一來，我們秦國軍隊『虎狼』的臭名聲就不會再有了，我們是『義兵』！是要解放全中國的『義兵』！」

聊公說：「有點意思。那統一以後怎麼治理這個國家呢？」

呂不韋眼睛裏冒出異樣的神采：「多建封！」

聊公：「這是向西周封建制的反動啊！地主階級要搞郡縣制，這才是進步的！」

呂不韋嗤之以鼻，道：「無論從歷史經驗，從實際效益，從具體國情，還是從理論上看，新的帝國都只能以制度化的封邑和郡縣制並行，充分賦予地方權力，國家結構多元一體，才能有良好的治理。你看，在你生活的那個時代，世界上疆域遼闊的國家，還有誰採用中央集權的單一制？」

聊公自豪地說：「中國！」

呂不韋道：「多建封，乃是一種比較能夠防止一種勢力獨大的國家結構——這種勢力包括行政、經濟和思想上的。你看西周建立的王朝，國祚綿延八百年之久。即便在王室衰微的情況下，地方經濟、思想依舊發達，正是封建制的好處啊！」

聊公反駁：「可是後來戰亂不已，國家分裂。」

呂不韋：「對。但是我們對於一種制度，應該採取這樣的態度：看它可不可以被修正從而避免它所帶來的弊端；如果不行，再不得已地推翻它。西周封建制度的最大問題，在於封國勢力太大太獨立，而中央太弱，且經濟上完全依賴地方。所以我所設想的，乃是郡國並行，以拱衛統一王朝。我下面給你分析中央集權和封建制的優劣：

一、封建制有利於因地制宜：中央集權必然以國家利益為至尊，封建制下，則各國以自己的利益為上。各國相爭，則相互制衡，有中央可以進行宏觀的調控；中央至尊，則必會犧牲地方利益，導致區域間不均衡發展。

二、封建制有利於縮短權力鏈：中央集權制固然有利於你所謂的統一，但是統一並非終極目標，終極目標乃是國家的治理。以統一而壓倒多樣，乃是不利的。單一制下，中央固然可以有一個強大的權力，但是這樣強大的權力行到地方，強弩之末還剩多少威力呢？而封建制下，諸侯直接對地方實施治理，則成效顯著得多。

三、封建制有利於保持文化多樣化，利益格局多元化：中央集權一個內在要求乃是同一天下之義。而封建制呢，則可以保持文化多樣化，所謂『博義』也；可以保持利益多元化，所謂『博利』也。義博利博則無敵。怎麼樣？」

聊公沉吟。

呂不韋繼續道：「今天我給你掏心窩子吧。況且天下之道，乃是一個『公』字。天下非一人之天下，乃天下之天下。置天子非以阿天子也，是要天子以利天下也。所以堯舜賢主，皆以賢者為後，不肯與子孫。這不是惡其子孫，也不是沽名釣譽，而是返其實也。什麼實呢？天下之利的大公也！」

聊公吃了一驚，道：「難道你反對君主的世襲制？」

呂不韋一聲長歎：「當今之世，廢除君主世襲已不可能，畢竟君主乃是統一的象徵。但是君主要有自己的幾點品德。第一，勿驕，虛靜。不要自以為是，多所作為。第二，聽諫。堯有欲諫之鼓，舜有誹謗之木，湯有司過之士，武有戒慎之鞀。今上也應該建立相應的諫議機制，立輔弼、設師保，所以舉過也。第三，也是最重要的一個……」

呂不韋看看四下沒人，乃輕聲道：「托於賢。」

聊公說：「選賢任能不是什麼新鮮學說。」

呂不韋道：「不是選賢任能，是全盤托於賢。絕江河者托於船，致遠者托於驥，霸王者托於賢。」

聊公說：「哦，這樣啊。那麼敢問托給哪個賢呢？」

呂不韋道：「相。相者，百官之長也。相，是公眾認可的；親戚、愛臣之流，則是私安的。以私勝公，乃衰國之政。你看，齊桓公的時候，不管手下有什麼事來請示，他都說：『去請示仲父。』別人說：『一則仲父二則仲父，做國君太容易啦！』齊桓公說：『我沒得到仲父的時候，做國君難；得到仲父，做國君就容易了。』這就是一名優秀人君應該具備的基本素質啊！」

聊公說：「你這套東西好是好，可是與當前秦國的體制格格不入啊。」

呂不韋哈哈大笑：「你學過刻舟求劍的故事沒？該故事出自《呂氏春秋・察今》。這個故事告訴我們，要用發展的眼光看問題，法律同樣如此。治國無法則亂，守法弗變則悖。世易時稱，變法宜矣！」

聊公想了想，說：「最後一個問題，老百姓認不認可哦？」

呂不韋道：「這個簡單，我自有辦法。」

聊公見呂不韋主意已決，而且夜已經深了，遂不再叨擾，起身告辭。回來以後，聊公在床上輾轉反側睡不著，起身秉燭讀《史記》，讀到這樣幾段：

1. 年幼的嬴政尊呂不韋為相國，號稱「仲父」。

2. 呂不韋將《呂氏春秋》懸掛國門，曰：有能改一個字的，懸賞千金。結果無人去改。

3. 呂不韋公布《呂氏春秋》僅僅兩年，嬴政成年，罷免呂不韋的相國之位。又過兩年，呂不韋飲鴆自殺。

4.呂不韋死後十四年，嬴政統一六國，建立大秦帝國。

秦朝御前會議與政府保姆論

《呂氏春秋》與《韓非子》的爭寵，以失敗而告終。呂氏綱領流產了，歷史在繼續行進。天下並沒有像孟子設想的那樣，由不嗜殺人者來統一，呂不韋的義兵說最終也沒有派上用場。文化沙漠秦國，以鐵和血完成了對文化昌盛的六國的兼併。不論大家願不願意，一個嶄新而空前的帝國出現在古老的華夏大地上。

建國者們集聚在咸陽，參加秦朝統一以來第一次重要會議。與會者有丞相王綰，御史大夫馮劫，廷尉李斯，當然還有主持會議的嬴政和旁聽的聊公。

會議的議題，包括這樣幾個：

1.元首制度和相應細節問題。

2.國家結構形式。

元首制度，其實沒有什麼好討論的，基本上已經確定了。真正討論的乃是一些細節問題。大臣們說：「天皇地皇泰皇乃是最尊貴的稱號，而三者中又以泰皇最貴。所以請大王稱泰皇。」嬴政不滿意，說：「把泰字去了，加上個帝字，以表示德蓋三皇功高五帝。」大臣們說：「皇上聖明！」其餘的細節包括皇帝自稱「朕」，命曰制，令曰詔，皇帝的父親為太上皇等等。中國歷史上第一個太上皇自然就是嬴政的死鬼老爹莊襄王。同時，嬴政又廢除了謚法制度。謚法制度，乃是在君主死後臣下們根據君主一生的品行採取一到兩個字為君主一生蓋棺論定的制度。謚法制度的廢除，宣告了君主權威的至高無上。

這樣一來，嬴政就自號始皇，而後代以二世三世記數法來標誌，這是大家都知道的事情。順便提句，既然泰皇比天皇尊貴，而皇帝又比泰皇尊貴，那麼中國的皇帝就比日本的天皇尊貴了兩個檔次啦。一句意淫，會議繼續。

真正重要的議題，乃是關於國家結構的問題，也就是我們的老話題：封建與郡縣之爭。這次的爭論，不是《呂氏春秋》那樣自己私下寫的綱領，而是真正將要決定帝國組織形式的討論。

丞相王綰提出的意見是分封皇室子弟到邊疆不穩定地區為諸侯，以鎮守一方。廷尉李斯表示反對。他主要反駁了王的穩定論，他說：周王朝大封子弟為諸侯，最後關係一疏遠，還不是反目成仇，周王都制止不了。所以搞封建制不是穩定之道。

秦始皇出來給出了結論：封建，乃是取亂之道。天下初定，不宜立國樹兵，廷尉的意見可取。於是廢封建而行郡縣。

我們可以清晰地看到，王綰的主張並非絕對的封建，而是郡國並行制。秦始皇和李廷尉根據歷史發展至此的經驗，決定採取純粹的郡縣制。這才是爭論的焦點所在。

其實，純粹的郡縣制和純粹的封建制之外，還有兩條道路：其一，乃是將天下分封出去，然後每國之下設置郡縣而不再分封大夫和士；其二，乃是郡國並行，即劃出若干特別的行政區域，作為子弟或功臣分封的國，實行局部的區域自治。純粹的封建制已經被周朝的歷史證明是有問題的，而第一種混合制的確是取禍之道，王綰在這裏主張的正是第二種混合制，即郡國並行。

秦始皇和李斯的歷史經驗，乃是看到的春秋戰國以來的歷史趨勢，即各國都採取郡縣制，而採取郡縣制最徹底的秦國取得了天下。所以他們以為，純粹的郡縣制乃是效率最高的行政制度。

一個要害在這裏：他們看到的，乃是秦國或其他六國的經驗，而非天下的經驗。也就是說，在每個「國家」裏採取郡縣制的確效率最高，但是在「天下」採取郡縣制呢？也就是如群臣拍馬屁時說的「以海內為郡縣」的時候呢？

問題出來了：疆域和人口發生了變化。按照柏拉圖（Platon，約前427-前347年）的理念，「原子」（即組成事物的要素）發生變化，才會改變事物的性質，而「大小」的改變，對事物性質並無影響。果然是這樣嗎？從秦國到秦朝的變化，以及李斯們沒有與地俱擴的理念，將給出我們答案。

從秦國到秦朝的一個變化，乃是疆域遼闊了。郡縣制，講究的是效率，上傳下達。中央給地方布置任務，地方負責執行。以前秦國一點點大的地方，自然可以有效地實現治理。但是秦朝統一的速度太快，以至於還沒有感覺到這種制度有什麼不適應。於是，以海內為郡縣，法令的下達便需要經過許多中間環節，跨越巨大的疆域，經歷很長的時間，精神和實質很難保證不發生走樣。

更何況，這裏面還有一個法律文化的問題。秦國的法律文化肯定與六國不同。秦國經歷了商鞅的徙木立信，以及後來無數令行禁止的訓練，才具備了比較普遍的嚴格遵守和執行法令的意識。六國呢？恐怕沒有這樣一個文化心理。

問題自然就會出現了。所以在這樣的背景之下，我們再來回顧王綰和李斯之爭，我們恐怕不會輕易地給出結論了。畢竟，我們的目的恐怕不僅僅是「統一」，更不是「同一」。

封建與郡縣之爭，在秦朝已經統一的情況下，還出現了一次反覆。這次反覆的結果，不是對兩種制度的再抉擇，而是另一次一直被我們視作災難性後果的結局。

秦始皇三十四年（前二一三年），嬴政置酒咸陽宮。齊人淳于越提出：

臣聞之，殷周之王千餘歲，封子弟功臣自為支輔。今陛下有海內，而子弟為匹夫，卒有田常、六卿之患，臣無輔弼，何以相救哉？事不師古而能長久者，非所聞也。

淳于越乃是儒家的人。儒家在秦朝不得勢，淳于越必然懷念可以四處遊說而勸君主使用本派學說的春秋戰國，所以勸秦始皇恢復封建。他的目的，乃是《呂氏春秋》中的「義博」二字，即文化多元化。當然，這只是第一步的目的。不占統治地位的學說自然希望文化多元化，便彷彿不占統治地位的國家希望世界多極化一般。

秦始皇命當時已是丞相的李斯評議這個提議。李斯評議的結果如此重要，以至於聊公不得不將其全文摘錄在下面：

> 古者天下散亂，莫能相一，是以諸侯並作，語皆道古以害今，飾虛言以亂實，人善其所私學，以非上所建立。今陛下並有天下，別白黑而定一尊；而私學乃相與非法教之制，聞令下，即各以其私學議之，入則心非，出則巷議，非主以為名，異趣以為高，率群下以造謗。如此不禁，則主勢降乎上，黨與成乎下。禁之便。臣請諸有文學詩書百家語者，蠲除去之。令到滿三十日弗去，黥為城旦。所不去者，醫藥卜筮種樹之書。若有欲學者，以吏為師。

這個，便是李斯的上書內容。這裏討論了一個「私學」與「法令」的關係。就我們今天來看，乃是「法學」與「國法」的關係。春秋戰國，百家爭鳴，形成了眾多流派，也形成了議政議法的風氣。李斯認為，這些流派對國法的評論，也就是對「國法」背後的合理性的探討，嚴重損害了國法的權威，使之難以得到執行。他們對國法的議論，會使不懂事的「黔首」也會只執行有利於自己的國法，而對不利於自己的國法發出「安提戈涅之怨（Antigone's Hatred）」：

> 我並不認為你的命令是如此強大有力，以至於你，一個凡人，竟敢僭越諸神不成文的且永恆不衰的法。不是今天，也非昨天，它們永遠存在，沒有人知道它們在時間上的起源！

民智未開，不可多興異說，因為黔首不具備分辨是非的能力。這就是李斯的想法。他提出的解決之道是：「焚書」。

我們讀一些經典著作，可以被那些上古時代的作者們天真和偏激到極端的想法所震撼。比如柏拉圖所建立的理想國，比如老子所設想的小國寡民。哲學家們往往會想到一些非常簡單而極端的方法來解決一些人世間最最複雜的問題。

李斯現在居然要採取一種哲學式的辦法，來解決現實的問題。聊公作為一位愛書之人，作為中國的脊梁，決不能坐視不管，於是挺身而出，為民請命。

聊公面對李斯的無上淫威，凜然不懼，面斥道：「你這是愚民政策！」

李斯笑道：「豈會是愚民？我這是為老百姓好。民智未開，異說若興，則國亂矣。國亂則民遭殃。百姓短視，政府可不能短視，所以我是為百姓好。」

聊公怒道：「老百姓有思想的自由，有讀書的權利，你把這些非法剝奪了！」

李斯輕歎口氣：「知我者謂我心憂，不知我者罵我專制。打個極端的比方，如果老百姓要讀淫穢書刊，你作為政府也不禁止嗎？打你是為你好，這叫父愛主義。」

聊公罵道：「你看看人家西方，開明自由。我們國家兩千多年的專制黑暗都是從你這裏開始的！」

李斯：「人類的幼年同樣幼稚，而中西方的大哲也有著相似的遠見。你沒看過《理想國》吧？蘇格拉底建立好這個最正義的城邦後，第一件事情就是刪改流傳已久的《荷馬史詩》。他說：『即使這些事情是真的，我認為也不應該隨便講給天真單純的年輕人聽。如果非講不可的話，也只能許可極少數人聽。』」

聊公：「可是你連極少數人都不允許他們看書，你破壞祖國優秀傳統文化！」

李斯：「沒有沒有。我的命令裏說的清清楚楚，所有書籍都上交朝廷保管，進行備份；民間私藏的才予以焚毀。怎麼會破壞傳統文化呢？了不起算是毀壞一些文物罷了。何況，這道命令的目的並非禁止百姓看書，而是禁止百姓評議法政。你看，我們規定偶語詩書的，棄市；而私藏禁書的，不過黥為城旦罷了，也就是服服勞役。孰輕孰重，法令目的何在，一目瞭然了吧？」

聊公無語，想了想，又問：「人民應當有自主決定自己前途的權利。自作自受，乃是民主制度的精髓。」

李斯：「所以我們反對在人類的幼年實行民主。比如一個嬰兒剛學會爬，我們對他放任不管，說：『他有自主決定自己前途的權利。』眼看著他爬上大街要被馬車軋了，也絕不能管，否則便是剝奪他爬的權利，這合適嗎？所以我們要請保姆來照管嬰兒，必要的時候剝奪他一些所謂『權利』，為的是讓他更好的生存。這不是不讓他自主決定自己的前途，而是他還根本不會自主決定自己的前途。我們政府同樣如此，擔任黔首的保姆。始皇帝英明神武，為天下第一人，所以由他代理人民本身來進行抉擇。等十世百世乃至千世萬世之後，人民有能力了，我們自然會逐漸開放宮廷的圖書館，會逐漸還政於民。」

聊公隱約覺得有些不妥，但又說不出來，只好閉嘴。冬天的白晝格外短，剛看過曙光，暮色就降臨了。聊公步出相府，滿目都是秦朝的國色：一片漆黑。聊公思忖著自由與秩序這對冤家，始終沒個頭緒，心頭有些煩悶，便胡亂湊了幾句詩：

這是一潭絕望的死水，
清風吹不起半點漪淪。
問渠哪得清如許，
為有源頭活水來。

秦朝的N種死法

聊到現在，有個概念不得不予說明了。這就是「法治」。關於「法治」的最經典定義，自然是亞里斯多德氏（Aristotélēs，前384-前322年）的「良法得到普遍遵守」。不過作為一個熱衷分析並且傾向於實證法學的學者，聊公始終認為沒有必要是「良法」得到普遍遵循。任何統治者都會標榜自己的法是良法。明知是惡法而倡言必須遵循只能是法學家的空想，實踐中不可能發生這樣的事。

所以我們不妨把這個概念分解開：我們固然希望這法是一部良法，但「法治」僅指法律得到普遍的遵守，描述的是一種法律適用的狀況。當然也有「法制」這樣一個詞，似乎可以用來表示這樣一個狀況。但是這個詞似乎又傾向於靜態了，沒有「實施」之義。

好啦，界定完這個概念，聊公才可以繼續說下面這樣的話：在中國歷史上，秦朝是最厲行法治主義的。而關於這樣一個朝代，其法律體系和運行狀況自然受到法律史學界的青睞。關於這方面的高頭講章委實不少，水準高的也不乏。那麼聊公這裏便不再囉嗦，而是帶領大家來玩一個關於秦朝法律的RPG（角色扮演類）遊戲。

主意已定，奈何還缺少位主人公。此事難不倒聊公。但見聊公抬起手來，飛擊鍵盤，打出「張三」兩字，一位英明神武的主人公就此誕生……

聊公剛創造完張三，發現一個黔首眼淚汪汪地站在旁邊。聊公看著面熟，問道：「你是哪位？」黔首眼淚汪汪地說：「某甲……」聊公恍然大悟，便要把張三抹殺。張三不服，力爭。聊公沒法，只好使個障眼法，將兩人都投入秦朝。

遊戲開始。

第一條命

某甲睜開眼睛的時候，發現自己還是個嬰兒。「媽的，這破聊公，玩遊戲也不必從嬰兒開始玩吧？光長大就得十好幾年！」某甲心下咒罵。

平靜一下之後，他開始環顧四周。某甲發現這戶人家條件還很不錯，金碧輝煌奴婢如雲的。某甲一高興，咿呀呀地叫起來。一個徐娘半老的貴婦聽到叫聲，便吩咐奶媽餵奶。

就這樣餵了近一年，當某甲已經聞到奶味就想吐的時候，終於斷奶了。某甲的爸爸，一個高貴而沒有鬍子的男人經常來找這個身為他母親的貴婦，有時候來行雲雨之事（而且還是當著某甲的面，某甲看得流鼻血過），有時候則秘密商量一些事情。

又過了一段時間，某甲的媽媽又懷上了。這次生下來的是剛投胎的張三。某甲於是仗著年齡大借機欺負張三。

就這樣極度富貴而無聊的日子終於又熬了幾年，某甲和張三都能跑會跳的了。忽然一個不平靜的下午，媽媽住的豪宅裏氣勢洶洶闖進來一夥士兵。為首一個年輕人陰鷙著一張臉，指著正在嬉戲的某甲和張三問貴婦：「就是這兩個？」貴婦哭著說：「大王，你放過這兩個孩子吧！」年輕人不作聲，只是打量著某甲和張三。貴婦又拉起兩個孩子說：「快，快叫哥哥！」某甲狐疑地看著年輕人，張三蹣跚著走上去，叫：「哥……」

年輕人轉身就走。身後兩個拎著麻袋的武士以迅雷不及掩耳之勢衝過來抓起張三扔進袋裏舉起來「啪」地一下甩砸在地上。張三不哭不鬧，麻袋慢慢洇出血跡來。

這兩個武士從麻袋裏倒出東西，又朝某甲走來。某甲撒腿就跑，早被扯住扔進麻袋。某甲只覺黑咕隆咚，然後又天旋地轉。他從來沒有如此害怕和無助過。完全沒有任何給你辯白的機會，純粹的暴力解決問題。

囊撲，乃是秦國（秦朝）一種刑罰，即「以囊盛之，撲而殺之」。秦王嬴政用此刑罰處死過嫪毐和母后趙姬的兩個私生子。

某甲和張三一點元神不滅，飄飄蕩蕩，杳杳冥冥竟往封神台來。聊公接著，看他們並無成神資質，便要用百靈幡將二人引往地獄。某甲張三大為不服，怨聊公不該讓二人從嬰孩時玩起。聊公沒法，只好道：「那便給你們第二條命，你們趁嬴政開殺戒之前逃出宮去吧。」

第二條命

某甲和張三既然知道了後來事態發展的方向，於是在秦王嬴政來找楣頭的前一晚迅速跑出了咸陽，一口氣跑到在今天河南的上蔡，各找了一戶人家認了乾爹乾娘，生存下來。

某甲的爸爸李四是個政府小職員，尚算衣食無憂；而張三的爸爸張老三是個貧農，家徒四壁。所以同樣到了十五六歲的年紀，某甲身高力壯，滿臉的青春痘往外溢著過剩的營養；而張三則小瘦猴一個。

一天某甲奉父命出去放牛，被窮小鬼張三偷了。某甲大怒，扯了張三便到官府。

縣令老爺說：「按本朝的規矩，十五歲才到責任年齡。張三啊，你多大啦？」張三虛報：「十一。」某甲大怒，道：「扯淡！你十五周歲了！」張三不認。縣老爺道：「不要爭啦，來人啊，給張三測身高。」一個縣吏把張三帶下去測量，一會兒上來報告：「五尺七寸。」縣老爺宣布：「還沒到刑事責任年齡，無罪釋放。某甲啊，以後這種事情少來麻煩本縣。退堂。」

張三嬉皮笑臉地走掉。某甲呆在當場。聊公從旁走出道：「秦朝以身高來判定刑事責任年齡。男子身高六尺五寸（一說六尺），女子身高六尺二寸，為負刑事責任年齡。當時一尺合現在二十三釐米。因為古代戶籍登記不如今天方便，一旦遇上野戶口或者跨省作案的，很難確定實際年齡。厲行法治主義崇尚標準化的秦人，就以身高代替年齡，作為負刑事責任的新標準。」言罷，掐個隱身訣，消失了。

某甲默默回去，邊走邊思考。忽然想到個好主意，拿出平時積累的幾個銅板，買了個棒棒糖給張三，說：「你去幫我把我的仇家某乙殺掉吧！」張三欣然同意，拿了把柴刀，去尋某乙，追了幾條街，最後把某乙砍死在一個死胡同裏了。官府帶人來，逮捕張三，一量身高，不夠。垂頭喪氣正要走，張三在後面邊舔棒棒糖邊笑眯眯地說：「是某甲叫我殺的人。」官差們精神一振，立馬跑到某甲家，逮捕。一量身高，堂堂八尺。按律判了個磔刑，押赴刑場。

什麼叫磔刑，說法也很多，計若如下幾種。一個就是車裂或五馬分屍。第二個，是開膛破肚，就像咱們家裏面做臘雞一樣，剖開胸腹然後翻開拉張，使屍體乾枯不收。第三個，是後世發展出來的，就是凌遲。

總之某甲被施了磔刑，嗚呼掉了。一點元神往封神台來，被聊公接著，要引往地獄。某甲又不服，道：「這是我沒有法律常識！你再給我一條命吧。」聊公無奈，又給某甲一條命，讓他下凡去了。

第三條命

某甲重獲新生，便想著多得一些法律知識。秦朝普法工作做得好，不僅有大量法條的簡牘可讀，而且還有對法條進行解釋和普及的小冊子《法律答問》可看。某甲從父親的書架上找了套《法律答問》來看，看到這麼一段：

甲謀遣乙盜殺人，受分十錢。問乙高未盈六尺，甲可（何）論？當磔。

某甲恍然大悟心想讀書真他媽的令人明智。聊公從旁邊緩緩走出，道：「你看，我們的古人智慧多高，這麼早就已經懂得關於未成年人犯罪的區別對待了。而英國這樣的國家，直到鴉片戰爭前夕還不懂得這道理。一八三三年英國最後一個死於絞刑的罪犯就是未成年人，年僅九歲。罪名是偷了一瓶墨水。相比之下，你能死在秦朝，真是萬幸啊！」某甲也慨歎說沒有比較就沒有幸福。

聊公話鋒一轉，道：「你真傻，真的。古今中外未成年人和精神病人犯罪都要區別對待。如果我是你，相比起指使未成年人去殺仇家，寧可裝成精神病人去殺……」話音未了，某甲已經一溜煙地跑出去了。

某甲砍死某乙，被官府帶走問話。某甲披頭散髮，在屎尿裏爬，見了縣老爺說：「我是玉皇大帝女婿，丈人叫我領十萬天兵來殺你們，給我一顆金印，重八百斤。」（以上節錄自《水滸》第十七回）縣老爺道：「是個失心病漢子。按律定殺。」某甲抬起臉問：「啥叫定殺？」縣老爺道：「扔到水裏淹死。」於是王朝馬漢把某甲拖出去，某甲一路喊著：「聊公你個天殺的！」

聊公道一聲「慢」，從旁出現。縣老爺問：「你是何人？」聊公微微一笑，道：「我乃聊公，前來乞鞫。」縣老爺訝道：「啥叫乞鞫？」聊公道：「你丫是不是秦朝人？怎麼啥都不知道？秦律規定，被判了刑的犯人如果對審判結果不服，其本人或親人可以請求覆審，這就叫乞鞫！」

縣老爺道：「還有這規定？那好，拖回來重審！」某甲見到了救命稻草，抱住聊公的大腿就哭。

聊公道：「我們把整個的程序重新教科書式地來一遍。首先，所謂不告不理嘛，得有人來告訴。請問某甲犯罪，是誰來告訴的呀？」旁邊一個官差道：「我在路上巡邏的時候發現他殺人，直接扭送到官府來了。」聊公點頭道：「嗯，這在秦朝叫『公室告』。不管是官府的人、知情者還是受害者，都有權向官府提起訴訟。這上面沒有問題。那麼下面是審訊環節，有沒有問取犯罪嫌疑人的口供呀？」

縣老爺道：「問啦，他說他是玉皇大帝的女婿。我一看是個麻瘋子，就直接按律判呀！」聊公道：「錯啦！如果是麻瘋子，按照秦律必須由專門的醫生進行鑒定！」縣老爺嘟囔著叫來醫生鑒定。醫生鑒定的結論是：某甲有眉毛，鼻腔功能正常，腳上無潰爛處能正常行走，手上有汗毛，聲音無異常，並非麻瘋病人。然後醫生把鑒定結論書「爰書」上交縣老爺，縣老爺過目後交檔案館保存。

冤情得清，某甲歡喜地抱著聊公道：「你是我的再造父母啊！」聊公又問：「那麼正常人殺人怎麼判？」縣老爺說：「得看是鬥殺、擅殺、盜殺還是賊殺人了。如果是打架鬥毆中興起殺人，叫鬥殺，就輕一點；搶劫殺人叫盜殺或者下屬奴婢殺長官主人叫擅殺，就最重；如果是故意殺人叫賊殺，就處於中間。」官差和證人齊聲道：「賊殺。」縣老爺道：「那還得有口供。某甲，你還不從實招來？在秦朝刑訊可是合法的哦！」某甲連忙招認。

聊公道：「縣老爺你也莫亂說，剛才又犯了一些程序上的錯誤。按照秦律，必須對不同受審訊者如證人、犯罪嫌疑人等進行隔離審訊，對口供和證言進行記錄。然後將不同口供進行比對，找出相互間的矛盾之處，再行詰問。直問到被訊問者理屈詞窮漏洞百出而仍不招供時，才可以進行刑訊。是否進行刑訊拷問口供，也是法官治績的一個考核標準。不過現在管不了這許多了，時間關係直接進入下一環節：讀鞫。

縣老爺說：「好。讀鞫就是宣讀判決。某甲賊殺人，判棄市。還有什麼要說的沒？」某甲抬起頭道：「有，就一句話了：不懂法律史害死人哪！」

那邊廂某甲被拖出去棄市，也就是在鬧市殺頭；這邊廂聊公道：「照顧到某些女讀者的心理承受能力，某甲行刑這種場面我們就不去圍觀了。解決一個問題：秦律規定『癘者有罪，定殺』。這個癘者，就是痲瘋病人。有人解釋說這句話的意思是，在秦朝痲瘋病人是有罪的，一律扔到水裏淹死。這個說法是扯淡。秦朝可不比那些西方落後國家直到近代還在弄死痲瘋病人。這句話的意思是『痲瘋病人犯了罪，定殺』。定殺就是扔到死水裏淹死的意思。為什麼扔到死水裏呢？一個可能是考慮防止傳染，一個可能是出於某種宗教情感比如祭祀的遺風。沒犯罪的痲瘋病人呢？強制送到『癘遷所』隔離醫治。」剛說完，某甲的人頭已經端上來了。

第四、第五、第六條命

某甲得了性命，再下凡去。由於這半天的折騰，牛又丟了，實在沒找著。某甲狠了心，找把刀自殘。自殘完畢找到官府，說是張三的爸爸張老三搶劫自己的牛，並且意圖殺死自己，幸虧玩命反抗才逃過一劫。官府一查，並無此事。按照「誣告反坐」的原則，誣告他人者，誣告的罪名該當何刑，誣告者便遭此刑，於是判了某甲一個死刑拖出去殺掉了。

某甲再投胎回家，告訴爸爸李四，說牛丟了。李四一怒之下把某甲打死。某甲的靈魂去官府告狀，官府說家長對孩子有刑殺鞭笞之權，家長殺死孩子屬於「非公室告」，堅持告者有罪。某甲說哪有這回事還講不講王法了。縣老爺說你少廢話哪怕告到古羅馬也是這麼著，你到底還告不？某甲的靈魂說告，被責打了一頓。

某甲再投胎回家（把老爺子李四嚇壞了），決心不再惹是生非，在家做良民。結果某天某甲在逛街，被官府抓去。某甲問怎麼回事，官府的人說你二叔的三外甥在外面犯了大事被判夷三族。你屬於其中一族，要棄市。某甲說我不認識那哥們，官差說我也不認識那哥們。於是拉去殺掉了。

第七條命

某甲領悟了一個教訓：作為一名黔首，再怎麼小心也是個死。於是他決心飛黃騰達。某甲告別了父母，告別了妻兒，告別了上蔡，毅然踏上了未知的前途。摸爬滾打幾十年，成為秦朝丞相。後來的事情大家都知道：秦始皇病死，某甲和趙高篡改詔書扶立胡亥。然後某甲被趙高陷害，誣告謀反，判了個秦朝最狠的刑罰（這個刑罰是如此地霸道以至於我不得不另起一行來增強視覺效果）：

正如大家猜到的，這位出身上蔡、李四的兒子，就是李斯。

李斯和嬴政當年精誠合作，締造了大秦帝國。草創之初，他也曾意氣風發地學漢密爾頓（Alexander Hamilton, 1755-1804）在《聯邦黨人文集》（*The Federalist Papers*）中的口吻放言：

> 有下面的重要問題留待秦帝國用自己的行為和範例來求得解決：通過先秦長達數百年的理論預制和艱苦努力，中國人是否真正能夠通過深思熟慮和自由選擇來建立一個理想的政府，現在到了真正決定的時刻。如果秦帝國失敗了，那就應當認為是全中國人的不幸。

現在他已經完全確信秦帝國滅亡的必然了。他以前一直以為，三代以來直至春秋戰國的歷史發展，已經窮盡了一切發展的可能性；先秦諸位大聖哲的思想，也窮盡了一切可能有的理論。自己和嬴政作為全中國幾千年來最傑出的精英，站在所有巨人的肩膀上，通過仔細甄別和深思熟慮所精心設計和一手締造出來的這個帝國，已經可以作為歷史發展的終結。如果這樣的帝國都要滅亡，那中國就沒有成功的可能了。

但他當時遠遠沒有料到，這個帝國也會滅亡；更沒有料到，是二世而亡！

具五刑是當初通過他和嬴政的共同審核而寫入法律的。簡單來講，乃是適用於被判處「夷三族」的首犯本人，其他人則適用棄市。具五刑的程序，李斯更是瞭若指掌：先刺面，是為「黥」

；再割鼻子，是為「劓」；再斬左右腳，是為「斬左右趾」——有人說斬左右趾是斬掉腳趾，你們這些後人未免把我李斯想得太仁慈了；然後用竹板打死，是為「笞殺」；再將腦袋割下來懸起，是為「梟首」——梟者，貓頭鷹也，上古貓頭鷹生了小貓頭鷹，便自己咬住樹枝，任由小貓頭鷹啄食自己身上的肉直到啄死，就剩一個腦袋掛在樹上，所以梟首便是將頭砍下掛起示眾，都是有學問的啊；再將骨肉剁碎於市，是為「菹」；萬一這廝臨死喊反革命口號，就斷其舌！

有人問了，這不有六七個刑罰了嗎？你們懂個P！具五刑之「五」，乃是取其約數。古代奇數為陽，偶數為陰。一三五七九中，「五」乃陽數之正中，最為陽正中和。而刑殺乃陰，故以五調之。嬴政已死，這種大道理天下除我李斯外唯聊公知之，區區黔首豈能洞察我意？

劊子手看著將死的李斯神神叨叨嘀咕半天，也不覺有些毛骨悚然。他借酒壯膽，開始對李斯施刑。斬完左右趾後，劊子手抬來個鍘刀。已經被割掉鼻子、滿臉是血的李斯甕聲甕氣地道：「不對不對，下一步應該是笞殺！」劊子手一拱手道：「對不住了，上頭的命令：腰斬。」

李斯斷成兩截倒在地上，意識還沒有完全消逝；而某甲的魂靈早已經迫不及待地掙脫他的殘殼飛回封神台，被聊公接著。

某甲心有餘悸地向下界張望，聊公在他腦後一拍：「別看了，走吧！」兩人駕雲而去。

秦朝的天空之下，咸陽鬧市血流成河，人頭滾滾。而中心刑台上的那具殘軀，想必也已經完全失去了意識。

竹片上的法律

秦朝為後世詬病，所以法律文本流傳下來的太少太少。這樣一個厲行法治的王朝，後世沈家本寫煌煌巨著《歷代刑法考》的時候居然寫得比較簡略。聊公有次與沈公聊及此事，沈公一聲長歎：「文獻不足故也！」遺憾之情溢於言表。

後來沈公老去了，聊公活了下來，有幸目睹中華百年來的窩囊史和偉大史，直到一九七五年的初冬。

一九七五年初冬的政治氣候，一如這天氣般寒冷，雖然聊公知道春天不會遠了。這個季節，在湖南的雲夢，某大隊知識青年張澤棟正和大隊裏其他人一樣挖水渠。臨近傍晚，他收工回去的時候發現新挖開的水渠旁一段青黑泥土。這種泥土叫做青膏泥，經常被古人用來封墓葬。張澤棟不是等閒人物，一眼看出問題所在，便打賭道：「這裏保險有古墓。」於是開鋤就挖。

這一挖，挖出的就是雲夢睡虎地秦簡。一九八九年挖出雲夢龍崗秦簡，二〇〇二年挖出湘西里耶秦簡。這些秦簡，造成了秦史（尤其是秦法制史）研究界的大地震，無數著作一夜之間被完全推翻，無數新人靠著對這些第一手資料的整理和分析而躋身學界占得一席之地。如今誰再談秦史而不語及這些秦簡，出門都不好意思跟人打招呼。

下面，聊公就領著大家出入各大博物館和文物保護單位，近距離一窺這些秦簡的真面目。

聊公首先隨風潛入的乃是湖北省博物館。在強忍住對稀世珍寶越王句踐劍和曾侯墓編鐘等視而不見的情況下，聊公毅然來到了睡虎地秦簡的展處。聊公伸出手去，穿越過防護設施和展櫃玻璃，摸了摸這些古老的秦簡，一種歷史的蒼茫感油然而生……（兒童請勿模仿）

這些竹簡還不足一根手指的寬度，長度與正常的筷子近似，總數大約有一千一百多枚，總計近四萬字，都是秦篆，大約是用毛筆蘸了墨書寫上去的，字跡很清晰。就是這近似一篇碩士論文字數的東西，引起了中國歷史界的大震盪。

聊公細細看旁邊的說明。這批竹簡出土於湖北雲夢城關睡虎地第十一號墓，墓主人叫喜，生於秦昭王四十五年（前二六二年），死於秦始皇三十年（前二一七年），歷任與司法有關的職務。這些竹簡都是墓主喜根據工作需要抄錄的戰國末年到秦朝統一以後的法律令文書以及少量編年史、天文曆法方面的材料。聊公看了看這些法律文書，大約可以分為四類：

一、秦律十八種，包括有《田律》、《廄苑律》、《倉律》、《金布律》、《關市律》、《工律》、《工人程》、《均工》、《徭律》、《司空》、《置吏律》、《效》、《軍爵律》、《傳食律》、《行書》、《內史雜》、《尉雜》、《屬邦》等十八種秦朝單行律。內容相對比較完整，涉及到國家生活的方方面面。想知道每種律是幹什麼的，請查閱百度百科「睡虎地秦墓竹簡」詞條。不過光看名字就可以糾正我們對古代法律的一些偏見了：中國古代並不是光有刑法。引幾個條文如下：

春二月，毋敢伐材木山林及雍（壅）堤水。不夏月，毋敢夜草為灰，取生荔、麛（卵）鷇，毋□□□□□□毒魚鱉、置罔（網），到七月而縱之。唯不幸死而伐綰（棺）享（槨）者，是不用時。邑之（近）皂及他禁苑者，麛時毋敢將犬以之田。百姓犬入禁苑中而不追獸及捕獸者，勿敢殺；其追獸及捕獸者，殺之。河（呵）禁所殺犬，皆完入公；其他禁苑殺者，食其肉而入皮。

——這是《田律》中關於環境保護的規定。

新工初工事，一歲半紅（功），其後歲賦紅（功）與故等。工師善教之，故工一歲而成，新工二歲而成。能先期成學者謁上，上且有以賞之。盈期不成學者，籍書而上內史。

——這個是《均工律》關於官府工廠培教學徒「新工」的年限和提前學成的獎勵制度。

二、《秦律雜抄》。這是對律文的一個抄錄，類似於今天準備司法考試時候市面上有賣的小學科重點法條之類吧，包括有：《除吏律》、《游士律》、《除弟子律》、《中勞律》、《藏律》、《公車司馬獵律》、《牛羊課》、《傅律》、《屯表律》、《捕盜律》、《戍律》等十一種，關於軍事的居多。我們看到這裏面有一個《牛羊課》，這個「課」是怎麼回事呢？下面再說。不過先抄一段在這裏大家有個感性認識：

牛大牝十，其六毋（無）子，貲嗇夫、佐各一盾。羊牝十，其四毋（無）子，貲嗇夫、佐各一盾。

——這是《牛羊課》中關於牛羊飼養中的懲罰和激勵機制。

三、《法律答問》。這是以問答形式對律文、術語和律文意圖的一個法律解釋，前面我們已經見識過了。依舊引一段：

百姓有債，勿敢擅強質，擅強質及和受質者，皆貲二甲。廷行事強質人者論，予者不論；和受質者，予者□論。

——這是根據「廷行事」對某條法律條文的一個解釋。這一條是對於因為百姓欠債而進行強迫還債的條文，沒說不適用於政府官員。

四、《封診式》，這是審判原則及對案件進行調查、勘驗、審訊、查封等方面的規定和案例。像我們上面講的那個關於麻瘋病的案例就是從這裏改編的，原文節錄在下面以免被我誤導：

丙毋（無）麋（眉），艮本絕，鼻腔壞。刺其鼻不嚔。肘膝□□□到□兩足下奇，潰一所。其手毋□，令譫，其音氣敗。癘也。

——這是一份「爰書」，上面說過了，即司法過程中的筆錄，可以是勘驗鑒定報告等。這一段從一個側面反映了秦朝的物證技術。

以上呢，就是關於睡虎地秦簡的概況。就是這些記載在竹片上的法律，讓我們看到了古人的生活經驗，古人的政治智慧，以及古老東方法律的初級階段的面貌。儘管僅僅是個初級階段，但如果你帶著同情和理解的心態去看，已經足以令我們感到震驚。

好，下面我們看到的是龍崗秦簡。照例的，這裏展出的是一九八九年發掘出土的二百八十三枚法律簡，規定了關於禁苑、馳道、馬牛羊等等方面的事項。旁邊的說明上寫著「龍崗簡主要的法律條文行用於秦始皇二十七年（前二二〇年）至秦二世三年（前二〇七年）的十四年間」。嗯，這些是秦朝統一以後的後出法律了。

引起聊公興趣的乃是特例獨行於竹簡之外的一塊木牘。這塊木牘長三十六．五釐米，寬三．二釐米，厚半釐米。正反面墨書秦隸共三十八字，聊公經過識別，將全文鏈錄如下：

鞫之辟死論不當為城旦吏論失者已坐以論九月丙申沙羨丞甲史丙免辟死為庶人令自尚也

這塊木牘乃是迄今為止能見到的秦律判決文書的唯一實物，聊公試將之斷句並翻譯如下：

原文：鞫之。

翻譯：二審判決。

原文：辟死論不當為城旦。

翻譯：判處一審論定辟死（人名）為城旦的論處無效。

原文：吏論失者已坐以論。

翻譯：一審誤判的官吏已經被法辦。

原文：九月丙申，沙羨丞甲、史丙免辟死為庶人，令自尚也。

翻譯：九月丙申日，沙羨縣丞某、史某赦免辟死為庶人，使其自由。

好吧，聊公還沒有這個功力，這是參考的劉釗先生的《讀〈龍崗秦簡〉札記》。照劉先生的意見，以上就是一份完整的二審判決書了。怎麼樣，對司法官吏的要求很高吧？這是秦朝通過合理的法律程序來有效抑制司法腐敗的一個典證。

接下來是發現於二〇〇二年五月間的里耶秦簡，里耶政府專門建造了一座宏偉的里耶秦簡博物館來收藏這批竹簡，可見其受重視之程度。湖北武漢與湖南湘西相去甚遠，不過這難不倒聊公。只見聊公作一個法，便已經身在武漢到長沙的火車上了。下了火車再倒長途汽車外加打出租，很快聊公便已經身在里耶秦簡博物館門口了。

里耶秦簡共三萬六千餘枚（請注意前面引起史界地震的睡虎地秦簡的枚數），計二十至三十萬字，時間與龍崗秦簡近似，內容比較龐雜。目前對這批秦簡的研究幾近於空白，有興趣而且對自己有信心的有為青年們大可以去此領域一展拳腳。這批秦簡的研究，保守估計可以使復活秦王朝成為可能。

作為一個里程碑，我們有必要來回顧一下秦朝之前「法」的發展歷程。

我們知道最早誕生的乃是禮起於祭祀，刑起於兵。最早刑無定法。有官司，先把你拉去審。

證明你的確犯罪，那就內心大致裁量一下，看看「劓刵椓黥殺」這五刑之中哪個比較能與你的罪行相當，於是宣判。這就是最早的刑法，都是「以刑統罪」。

時間的流逝逐漸展露出人類的理性。春秋成文法的公布，使得司法者內心的裁量標準以文字的形式牢牢鐫在了歷史上，呈現在平民的視野裏。這時候究竟是以罪統刑還是以刑統罪我們不知道，但是肯定已經發生了過渡。

具有標誌性意義的乃是李悝的《法經》。在這部法裏面，已經按照罪名或曰相關的領域來組織法典的編纂了。以前的「大辟之屬有多少條罪，宮之屬有多少條罪」已經不見了，而是成為「盜」這個門類下有多少相關法條，每種盜罪相應判什麼刑罰。這樣的法條結構模式，已經與今天類似。

那麼到商鞅挾《法經》入秦，歷史進一步地發展。一個被日本學者稱之為「律令法體系」的法律形式體系逐漸成型。商鞅變法，其法律工具乃是「令」。什麼叫「令」呢？就是國家出台的政策的實施細則和辦法，具有強制性。這樣的法律形式，特點是靈活。在《商君書》裏面，我們可以看到《墾令》《為田開阡陌令》等大量的令。每個令也許都只管一時一地，而未必需要長久的遵守。簡單來講，這些令都具有特定時期的歷史使命。戰國時代，任何國家每天都在大量地生產出「令」作為調節國家生活的工具。

商鞅並不滿足於此。「黃帝四經」之首是《經法》，《經法》首句便是「道生法」。作為道家末流的法家代表，商鞅們所追求的並不僅僅是「令」調節國家生活的麻利和高效，這樣的話與縱橫家們通過口舌來撬動國際局勢使之瞬息萬變有什麼區別？法家更追求的乃是道的人間代表，恆常而不易的「法」。所以商鞅作出了一個大的改革，真正的一字千金之改——改法為「律」。

律是什麼意思呢？乃是標準的「音」。古人定音，這個音不是相對的，是絕對的。古有十二律，我們所說的「黃鐘大呂」，就是十二律中的兩個音。音高到什麼位置可以叫黃鐘可以叫大呂，乃是確定的。怎麼定這個音呢？古人用一種「琯」——乃是以玉特製的樂管——十二支（簡陋的便以竹管），有長有短，都是有定制的，插在地裏。長短參差的一面在地下，齊平的一面露在地上。裏面填上蘆葦薄膜燒成的灰（因其最輕，叫做葭灰）。插的地方有講究，須是西北的陰山腳下，周圍蔽之以布幔，外面築室，以保證吹不到風。這是用來勘候地氣。

好了，到了冬至，冬至一陽生。陽氣一生，第一根最長的管子（九寸長，因九乃陽數之極）裏的灰自動騰出並發出一種聲音，這種聲音便叫「黃鐘」。時間子時，節氣冬至。這個音乃是其他十一律的基準。聊公拿著《漢書・律曆志》給大家解說道。

說了半天，這個跟「法」有什麼關係呢？因為律有一個「絕對標準」的意思在裏面，天下各類物，都要以此為基準，絕不可違犯。那麼我們前面又講過，早期國家打仗「師出以律」——跟著這種樂聲受指揮從而進退。也就是說，律成了一種「軍法」。這樣律又有了第二個意義：強制。當然，這些都是我們根據文獻記載來恢復古人理解中的語詞。大致隱約包含著「標準」和「強制」意義，而顯義又是「樂音」的詞語，就是律。這樣一個詞語，被商鞅加以利用，成為「法」的代名詞。《爾雅》解釋「律」的時候，說「律，法也」，把律與法等同。從顯義上看的確沒問題，但是翻譯所流失的便是隱義：標準和強制。

當然今天的法也有這兩個意義在裏面，但是當初未必有。最早的法，經常在「方法」「法度」的意義上使用。所以商鞅改法為律，使得律成為了國家生活的基準，成為了法的所有形式中效力最高的一種。我們看後來發掘的秦簡，許多都以「律」為名而不再叫做法了。

那麼第二種，繼續保留下來的法律形式便是「令」。令主要針對一時之事而發布，時效性比較強。我們的教科書上往往說它「靈活」。靈活一詞的反義詞常常是僵死，而僵死乃是貶義，所以靈活常常會被理解為褒義。事實上不是。請大家在中性的立場上看待這個形容詞。要知道，「靈活」對於法律而言未必是好事情。

第三種，乃是制和詔。制和詔乃是皇帝的命令。當然不是說皇帝隨便給個命令都可以具有較高的法律效力，必須經過一定程序。

第四種，廷行事。這個是官府成例，也就是以前的判例作為後案的參考性法律文件。

第五種，課、程、式。課有考核之意，比如《牛羊課》就是對飼養牛羊進行考核的法律。程有規格之意，如《工人程》，式有格式之意，如《封診式》。

總之，我們且記住商鞅改法為律的本意，記住什麼才有資格稱之為「律」。以及在律之下效力次大的乃是令，之下才是別的雜七雜八的制詔之類法律形式。這點我們必須牢牢記住。因為有些法律，它是如此基本，以至於我們忘記它是法律了；有些常識，它是如此熟悉，以至於我們忘記它是常識了。

清算秦王朝

秦王朝作為一個巨無霸企業的破產，照例的，下面我們進入清算程序。

秦國最初只是一個邊陲附庸，甚至被視為蠻夷，起點不可謂不低。應該說，從秦國到秦朝的道路上，巨星級牛人無比多。秦穆公、百里奚、秦昭王、商鞅、張儀、范雎、樓緩、蔡澤、呂不韋、李斯、白起、王翦、蒙恬、秦始皇……每一個名字背後都是一段驚天地泣鬼神令尋常百姓咋舌而聽的今古傳奇。但是要論對後世影響最大的，無疑是我們在這一章花了整整四節來濃墨重彩描繪的商鞅。

商鞅變法，乃是時代的必然。前面我們講過，春秋戰國乃是中國歷史上最重視效率的理性時代。王道也好帝道也好，在這個時代一律沒有市場。亡國滅嗣的戰爭近在肘腋，容不得半點時間用之清談。開口曰利，閉口曰利，天下熙熙皆為利來，天下攘攘皆為利往。在這樣極度重視效率的時代，大致形成了這樣幾股有實力取得天下的勢力——這幾股勢力，大約也就構成人類歷史上掌握政權的所有資源了：政治、軍事、意識形態、經濟。

最早歸併為一或者說從來不曾分離的乃是政治和軍事，原因還要追溯到西周初年。西周的封建制與西方的不同。西方所謂城邦，多為某聚落發展到一定程度後興建起來的，乃是經濟發展的自然結果，是經濟中心。而西周的封建制，政治意味更濃，是理性設計的結果，各諸侯國的國都，幾乎無一例外在最初的時候是地方政治和軍事重鎮。軍事幾乎從來不曾脫離於政治的控制。

其次被壓制的是經濟。戰國末年，隨著各國經濟的發展和對民間經濟發展的不過度干預，湧現了一批大商人。例如以牧馬聞名而被封君的烏氏倮，以採礦發家而能以財自衛的寡婦清等等。這些人富可敵國，並且擁有私人武裝。按照司馬遷的說法，能夠「禮抗萬乘，名顯天下」，憑的就是一個「富」字。但是民間工商業階層的發達，最終遭到了強有力的國家的壓制。

最後我們來看意識形態，秦朝特別重視對意識形態的壓制（而非操縱）。焚書坑儒這樣的「事業」，在一九六六年之前中國的歷史上再也沒有如此明目張膽毫無遮掩地進行過。實行的結果，乃是儒墨道等百家都成為在野學說甚至成為被通緝被嚴禁的學說。而法家學說，也沒有被很好地利用——秦始皇殺韓非而用其《韓非子》，無異於明確昭告天下：法，只有朕有權設計和解釋；術，朕以外無人得妄加揣度；勢，朕以外無人得擁有權力分配之權。

這樣的國家能不能健康長壽？在今天，沒有外國干涉內政的情況下，可以；在古代，不行。為什麼？技術手段沒有達到這個水準。

我們看秦朝為了實現對天下的控制，又是造長城，又是修馳道。這樣的浩瀚工程，我們今天只有在打《帝國時代》這類遊戲的時候，才敢這麼想這麼幹。但是即使如此，秦朝對天下的控制之難，依然不難想見。

商鞅變法，廢封建而推行最有效率的郡縣制，基本精神乃是中央高度集權，層層下達。但是有兩個問題要我們注意：

第一，從秦國到秦朝疆域的劇增。

一個面積如此遼闊的國家，在西元前二二一年的技術條件下，如何通過高度集權來實現政令法律的上傳下達？如何有效地實現商鞅當初設計的初衷？我們知道，在今天中央高層們比較頭疼的問題之一，依舊包括地方上陽奉陰違說一套做一套的問題，而當時是兩千兩百年前的秦朝。

柏楊先生在《中國人史綱》第一章總結了一個圖表，乃是十八世紀時的中國，驛馬從北京到各地所需時間。舉個例子，從北京到廣州需要五十六天，加急則為三十二天。這還是在中國幾千年來官路驛站不斷修建完善成一個較發達的交通系統的情況下，那在秦朝呢？可想而知，一個法令從咸陽發出到桂林的時候，其時效性針對性還有多強，而由於文字的剛剛統一，其解讀又會多麼五彩繽紛。甚至一些邊疆地區，比如南越，基本處於南霸天任囂和趙佗控制之下，儼然一方獨立王國。法律固然早在春秋就公開了，但是老百姓對於法律的瞭解又有多少？從中央到地方各郡，從郡再到縣到鄉里，是否能保證法律的公開具備實際意義呢？這都是值得我們懷疑的。事實上，秦朝的滅亡原因之一就在於普法工作做的不好，我們後面再提。

第二，商鞅當年變法所要的小戲法「徙木立信」想必大家還記得。這給秦國的父老們一個信號：政府要開始守信了。從商鞅一直到秦始皇，無數政令法律的頒布和嚴格執行，都為這個信號加強了後續效果，從而使得秦國人的法律文化心理發生了質變。以前的遵守法律，乃是出於怕受責罰；反覆了幾代乃至幾十代人之後，就變成了一個無須思考的常識：法律當然要遵守了。為什麼？沒有為什麼。但是後來急劇的領土擴張，其他國家的百姓也成為了秦國的黔首。那麼他們對法律怎麼看？也如秦國人一般麼？又是一個大大的問號。

上傳下達既不通暢，法律心理又各不同。秦朝的法治實踐究竟到達了一個什麼樣的水準？可想而知。再加上立法技術上的種種缺陷（由於秦朝時間太短，這個缺陷要到「漢承秦制」的漢朝才顯現出來），以及法律本身的合理性問題，以及意識形態的不配合，秦王朝搖搖欲墜矣。

暴動發生在大澤鄉，一夥戍卒因雨失期了。為首一個叫道：「失期，法皆斬。如今報到也是一死，造反也不過是個死罪。兄弟們，反了吧！」群情洶湧，天下遂起而亡秦族矣。

可憐而被冤枉的秦王朝。根據睡虎地秦簡關於徭役的《興律》規定，失期並非死罪；而碰上「詣水雨」等不可抗力，則可以免責。按照秦律，戍卒們是無罪的。

坑灰未冷山東亂，陳勝原來是法盲。普法工作做不好，害死一個王朝。

五 漢：時間中止了

漢朝的抉擇

有一個問題值得討論，「強」與「好」究竟是個什麼關係。

戰國七雄，無疑秦國是其最強者。但秦國是不是最好的國家？有人覺得不該這麼一概而論，那麼我們分解來看：秦國的經濟是不是最好的經濟？秦國的政治是不是最好的政治？秦國的制度是不是最好的制度？秦國的文化是不是最好的文化？

論經濟，齊國之繁盛，當執列國牛耳；論文化，魯國禮樂之盛，天下無匹。以上兩點，在春秋戰國時候也許可以成為共識，但是在秦朝統一以後，也許我們可以得出這樣的結論：

僅就經濟規模和總量而言，也許齊國的確最繁盛；但是秦國代表了一種更為先進和有潛力的生產力，就質而言，遠遠在齊國之上。至於文化，魯國代表了一種衰朽沒落的文化，精緻則精緻矣，卻不夠強悍；而秦國的文化，簡單質樸，沒有一切多餘的東西，所以也遠在魯國之上。

有人問：你的說法頂多能證明秦國與齊魯乃是不同類型的經濟、文化，如何能得出秦優於齊魯的結論？

答曰：秦滅了齊魯。以果推因，當然是秦優於齊魯了。

這種思維方式，值得我們思考。一個國家擊敗了另一個國家，不獨是軍事的較量，其政治經濟文化於有力焉。所以就可以由該國軍事強而推導出政治經濟文化好嗎？不行。我們能得出的結論是，該國政治經濟文化適合於戰爭。好，有人又反駁：兩國之間的優劣最後只能靠軍事來分勝負。哪怕你政治經濟文化都好，而我只要軍事強於你，就足以滅你的國。國都沒了，談何制度文化的優劣？

問題又出來了：貴國的政治經濟文化動不動就亡人國，究竟是貴國有問題還是我國有問題？最後一個問題在這裏：我承認齊魯的經濟文化優於秦，但是請問，你不搞軍事秦在搞軍事，你做好人秦在做壞人，你的經濟文化再好又有什麼用？最後還不是要被人滅？所以只好大家都做壞人，發展軍事以自衛和亡人國。而既然你齊魯也要做壞人，那麼經濟和文化是非轉變成秦國式的戰時經濟戰時文化不可的了，因為不轉變則不是人家對手。如果齊魯很扭捏地只肯學習秦國的器物技術（如鑄劍術啊弓弩製作技術什麼的），國內就有人說你不徹底，只好連制度也改；如果制度變成了秦政制，國內還有人說你現在的文化心理跟目前的政制完全格格不入，也得改。等到全盤改進了，一個「秦化」的過程就完成了。齊魯之人完全可以稱這個過程為現代化。

漢朝就面臨了這樣一個問題：秦朝的遺產，應該怎麼繼承。

漢朝作抉擇的環境比戰國列強要好得多。戰國列強的時候其實由不得你選擇，你不富國強兵而一心搞精神文明建設人家在富強，幾十年一過你就被人家連鍋端掉了，搞了幾十年精神文明建設全是為他人做嫁妝。所以人家學壞，你為了保全自己的利益，也只好跟著學壞；你不確定人家會不會學壞，但為了風險的最小化，也只好跟著學壞。這在博弈論上叫「囚徒困境」。

漢朝不是囚徒。或者說他是中華大地上唯一的囚徒，所以不存在這樣的困境。他有足夠的餘裕來從容不迫地做出自己的選擇。

事情是從約法三章開始的。

楚懷王與諸將約：誰先入咸陽，誰就王關中。先入的乃是劉邦，他把關中父老們叫到一塊兒，約法三章：「殺人者死，傷人及盜抵罪。餘悉除去秦法。」父老們很高興，就給劉邦軍隊送吃的送喝的。劉邦一概不要，原因是項羽快要打過來了，到時候這麼多東西不好帶。後來項羽果然打進來，把劉邦趕跑，又把劉邦找回來吃鴻門宴這是大家都知道的事情。這就是「約法三章」的歷史小故事。

一個振奮人心的小細節，被很擅長挖掘本土資源的知識分子們挖出來了：劉邦作為政府的代表，和關中父老百姓們約法，這是多麼民主的事情啊！儼然是中國憲政的起源嘛！

很遺憾的，根據專家們考證，約法三章的「約」字，乃是「簡約」的意思。所謂約法三章的約法，不是《中華民國臨時約法》的約法，而是「約法省刑」的約法。這樣解釋，不免令人遺憾，但是歷史就是這麼無趣。任何一個想把歷史寫有趣的人，都必須加入調味品，包括聊公。

所以聊公在這裏並不關注「約」，而對「法三章」很感興趣。這個法三章，只有三個罪名：殺人、傷人、盜；刑罰兩種，死和抵罪。我們經常說一句話：殺人償命，欠債還錢，天經地義。在我們最樸素的經驗裏和情感上，也只有三種犯罪，殺人、傷人、和搶劫盜竊。這三者，乃是在一切文明社會甚至野蠻狀態下都要遭受懲罰的行為。劉邦，區區一個流氓，能夠將人類最樸素情感深處的法律心理挖掘出來，發現出來，形諸文字，制成法律，的確有前輩和後世立法家們所不及之處。這就是制定法律的正確方法之一。當然，這三章之法，並不是就這麼一句「殺人者死傷人及盜抵罪」，而是有比較詳盡可操作的規範的。

《漢書．刑法志》說：「三章之法，不足以禦奸。」事實上，劉邦集團也並沒有把這三章之法固定下來的意思，這三章之法主要還是在戰時起一個政治上爭取民心的作用，其次才是約束軍紀安定秩序等等。所以項羽嗚呼在垓下以後，制定一部新法便提到王朝的議事日程上來了。負責此事的是蕭何，漢朝的相國。

蕭何做過秦朝的獄吏，對秦朝法律之利弊，最有切身之感受。所以他的做法是，把秦律的「秦」字改成了漢律的「漢」字。我們前面講過，秦律的法統乃是繼承自魏國的《法經》，主幹為盜賊囚捕雜具五章。現在蕭何在這五章的基礎上增加了戶律、興律、廄律三章，一共九章，稱作《九章律》。聊公讀史至此，想了想覺得有問題，便去找蕭何。

聊公來到蕭何相府的時候，這位老人家正在指揮立法最後的整理工作。

聊公問：「你怎麼把秦律照搬過來了？」

蕭何說：「因為秦律制定得好啊。」

聊公：「可是你們宣傳中說秦朝是暴秦啊，名聲那麼臭。你們作為一個嶄新的能夠代表天命的政府，怎麼可以用一個腐朽而落後的政府制定的法律呢？」

蕭何：「子曰不因人廢言。於國家而言同樣如此。秦朝法律集三代以來之大成，精緻完備，不用它的用誰的？」

聊公：「你們另起爐灶啊！」

蕭何：「那不是浪費生產力嘛。我們如果把秦律一股腦地廢除掉，再另起爐灶，起碼得五十年以上才能達到秦律的水準。這不是自個折騰自個玩兒嘛？」

聊公：「那……那劉邦先生幾年前已經把秦朝的偽法統廢除掉了呀！他宣布悉除去秦法，只留三章！」

蕭何：「那是戰時需要。現在和平了，所以要重新制定法典。何況我們不是繼承的秦朝的法統，而是繼承的三代以來中國人民辛苦創立和腦力勞動的結晶，是但凡人所共有的秩序。」

聊公：「哦。」

劉邦時代，立法活動精銳盡出。韓信申軍法，張蒼作章程，叔孫通定傍章律，皆是一時之選。軍法，大約是軍事法令；章程，乃是定作標準之類的經濟法規，這在《張蒼傳》可以找到印證；傍律，從字面上也很好解釋：傍，就是傍大款的傍，章，是《九章律》的章，律，是《九章律》的律，傍章律，就是傍著《九章律》的律。這是劉邦先生在嘗到禮制甜頭的情況下，讓叔孫通制定的一部禮儀規範的法律，與律令同藏於理官故得名。

一九八三年江陵張家山漢墓出土著名的《二年律令》，乃是呂后時期的法律。通過這些法律，我們清晰地看到了漢律對秦律的照搬，也就是史稱的「漢承秦制」。

漢武帝雄才，身邊物以類聚了一批張湯趙禹者流。這兩位為中國法律史貢獻的法律乃是有關宮廷警衛的《越宮律》和有關朝會正見的《朝律》。這兩部法律的立法精神，是「務在深文」。深，就是苛嚴的意思。西周刑中世用平典的精神被他們忘得一乾二淨，也或者他們覺得那時候已經是亂世了。

漢武帝時代值得一提的後出法律，還有以下幾個：

《見知故縱監臨部主之法》。見知，看見了從而知道了。故縱，故意放鬆。見知故縱的造詞法和明知故犯一樣。監臨，監察臨見，引申為監督法律執行的官吏。部主，部門主管。整個連起來，就是：監察官員和部門主管，見到自己所監察的對象或者屬下犯罪而故意放縱不管的，有罪。這個是當時形勢使然，用主旋律教科書的話講，就是加強了皇權。

《沈命法》。沈，沉、沒。沈命，就是沒命。這個法就是地方官的地盤上群盜起卻不發覺或者藏匿剿捕不力的就要沒命這樣一個法律。也是當時社會矛盾突出治安形勢嚴峻的一個產物。

《左官律》。漢朝尚右，左就比較卑下。西漢一般到諸侯處當官的（非朝廷任命）一律稱左官，是不允許到朝廷做官的。朝廷的官私自到諸侯處當官，就按此律治罪。同樣是形勢需要。

漢武帝以後，法制健全到氾濫的地步。班固在中國第一部法制史著作《漢書．刑法志》裏鬱悶地寫道：「律令凡三百五十九章（再次提醒，蕭何那個律叫《九章律》），大辟四百九條，千八百八十二事，死罪決事比萬三千四百七十二事。文書盈於几閣，典者不能遍睹。」

在這樣的情況下，西漢剩下的帝王和東漢的歷代帝王，主要任務就是刪削整理法律了。漢昭帝、元帝都蠲除苛法，到成帝時的成果是還剩幾百萬字的法律。東漢繼續加油，一直刪到漢獻帝，終於鬆了口氣。鬆口氣的漢獻帝有一天坐在宮殿裏批閱新呈的奏摺，看到法學家應劭的摺子，很高興，邊打開來邊心想應愛卿該怎樣表揚我刪除法律的功績啊！一打開來，六個大字：「臣請刪定律令。」漢獻帝當場崩潰掉了，從此鬱鬱寡歡，後來就交班給精力旺盛的曹丕來完成這項不可能完成的任務了。

以上就是漢朝。怎麼？不過癮？反正在立法層面就是這個樣子了。因為漢朝的法治，在很大程度上已經不依賴於立法了，然而秦朝的幾個遺留問題也確實基本解決了。這是一個造就中國基本性格的王朝，我們來看一些觸及本質的故事。

道家大放異彩

聊公有次與吾鄉先賢、清朝考據學「三駕馬車」之一趙翼先生聊及漢朝，趙先生說漢初乃是布衣將相之局。後來趙先生老掉了，聊公繼續活著。再後來，聊公寫曠世奇書《聊公案》的時候翻閱參考資料，看到趙翼把那次聊天的心得寫進了他的《廿二史札記》裏頭。

漢初的情況我們都知道，實行了黃老所主張的「無為而治」。後來就有人總結說，一個朝代之初，大抵會實行道家無為而治的主張，此言恐怕不確。秦初晉初元初都沒見很好地實行什麼無為而治，可見還要因統治者的人生觀世界觀知識結構而異。西漢的建國之父們，除了一個張良算沒落貴族，其餘都是底層的小農小公務員小販子小流氓。他們身在社會底層，對秦之苛政體會最深，所以其眼界和氣質，都近於道家。道家學說，本來就是最貼近農耕大眾的。所以我們今天去鄉村，還能得見那種悶悶而淳樸的道家風氣。

當然，跟社會形勢也分不開。戰亂多年，天下疲敝。皇上的御駕已經連幾匹毛色相同的馬都找不齊了，而宰相公卿，甚至駕牛出行。這樣的情況下，也只好無師自通地實行起黃老的治術來。

這個時期的法治，也崇尚質樸和無為。律典上看不出端倪，主要體現在人事的任用上。文景時候的重臣張釋之，頗能作為一個代表。

張釋之的法律觀，貼合於儒道兩家。他以為司法官吏乃「天下之平」，而法律則是「天子所與天下公共也」。法律既自天子出，則等同於天子對天下的諾言，一言既出，駟馬難追，首重一個「信」字。公，平，信，成為張釋之的基本信念。

可以察看張釋之的案件，有犯蹕案和盜環案。有一次，久違的一直沒有出場機會的某甲在郊野閒逛，忽然看到遠處塵煙滾滾，有大隊儀仗車馬過來。某甲心知是皇上出恭（不好意思，是出宮），便躲在附近的橋下。躲了十幾分鐘，橋上滾滾雷聲漸漸停息下來了，某甲便從橋下罵罵咧咧地走出來。

事實上呢，剛剛過去的只是儀仗隊，文帝的車駕正好過來。拉文帝馬車的馬，正興致勃勃地跑，忽然見橋底下愣愣地轉出來一個人，嚇壞了，歇斯底里地尖叫著人立而起。車上的文帝正昏昏欲睡，這時候也被嚇壞了，也人立而起大叫：「怎麼了？怎麼了？」後面幾十輛車正跑得歡，一看前面出了事又來不及剎車，就追尾了。一下子橋上亂哄哄的。某甲一看出了特大交通事故，撒丫子就跑。兩邊的武騎一看，以為是刺客，駕馬就追。兩條腿的到底跑不過四條腿的，某甲被生擒扭送廷尉府。

廷尉呢，就是張釋之。張釋之問清楚了狀況，就上奏很關心此案的文帝：「此人犯蹕，當罰金。」蹕，就是帝王出行的車駕。文帝自然不高興：「這麼輕？這傢伙驚了我的馬，幸好我的馬比較溫馴，換匹別的馬我還不得受傷了？」張釋之道：「法律就這麼規定的呀！」文帝想了想，說：「朕加一點行不？」張釋之道：「不行。法者天子所與天下共。法律就這麼規定的，你卻要加重，這是失信於民。要麼皇上就在抓住他以後就直接違法殺掉，別送我這兒來；如今你已經把他送到我手裏，我自然要依法處理。如果司法不獨立，隨著領導人意志的改變而改變，老百姓安所措手足？」文帝小鬱悶了一下，平復了心情，說：「你對。」

某甲就歡快地交了罰金回家了。過了一段時間，有個賊盜竊漢高祖廟裏的玉環，文帝龍顏震怒動員天下，把賊逮住了。一看，又是某甲。文帝咆哮道：「滅族！滅族！」張釋之很穩重地說：「按律當棄市。」文帝憋住火，語重心長地說：「張廷尉啊，這個案子和別的不一樣啊。這個案子是全國性的惡性案件，怎麼能和別的案子一樣判呢？聽我的，滅族吧。」張釋之穩穩地頂住壓力，說：「不行，法律就這麼規定的。何況如果偷高祖廟就滅族，那如果掘漢家祖墳該怎麼判呢？」文帝沒有明成祖那樣「滅十族」的刑罰智慧，啞口無言，只好依了。

從蕭何到曹參，包括張釋之這樣的司法官員，在人事任用時，都堅持任用口訥心明的淳樸長者，堅決反對巧言惑眾之徒。所以在司法時，一方面堅決按律行事而不加法外之刑，另一方面在法律許可的範圍內從輕判刑。這是司法官員們能夠做到的。而真正從立法上廢除嚴刑苛罰，則只能仰賴於皇上了。

至文帝之時，天下苦肉刑久矣。廢除肉刑的契機，來自於太倉令淳于意醫殺人案的判例。

淳于意是在《史記》裏面有傳的人物，與扁鵲合傳。他是位醫生，因為某事而被告，要被送到長安受肉刑。他就在家裏哀歎，說自己或者老婆不爭氣，生了好幾胎都是丫頭，遇到這樣的急事，一個頂用的都沒有！

聽了這話，淳于意的女兒們就回應父親很不頂用地嗚嗚哭起來。內中有個小女兒，名字大家都知道了，叫做緹縈，跟了父親來到長安，托人寫奏章通過各種程序上傳到漢文帝手裏。

奏章的意思有三個：一、我父親廉平無罪；二、如果硬要給我父親判罪，我願意罰沒為婢以代父罪；第三個意思直擊肉刑作為一種法定刑的合理性：死者不可復生，刑者不可復屬，雖復欲改過自新，其道無由也。

漢文帝看到奏章，大為震動，下了一道詔書：

「聽說虞舜的時候，連加諸身體的刑罰都沒有，而沒人犯罪；朕的法度，光肉刑就有三種，而奸不止。這不是舜德厚朕德薄還能因為什麼呢？朕的過錯卻要百姓承受痛楚，甚為不忍；況且肉刑一施，終身難去，不給人以自新的機會。所以，其除肉刑。」

我們從這樣措辭謙謹的詔書中，看到一個偉大的「封建帝王」的人格。明確的綱領之下，後續的改革步驟由張蒼和馮敬主持，具體內容是這樣的：

黥刑改為髡鉗城旦舂（一種服勞役的徒刑）；劓刑改為笞三百；斬左趾改為笞五百，斬右趾改為死刑。改革的弊端有這樣幾個，一是斬右趾改為死刑明顯地由輕入重，較之之前更狠了（當然也有學者考證說，斬右趾其實是在砍左趾的前提上的加重刑，也就是左右腳都砍，但肯定也是變重了）；二是笞三百和笞五百太狠了，一般來講打得還不夠數人就死掉了。班固先生寫《漢書》的時候，說這次刑制改革「外有輕刑之名而內實殺人」，是如實的評價。

所以下一位比較好的好皇帝漢景帝就進一步地體恤民情。他說：「打這麼多板子，和肉刑是一回事，就算沒打死，照樣是殘廢。出去還怎麼做人？」於是下令，把笞五百改為笞三百最後定為笞二百，笞三百改為笞二百最後定為笞一百。並且對刑具「箠」（一種竹板子）的規格作了限制性規定：長五尺，手握的地方厚一寸，打人的地方厚半寸，竹節要削平；打人的部位一律在臀部，打同一個罪犯的過程中不許換施刑人。對罪犯的關心，細緻到了臀部和竹節這樣的地方，這就是文帝和景帝，中國法制史乃至中國歷史上不可複製的一對君主。

以上就是文景刑制改革，中國法制史上的大事。內容就是這麼個內容，今天看來完全是保護人權的不容置疑的歷史性進步。但是肉刑的存廢，居然在後來的歷史上有了多次的反覆，其爭論也一直是中國古代法制史和法律思想史的主題之一。一個今天即便是三歲小孩看來也如此不容置疑的進步性措施，在歷史上居然引起了這麼多精英（包括我們所熟悉的曹操和孔融等在內）的大討論。

這樣，問題就有趣了，考驗大家邏輯的時候也就到了。

最早對文景廢除肉刑的微詞來自東漢。光武帝時，有許多司法工作者上言倡議恢復肉刑，理由是「古者肉刑嚴重，則人畏法令；今憲輕薄，故奸宄不勝」——刑罰的威懾力不足。光武帝將這個進言下發群臣討論，結果遭到一位通儒杜林的有力反駁。

東漢末的時候，有一位了不起的仲長統。他為我們今天稱道，乃是因為他是古代的「唯物主義哲學家」，不知道他自己認不認。他寫了本政論《昌言》，裏面積極宣導恢復肉刑，理由較之之前技術含量高得多。他把犯罪按社會危害程度分為三等：重罪、中罪、輕罪。本著罪刑相適應的原則，那麼刑罰也應相對應地分為三等：重刑、中刑、輕刑。死刑是重刑，鞭笞是輕刑，肉刑是中刑。文景廢除肉刑，中刑缺位，從而導致老百姓犯中罪的犯罪成本下降，作奸犯科自然就多了起來。所以必須恢復肉刑，以使「五刑有品，輕重有數，科條有序，明實有正」。

這個倡言大約是在建安年間。同時響應的還有當時著名的政論家寫過一本書叫《政論》的崔寔、當時的大鴻臚難兄難弟之難兄陳紀、我們所熟悉的經學家鄭玄。

唱反調的，也是我們所熟悉的並且一貫愛唱時代之反調的孔融。孔融說了這樣幾點：

一、上古連刑罰都沒有，天下大治；如今風俗敗壞，刑罰那麼多，犯罪者仍層出不窮，可見問題不在於刑罰的設置上，而在於統治者本人。這個論調和漢文帝當初的自謙是一個意思，不過這話由非當權者說出來，就顯得很激烈了。

二、犯罪者本來心理就不是很正常，受過肉刑就更加變態，鬧出更大的亂子來。比如夙沙亂齊、伊戾禍宋、趙高英布為世大患（這些典故有興趣的自己去查，後兩個是我們所熟悉的，分別挨過宮刑和黥刑）。我們追考文景廢肉刑的目的，正在於使人改惡而歸善。搞恢復肉刑，豈不是走回老路上去了？

朝廷聽了孔融的話，就沒有恢復肉刑，於是東漢就安安穩穩地滅亡了。

曹操也曾屢次提倡肉刑而不得。到魏國建立的時候，陳群繼承乃父陳紀的遺志繼續為恢復肉刑搖旗吶喊。他對恢復肉刑派的觀點的貢獻，是這樣五個字：名輕而實重。名輕，就是由肉刑而為鞭笞，名義上輕了；實重，就是三百五百地打下去，死的人更多，實際上重了。一個某甲聽說強姦只要打打屁股就可以了，很開心，權衡了一下犯罪成本和收益，就鋌而走險。結果押到法庭上一判，打五百下屁股，媽呀嚇壞了，磕頭如搗蒜。晚了。所以陳群歸納說：「名輕則易犯，實重則傷民。」同時陳群還從犯罪預防的角度略帶黑色幽默地說：「行竊強姦這樣的大罪，只剃剃毛髮（髡），於事無補。飛賊，就把腳剁了；強姦犯，就去勢。看他們還怎麼犯。」

另一位大臣，我們所熟悉的鍾繇，也給出了建設性的建議：以肉刑代替死刑，從而廢除死刑。

陳群和鍾繇的提議，終於因為王修王朗和夏侯玄諸君的反對而未能升級為立法上的動作。漢魏之後關於肉刑的存廢，在晉朝還有幾次大論戰，我們就不講了。基本上，兩派的意見都已經在這裏了，沒有更加高深的理論值得我們再去挖掘（西晉法律專家劉頌有一些危言聳聽的關於恢復肉刑的想法，但終於沒能成為現實所以我們可以不再理會）。下面我們就開始直接分析這件事情背後的邏輯問題。

主張恢復肉刑者的一個重要論點，在於重刑（或者用他們的術語叫「中刑」）對犯罪的威懾作用。我們觀察恢復派的倡導者們，多是生當季世。所以主要是為著時代的實際需要，而有此主張。那麼我們來回顧文景的時代：《漢書・刑法志》的記載是「刑罰大省，至於斷獄四百，有刑錯之風」。刑錯，通刑措，字面意思是刑罰擱置不用，喻犯罪之少社會之昌平。上一個刑措的時代是西周的成康之治，由於是半信史時代，傳說不甚可信；下一個刑措時代要到貞觀年間。而後世的刑措記錄就很多了，蓋由於儒家厭訟之風大盛，許多官司在民間調解下就解決掉了的緣故。文景之世去古未遠，當是中國歷史上最貨真價實的「刑措」。

好，問題就在這裏：同樣的廢除肉刑，人家刑措不用，你卻囹圄成市，怪刑罰體系不合理還是怪別的什麼因素？

他們當然可以辯駁：政治昌明與否，非司法官員所決定；刑罰體系合理化，是不得已的救時之舉。

的確，這是文景刑制改革的一大遺留問題：重刑太重，輕刑太輕，刑罰結構輕重失當，有失合理。那麼，這樣的刑罰結構為什麼就不可以通過別的方式來調整而一定要恢復肉刑呢？我們來看一個對於肉刑性質的公認比較客觀並且符合古人思維的論斷，這個論斷來自日本著名法律史學者，前幾年剛過世的滋賀秀三先生。

滋賀先生指出，肉刑其實同死刑一樣，乃是將人從社會上（注意，是從「社會」上而非自然界中）除去的刑罰。我們看到但凡肉刑，都附加一定的勞役，這種勞役其實並非附加刑，而是怕這種受了肉刑的人到社會上難以立足而恩賜的一種近似福利的待遇，以使其做事而供其衣食。所以我們不難理解許多先秦的志士為何一旦受了肉刑便選擇去死或者為了某個崇高信念高強度忍辱苟活下來的情況了。

所以從這個角度來看，肉刑未必得為「中刑」。看看太史公的〈報任安書〉中咬牙切齒含垢忍辱的用詞遣句，就知道挨肉刑是多麼令人生不如死了。能說明問題的例子，還有臧堅、鬻拳等等。

好，回到恢復派的論點。其實我們看兩派的觀念，所折射出的乃是兩派背後所各自抱持的刑罰觀。恢復肉刑派，無疑是刑罰報復論，即刑罰的功能主要在於對其所犯罪行的報復，以牙還牙以眼還眼是也；而反對肉刑派，則是刑罰教化論，務使人有改過自新之道是也。今天來看，當然兩種功能不可偏廢。但是這樣一個價值的權衡，在古代卻是大問題。

徹底解決這個價值衝突的問題，並不在於文景廢肉刑，因為他們並沒有代之以比較合理的刑罰結構。這個矛盾之所以在當時不突出，是因為這兩位好皇帝以出色的政教在一定程度上代替了刑罰的功能，彌補了刑罰結構不合理的缺陷。所以到後世沒有這樣好涵養的皇帝的時候，就不得不考慮恢復肉刑了。惟因反肉刑的觀念已隨著儒家思想的深入人心而深入人心，所以幾次以皇帝或者假皇帝（比如曹操）為後台的恢復肉刑運動，均告失敗。這個問題的解決，要到新的結構合理的「五刑」制度的出台，那是南北朝的事情了。

下面進入第二個問題，先做個假設：假如歷史發展到劉邦的時候，突然英法德俄美日等列強入侵把中國打個半死，然後中國人民自強不息建立新中國——簡單來講，傳統社會結束，現代化開始。那麼我們寫法制史教科書的時候，會不會這樣總結中華法系的特點呢：肉刑為主，異常殘酷。事實上，這個現象能否成為中華法系的本質特點？這就是第二個問題。

我們現在都可以很清楚地給出答案：不能。因為中華法系並不非要以肉刑的存在為其特點。因為後來的歷史證明了，文景廢除肉刑之後的法制一樣或者說更能體現中華法系的本質。

所以我們知道了，歸納一個法系的特點的時候，必須由其本質和內在結構出發，看看哪些表徵只是某歷史階段的伴隨現象，而哪些表徵才是連筋帶肉深入骨髓的。所以我們今天對於教科書上關於中華法系特點的歸納可以進行一個反思：中華法系是不是非得民刑不分是不是非得諸法合體……

只有真正靈魂性的東西才是不可變革、一觸即死的。

法儒再出江湖

秦崇法治，二世而亡；周行德政，享壽八百。然而在現實的具體的統治中，法治的可操作性更強，可預見性更高，效率更突出。肯定一者，否定一者，這只能是理論家來幹的事情；人主和他的宰輔們所面對的，永遠是比理論複雜得多的現實，而他們的工作，也永遠不是對不同理論的取捨，而只能是不同比例的調和。

我們翻開關乎漢朝的前三史尋覓關於這種調和的殘蹤片影，兩種類型的官吏自然就浮現出來了：酷吏與循吏。

酷吏一詞在今天基本是貶義，但是在古人那裏未必是。我們都知道的著名的強項令董宣，就是《後漢書・酷吏列傳》的主角之一。什麼樣的人能夠叫做酷吏呢？簡單來講，冷酷執法的人，而非殘酷執法的人。

比如，在濟南有瞯氏三百多家族居，勢力巨大，為害一方。某甲到任為濟南太守，怎麼辦？要麼沆瀣一氣之，要麼暗地裏設法消滅之。但是《史記・酷吏列傳》第一名的郅都，到任後就把瞯氏的首惡們擒拿殺掉，立馬就肅清了這股勢力。就這麼簡單，這就是酷吏的作風。

某甲說：「啊？你沒告訴我官府有足夠的能力可以剿滅這批豪族並且事後不被報復啊！」

是的，郅都本人也並不確保官府有足夠的能力剿滅這批豪族並且事後不被報復，但是他這麼做了。這就是酷吏的作風，雷厲風行。所以郅都得了個綽號叫蒼鷹，而某甲只能是某甲。

類似的外號還很多，譬如接替了郅都事業的寧成，人送外號「乳虎」——像哺乳期的母老虎一樣猛；宣帝朝酷吏嚴延壽任郡守時，喜歡將所屬縣死囚押送到府衙統一處死，人稱「屠伯」；至於大家熟悉的董宣，則有外號「臥虎」……

為什麼這麼多酷吏都會集中在兩漢？好，我們來分析一下酷吏誕生的條件。首先也是最重要的一個：文本上的法律出了問題。

法律，分為文本上的法和行動中的法。一個新法出台生效了，這叫文本上的法；記者採訪該新法實施的情況時，有關部門都表示要「看看再說」，這就是行動中的法。文本上的法未必是行動中的法，這是中國人都知道的；那麼之所以會造成這樣的局面，原因不外乎兩個：

第一，對法律的信念有問題。秦國文本上的法與行動中的法高度一致，該國有著較為深厚的「令出必行」的法律心理。而漢朝的時候，法律的實施情況，時時要受到政策的制約和最高或較高領導人講話的影響。比如從漢初便確立了「無為」和「休養生息」的政策，而選任的司法官吏又多是忠厚質樸之人，所以對法律的實施相對寬鬆一點。漢朝宰相曹參先生當齊國相時曾經這樣叮囑自己的後任：刑獄和市場，不要管得太嚴了。這種地方都是藏汙納垢之所，你管得太嚴，壞人們沒有容身之地，就會出事了。從高祖到文景，西漢帝國已經接近六十年沒有認真洗澡，藏汙納垢到了足以引起社會問題的地步。所以政策不得不由最早的寬鬆而變為相對嚴酷。

第二，文本上的法律在立法技術上有問題。我們研究中國法制史，可以很欣喜和自豪地發現，中國是世界上最早頒布成文法和進行法典編纂、有著比較龐大的成文法律體系的國家之一。但是這是不是個好事情呢？一個小孩子在還不會用調羹的時候就開始使筷子固然可喜，但肯定會以比較錯誤的手勢握筷子。而孩提時候形成的壞習慣，則是很難改掉的。一切幼年的國家，其由不成文法向成文法過渡，都會出現這樣的問題：以前判案子，等出了案子，大家聚在一起討論以決定判決就可以了；現在卻必須預先制定一部法典，還不能經常改動（一來維護法律的穩定性，二來維護祖宗制法的權威性），還必須適用於全國好幾百萬平方公里的土地，難度實在太大了。但是沒有辦法，只好霸王硬立法。立出來的這樣一部法律，在實踐中的可實施程度可想而知。

在這種情況之下，死板的法治的不足只好靠相對靈活的辦法來彌補，彌補辦法有二：一是大量出台實施細則作為對基本法典的補充，二是以人治補充法治。第一個辦法造成的一個結果，就是漢朝立法的氾濫——連專門掌管國家典章制度的司法官員，都沒有人能看完全部的國法。規則越定越詳，越來越細，以至於有如下幾個惡果：

1.某甲走在大街上，隨地吐了口痰，被捉拿。某甲問衙役說你幹啥，衙役說根據漢惠帝某年某月制定的法律，隨地吐痰是違法的，你跟我走一趟。立法太多等於無法，普法工作難以跟上，和秘密法時代幾乎無異。

2.某甲辯稱昨天某乙也隨地吐痰了怎麼沒見被抓?衙役說你少廢話，那是因為別的衙役大概不知道漢惠帝時候的那個法令或者即使知道也懶得管，何況今天開始是吐痰嚴打日，所以要抓你。法令管的範圍太大太細則人民的一舉一動都可能造成違法，既然全民違法則朝廷隨時可以通過刑事政策的調整來肆意抓捕人民。這個弊端在官員身上更明顯一些，由於古代法律對官員行為要求之嚴格，幾乎任何一個官員都在違法，所以你得寵的時候我不追究，皇上一旦要你狗命我隨便一搜集資料就是好幾條死罪。

3.某甲哈哈一笑說你不要太囂張，爺是從政法大學畢業的對法律瞭若指掌，文帝年間還出台了一個令說隨地吐痰無罪你不知道吧？衙役也哈哈一笑說你還差得遠，爺兼著政法大學的老師，景帝時候又出了一個令說要廢除文帝時候那個令你不知道吧。法律文件太多容易互相打架，造成司法者和守法者都莫知所從的局面。

在這樣的情況下，就需要有這樣一批人，他們：

1.精通律法，知道所有法律相互碰撞和漏洞在哪裏，從而可以按照人主的意思來「依法」出入人罪。

2.能夠嚴格執行命令，除皇帝外無所避，即便是玉皇大帝犯了罪也能將之繩之於法。

而西漢的時候，皇帝們的需要在哪裏呢？主要是削弱諸侯和豪強。所以曾經縱橫一時的奸猾豪強俠士諸侯權貴，在酷吏們面前都如狼口之羊一般待宰。也所以《後漢書》形容酷吏們的風格時用了這樣十六個字：「敢捍精敏，巧附文理，風行霜烈，威譽喧赫。」不用一個字一個字讀，掃一眼就感受到那種強勢而酷烈的氣勢撲面而來了。

酷吏在兩漢不是貶義詞，我們再次重申。但是這句話並非沒有爭議。因為讀〈酷吏列傳〉的時候我們總能感受到司馬遷們對於這類司法者有一種貶抑的情感在裏面。二十五史中有十篇酷吏列傳，都是如此。原因在哪裏呢？

在象徵法家精神的酷吏們重出江湖之餘，儒家也早已經將他們的價值觀浸染到司法系統了。始皇秦火，高祖輕儒。在這樣險惡的環境中起到存亡繼絕作用的，乃是酈食其、陸賈和叔孫通。

這三個人有共同點，有不同點。共同點是都被高祖劉邦口頭或行動上侮辱過。劉邦曾經當著酈食其的面洗腳並公開宣稱不接見儒生，對陸賈自稱「你老子我」，而對叔孫通的儒生裝束表現出十分的反感。這三位的對策也頗有意思。酈食其把劉邦的侮辱反罵了回去：「你才是儒生！你們全家都是儒生！老子是高陽的酒徒，不是儒生！」陸賈面對劉邦「你老子我的天下是馬上打下來的」這樣對儒生赤裸裸的鄙視，有理有節不卑不亢地回答：「馬上得之，焉能馬上治之？」叔孫通則與眾不同，一見劉邦不喜歡儒生，立馬回家換了莊稼漢短打扮，一副山藥蛋派的樣子。

後來，酈食其以其膽舌，作出了巨大的軍事貢獻；陸賈以其見識，敦促劉邦作出了政治治理模式的改向；而叔孫通，則以其理論功底和鑒毛辨色之能，對漢朝立法施加了來自儒家的影響。

事情經過其實大家都清楚：起自民間鄉野的劉邦集團，建立漢朝以後並沒有一個規矩，上朝時候亂哄哄的，甚至有大臣一言不合就拔刀砍柱。劉邦為此很苦惱，叔孫通則稱有辦法：制定了朝儀，安排大臣們進行排練，結果果然井然有序，劉邦笑稱終於知道了當皇帝的滋味，把這套朝儀以法律形式固定下來，叫做《傍章律》。

就在劉邦感受到當皇帝的滋味時，其實一個世代難以改變的軟制度框架已經通過這種拍馬屁的形式，不動聲色地開始擴張。而以朝儀為內容的《傍章律》，僅是其第一步。

叔孫通自打跟了劉邦，便從來不推薦儒家門生做官。他的弟子們對此多有怨言，叔孫通卻笑道：「你們能上陣打仗嗎？老實待著，這幫大老粗們打下的是你們的天下！」他沒有食言。從定朝儀開始，一個在中國法律史上長達千年之久的進程開啟了：法律儒家化，或曰禮法合一。之後，無論皇帝們如何輪換，無論誰家何氏坐天下，一套穩固的官僚行政系統，一個既定的儒家治理理論，永遠框住這位皇帝的手腳。對儒家而言，時間開始了；對歷史而言，時間中止了。中止，是一個法律術語，在我這裏意指由於發生某種事由使得時間暫停；當這個事由消失後，時間才可以繼續。這個事由的消失，恐怕要等兩千年之久了。

當然我們現在說這個話還太早，因為真正使得時間中止的人物董仲舒還要等很多年才出場，而儒家現在還正受到黃老學派的壓迫而抬不起頭來。同樣並非顯學的法家同情而得意地看了一眼更可憐的儒家，說：「起碼每個朝代都需要懂法律的人。」儒家還以一個驕傲的眼色，說：「任何一個統治者都遲早會認識到，他們需要真正懂得立法的人。」

黃老學說作為從秦朝法家到獨尊儒術的過渡實在是再合適不過，而作為過渡時代的中堅人物，懂得權變和隱忍的叔孫通也獲得了司馬遷史筆的垂青，得到了「漢家儒宗」這樣榮耀的稱號。

舞台搭建完畢。竇太后垂垂老矣，年輕的武帝也已經登基了。董仲舒講完一堂課，掀起帷布來看了看滿座的學生，莞爾一笑：該我們登場了。

爲皇帝立憲法

西漢發展至今，已經出現很多問題了。比較重要的，起碼有三個：

頭一個是老問題，政權的正當性問題。我們知道，之前周公旦已經解決過這個問題了。但是在時代的背景下這個問題又有了新的意義：第一，漢家劉氏是第一個非世家大族而坐有天下的皇族，所謂漢初布衣將相之局也。那麼請問：你一群流氓小吏，上無累世之德，下無尺寸之功，憑什麼坐有天下？僅僅憑權謀和武力嗎？這當然是任何一個統治者包括劉邦家族所不願意承認的。他們需要這樣的理論：劉家坐天下，乃是有形而上的依據的。第二，既然你並非世家大族一樣可以坐有天下，我們張三李四阿貓阿狗是不是也可以坐坐天下？這也是任何一個統治者包括劉邦家族所不願意承認的。他們需要這樣的理論：劉家坐天下，可以；你的坐天下，不行。

第二個大問題，在新的制度下使國祚得以確實延長的技術手段。頭一個問題，只能從理論上服人，國勢一衰管你什麼天命所歸照樣有人覬覦。漢承秦制，修正地沿襲了郡縣制度。但是行郡縣之制的秦朝武力空前強大卻短命而亡的事實就在眼前，說實話，漢朝統治者作為秦朝政治遺產的繼承人對自己的國祚能有多長實在沒有信心。所以劉邦自登基起就找包括他最看不上眼的儒生在內的各類知識分子總結秦亡教訓。如何在新的制度下能使國祚得以延長，這是一個最關緊要的現實問題。

第三個大問題，乃是機械執行法律出現的種種問題。我們前文講到，由於當時立法技術和執行條件的局限，制定出的法律相對來講前瞻性、概括性和普遍適用性都存在缺陷。這樣的法律在現實中嚴格推行，就會出現許多問題。這些問題在秦朝體現得非常嚴重，當時囹圄成市、赭衣塞道，社會矛盾異常尖銳。漢朝的基本大法《九章律》承襲秦法，雖然以無為的精神在執行上相對寬鬆，但問題其實也很大。真正引起朝廷震驚和官方重視的，乃是開國元勳周勃在文帝年間下獄，以高幹身分親自領教了司法系統的缺陷。曾經率領千軍萬馬在兩陣之間殺人如麻的周勃出獄後驚魂未定地歎道：「今天才知道獄卒的厲害！」賈誼趁機上書，重新確立了刑不上大夫的古法原則。但是這種孤立的儒家法律原則在冷酷的法家法律文本包圍中顯得異常刺眼和無助。如何確立起一整套司法原則來彌補法律文本的缺陷，並且使兩者可以水乳交融而不突兀，成了一個嚴峻的問題。

在這偉大時代呼喚英雄的風口浪尖，大家跟隨因為熟讀史書而未卜先知的聊公一起把求助的目光瞄向了廣川。在那裏，我們偉大的救世主董仲舒先生已經因為過於專心和認真地攻讀儒家理論著作而三年沒有看過自己的園子並且分不清馬的公母了。

董仲舒是廣川人，今天河北景縣附近。廣川東挨齊魯，西鄰三晉，北接燕趙。春秋戰國思想興旺的時候，齊魯出儒生、三晉興法家、燕趙多方士，此風一直延續到西漢，依舊存在這樣以地域為依托的各家學派。而西漢開國以來幾十年，上層崇信的乃是黃老之學。在儒、法、道、陰陽五行學說包圍和浸染之下成長起來的董仲舒，再加上百分之一的靈感，由不得他不成為一代集大成的宗師。

董仲舒時代的儒家，是個非常高風險也非常高產出的行當。齊地的老儒轅固生因為在信奉黃老的竇太后面前鄙視了一下《老子》，就被責令與野豬搏鬥險些命喪豕口；武帝時的儒生王臧趙綰在朝為官，因為傾向儒家化的改革而喪命。但是也有成功的例子，叔孫通以其通達才變躋身廟堂之高；公孫弘以《春秋》白衣為天子三公，封以平津侯，天下之學士靡然向風。

吃虧的儒生特點是梗直，得利的儒生特點是機變。董仲舒的特點就是梗直，硬邦邦的一代大儒。怎麼辦呢？沒關係，信奉黃老的竇太后掛掉了，親政的漢武帝有意扶起儒家，廣召天下賢良應對，董仲舒正在其列。

董仲舒走出的乃是一條與其前輩們不同的道路，他不以權謀應變而以學術功底在歷史上留下了自己的腳印。董仲舒對儒家學說的優缺點再清楚不過。先秦儒家最薄弱的一環，在於對自家學說終極依據的解釋上。孔子和他的弟子們應對的過程中，也偶有腦子不好使或者腦子特別好使的弟子問到這些終極依據，而孔子以「未知生焉知死」、「未能事人焉能事鬼」這樣的話搪塞過去了，採取一個六合之外存而不論的態度。子貢對老師這個特點最清楚不過，就總結說「夫子言性與天道，不可得而聞」——像人性之本啊，天道高深啊，這些問題孔子是閉口不談的。

正是因為儒家學說在此問題上解釋力不夠，所以後世許多學說就有了插足的餘地。我們看後來足以與儒家抗衡的學說，只有釋老兩家，其勝出都是在天命與人性這兩塊，滿足人們對於世俗世界之外的更加高深玄遠的未知世界的好奇。

董仲舒在這個問題上，頗動了點腦子。

董仲舒所做出的巨大理論改造，乃是將西周時候被敬而遠之的「天」的概念重新回到哲學領域。他提出，人乃是天的副本。無論天的什麼元素，在人身上都有相應的對應。例如天有日月，人有雙眼；天有四時，人有四肢；天有十二月份，人有十二個大骨節；一年有三百六十五天，人有三百六十五個小骨節……董仲舒的學說也好，儒家學說也罷，到今天已經沒有多少人信了。一個重要原因乃是在於科學的發達，證明了很多當初被這些大哲拿來當論據的對自然現象的解釋是有問題的。但是當科學進一步地發展，則會發現當初我們的祖先對一些自然現象的解釋，雖然沒有邏輯和道路可循，但是居然與最新的科學發展暗合，這就令人稱奇了。比如「人副天數」這個在接受過科學教育的現代人看來簡直荒誕不稽的說法，已經可以找到科學上的佐證：全息論。

全息論發現，機體的每一個局部都是整體的縮影。這個理論在中醫學上應用廣泛，比如我們的耳朵、足底，都對應了人體的全部器官。那麼從這個意義上來講，董仲舒的以上具體說法可能有問題，但是思路是沒有問題的。所以任何一個說法，我們不能證明其假，則不妨暫時假定其真。當我們興致勃勃發現老祖宗的錯誤之時，說不定正是我們錯誤之時。

好，人世間的合理性並非不證自明自然而然，而是來自於「天」。那麼照這樣發展下去，豈非走上了老莊的路子——人只要順應自然，以天然秩序為秩序就可以了？從而走到推倒儒家倫理秩序「絕聖棄智」的反儒家的激進道路上去了？

董仲舒在這裏動了腦子。他提出，人副天數，乃是客觀規律，並不存在好壞之分。自然的，並非最好的。正如天有陰陽二氣，也會陰陽失調雨雪雷鳴地震，如果自然的秩序就是最好的秩序，那怎麼還會有這麼多災異和不和諧的自然現象發生呢？同樣的，人副天數，天有陰陽，人也一身而共有善惡二端；天因陰陽失調而有災異，人也因善惡兩性不調而有悖禮亂法之行。所以，教化和懲罰，依然有其存在的必要。下面的問題，就是如何善用政教和刑罰，以達到大治，也就是儒學最擅長的領域了。

理解了這樣一個天人合一理論的原理，我們來看幾個具體的論點，其中不乏飽受詬病被指責為封建吃人禮教的「三綱五常」和被看作虛妄不經成為後來讖緯學說濫觴的「天人感應」。

董子的言論，我們先從最著名的「三綱」、「五常」來看。為什麼分開來寫呢？因為這兩個詞語雖然分別出於董子的著作，卻是到南宋才為朱熹聯在一起說的。

三綱，君為臣綱，父為子綱，夫為妻綱；五常，仁義禮智信。先看五常，沒什麼好說的，五個字都是大丈夫立世之所應為，直到近代西方價值系統的輸入，才使這五個字出現了問題，這也只不過是價值多元化的問題而已，關不得這五個字。所以無論在百家講壇也好，八榮八恥也罷，這五個字都在被重新賦予內涵或者將其內涵輸入到別的字眼中去而被哄抬出來。簡而言之，這五個字的生命力仍在。

被人詬病的是三綱。我們從兩個層面來分析。第一，假如說某甲（千呼萬喚始出來）是爸爸，某小甲是兒子。那麼某甲是某小甲的綱，這沒有問題；結果秦朝暴虐，天下豪傑並起亡秦，逐鹿到最後某小甲勝出，黃袍加身做了皇帝。好，現在某甲是臣某小甲是君，那麼某小甲又是某甲的綱。那麼請問，這種互為綱的情況怎麼處理？那時候沒有變性手術，否則「夫為妻綱」的情況也可以進來摻和一腿。

這個問題前人並不是沒有討論過，最著名的莫過於孟子和桃應的對話。這場直擊儒學化家為國在技術操作上的軟肋命門的對話，我們在後面講到「復仇」一節的時候再談，此處且擱下。

花開兩朵，單表一枝。話說第二種情況，某甲依舊是爸爸，某小甲是兒子。某甲為人品行端正明通事理，事事可為某小甲的榜樣，那麼這個時候我們說父為子綱沒有問題。但是如果某甲是個混蛋，燒殺搶掠無所不為。請問某小甲還應不應該以某甲為綱呢？這裏出現了一個身分與價值的衝突：究竟哪個才是「為綱」的標準？

這裏點出了「三綱」的兩大問題：第一，三綱誰是最高綱？反映在價值上的根本衝突乃是國家形成之後忠孝不能兩全之時何取何去？第二，五常如果與三綱相衝突（比如兒子五常具備，老子五毒具全），還堅持不堅持三綱？

從這裏，我們可以看出董子的苦心孤詣之一：明彰三綱，暗取五常。三綱只以身分為序，五常才有真正的實體價值。符合五常的情況下違背三綱，在古代屢見不鮮，而這也是並不為官方所反對，起碼是可以有爭議的。如此，則首先君綱受到另外兩綱主要是父綱的限制，也就是國受到家的限制；其次君綱受到五常的限制，也就是權力受到道德的限制。

由這綱常之上，董子重建起古儒家的老論調：君臣各有其義。君必須使臣以禮，臣必須事君以忠。君臣把各自的義發揮得好，便叫做「合」；發揮不好，便叫做「離」。君主和人臣各有什麼具體的義呢？君法天，臣法地；天道高遠，地道深邃；天尊地卑。好，有人又要跳將起來稱這是為封建君主辯護了，其實不然。

天雖然尊貴，但是無為無言；地雖然卑下，但是滋生萬物。所以在中國的傳統文化裏邊，敬天而遠之，敬地而親之。所以作為臣，必須暴其形、出其情以示人，而作為君，則要高其位而藏其形。更加露骨一點來講，皇權與政權要分開，君居其位，臣行其事。如此，則君臣相得相和，國祚綿長。

這是董子的真意，謂之「君臣離合」。這個論點對於中國古代官制影響甚大，使得上古天子的家臣與國家的官僚不分的情況出現了變化。

第三個具體論點，天人感應論。天人之間具體存在什麼樣的聯繫？現代科學也難以真正給出答案，何況西漢。所以董子便利用了此點而大談災異。他稱天之災異並非簡單的災異，而是由於地上的人主倒行逆施所以上天給予了警告。他本人信不信自己這個說法的真實性科學性，我們不得而知；但是他之所以提出此觀點，乃是為了一個好的目的：使人主有怵惕之心而不至於為所欲為。綱常之說，使人主心中有了崇高的道德法則；那麼天人感應，則使人主意識到了頭頂那一方燦爛星空。而後者儘管並無實在的科學依據，但在歷史上對人主的制約作用決不小於前者。

所以自董子起，中國統治者一直怵惕著兩個東西，一者為「法」（法則也，非局限於法律也），一者為「天」。直到晚近幾十年，才有人公然喊出「和尚打傘無法無天」的口號，以反封建吃人禮教為名先破「法」，以反封建迷信為由再破「天」，於是權力再也得不到制約而肆虐十年。新東方的教師老羅有言譏刺之曰：「三分天災七分人禍，自己造的孽敢賴到天的身上，還真是無神論者。」以此觀之，以犧牲科學之「真」而帶來倫理之「善」的「天人感應論」，時至今日也不好一棒子打死。

第四個具體論點，三統循環論。中國古代的時間觀念與今天不同，認為時間不是累積的，而是循環的。比如我們今天說二〇〇八年之後是二〇〇九年，一年一年的加著；中國古代最大部分的時間採用的是干支紀年法，一個甲子是六十年，一個甲子輪完了又到下一個甲子，周而復始。這個反映在歷史觀上，今天的乃是一個線性的歷史觀時間觀，覺得歷史總有什麼目標似的，總應該是進步的。中國古代不一樣，覺得歷史也是要循環的，一治一亂，分分合合，未必古代就不及今天。當然古代也有進步的歷史觀，比如三世論「由據亂世而升平世而太平世」，但是這三世也不過是一個小輪回。真正的大輪回是以幾千幾萬年乃至更大的單位為周期的。比如我們看古人的《推背圖》，似乎描繪了一個從亂到治、從蒙昧到大同的進步局面，但第一象和最後一象的讖語仍然是反映循環歷史觀的「茫茫天地，不知所止；日月循環，周而復始」和「一陰一陽，無終無始；終者日終，始者自始」。

那麼在這樣的情況下，董子提出了黑、白、赤三統循環的歷史觀。他認為，三統各有其受命於天的正當性，每個相繼的朝代都應該按相應的規則改正朔、易服色，自成一統，以應天命。這個其實和我們前面所說的五行家「五德終始」的理論如出一轍。

這樣一個滲透著迷信和神秘主義的歷史觀，究竟有什麼意義呢？意義重大。董子通過三統循環，為改朝換代立下了遊戲規則，此其一。三統雖然循環，變的只是「政統」；天不變，道亦不變，綱常是永恆的，道統是永恆的。道統的解釋權掌握在誰的手裏？以儒家為代表的知識分子、士大夫。自商朝政教徹底合一以來，道統和政統再度分離，經歷了一個否定之否定的過程，此其二。

所以，不但在具體的制度和權力分配層面上，君與臣要各守其職，在宏觀的權力來源正當性層面上，政統與道統也須分開。上有天，下有法，君主處中間。所以中國歷史上雖然從來不曾出現過西方近代《大憲章》之類明文限制君主權力的法則，卻在秦朝之後再也難以見到秦始皇這樣具有無上權力的皇帝，原因正在於此。在中國，在剛性制約缺位的情況下，天與法這樣的柔性制約起到了巨大的歷史作用。

董子學說之精髓，便是一句話：屈民而伸君，屈君而伸天。但事實上，廢封建而行郡縣，中央高度集權的情況下屈民伸君已是不可遏止的歷史趨勢，所以這五個字並非董子的功勞相反或許是董子所欲阻止以避免其走到極端的情況上去。所以董子苦心孤詣，用春秋的精神立下「屈君而伸天」五字，而暗暗將「儒」與「天」混在一起，完成了立法的大業。

以上便是法理層面上，董子直秉孔子，本著「素王」的精神為天下立法，為人主立憲。我們回到文章開頭的三大問題：政權正當性問題解決了，延長國祚的問題也解決了。漢以後的國家都行郡縣制卻不曾都像秦朝那樣短命，正是因為君主權力受到了限制而不至於過度膨脹胡作非為反噬其身。第三個機械執行法律的問題，在以上理論框架之下自然也得到了解決。我們另起一章，因為這個解決乃是中國法制史上著名的一項實踐，至今也有著其影響：春秋決獄。

春秋決獄

二〇〇八年十月，金風送爽。聊公來到重慶大學，參加一個論壇「中國法治如何向前走」。這個論壇別開生面，由刑法學者陳忠林對陣法律鬥士賀衛方。兩位都是與西南政法和北大頗有淵源的學者，但是觀點截然不同。短兵相接，煞是好看。

書說簡短，話說陳忠林教授再次祭出他的法寶「三常論」，作為自己的立論。他認為，法官應該憑藉「常識常理常情」判案，而不應該機械地執行法律。如果機械地執行法律，就會出現「吐痰可判死刑，殺人可以無罪」的荒謬結果。怎麼說呢？比如，我明知道痰裏面有大量病菌，我跑到熱鬧地帶吐口痰，意圖使病菌擴散，讓人得病死掉，結果真有人因此而得病死了（這並非不可能的），我就犯了「危害公共安全罪」，最高刑是死刑。而殺，本義乃是用「殳」這種武器將人弄死。如果這樣解釋殺，那麼我用刀子弄死人就不叫「殺人」，所以殺人無罪。

但是呢，殺人明明有罪，而吐痰頂多被紅袖套大媽罰款，這就是人們心目中的「常識常理常情」。如果機械地執行法律，就可能出現一些與「三常」違背的情況，這時候就要靠「三常」來補足。比如許霆案，嚴格執行法律，的確哪怕判死刑也不為過。但是判了無期，老百姓心理上就受不了了。怎麼辦呢？陳教授主張，法官接到一個案子首先要用「三常」來衡量一下，覺得大致判個什麼刑，然後去刑法分則裏面找相對應的法條；如果沒有，就用刑法總則裏面規定的原則來判；如果這樣也不行，那就找憲法。

聊公聽完，替他引申了一下：憲法如果再不行，就找憲法的理論基礎，浩如煙海的馬列毛經典著作，這些著作裏總會有合適的理論依據的。而如果做到這樣，就是「春秋決獄」的基本原理了。二十一世紀之初，作為中國法治前行所可選擇的路徑之一而提出來的，居然還是兩千多年前的老辦法。喜耶悲耶？

董仲舒走過來拍拍聊公的肩膀，道：「當然是喜了。春秋決獄的法子，就是針對法律的固有缺陷而設計出來的。法律再怎麼發達，永遠只能是法律。所以春秋決獄永遠有其生命力。」

聊公回看一眼，拊掌大笑：「那吾二人且回西漢，領略一下春秋決獄的生成和運行機制，以為今鑒！」二人當下騰雲穿梭時空，身後賀教授正在以他一貫的嬉笑怒罵大肆調侃陳教授的三常論。

董仲舒與聊公剛回到西漢，便見廷尉張湯笑眯眯地等在門口，說：「董先生到哪裏去了？讓在下好等！」董仲舒說：「去了趟重慶大學，聽了個講座。」張湯愣了一愣，道：「有幾個案子，要勞董先生斷一斷。」董仲舒說好，便與聊公跟著張湯一起來到衙門。

堂下站了五個當事人，鬧哄哄的，爭相陳述著案情。董仲舒說你們不要鬧一個一個來，然後一指其中一人，問：「你先說。」

那人哭著道：「老爺，我是丁的家人，我爸爸被某甲殺死，某甲逃跑躲藏在家，他父親乙藏匿凶犯不報。所以我一告某甲無端殺人，二告其父乙首匿凶犯！」

董仲舒點點頭，問另一人：「你呢？」那人道：「小的名叫戊，今日與某甲的父親乙發生口角，他竟動手打我，求老爺為小的主持公道！」

董仲舒問乙：「你有何話可說？」乙道：「老爺，雖然是小的先動手，但戊後來居然拔刀刺小的，把小的刺成重傷；不孝子某甲不知何故，亦舉杖毆打小的，將小的砸成腦震盪，小的一告戊刺殺之罪，二告某甲毆父之罪，望老爺明鑒！」

董仲舒見某甲旁還站著一人，便問道：「你又是何人？」那人哭訴道：「小的叫丙，乃是某甲的生父。二十年前家鄉大饑荒，小的將某甲拋棄路邊；如今聽知某甲被乙抱回收養成人。那次喝酒喝多了，找著某甲，說：你是我兒子。某甲以為小的侮辱他，便將小的打了二十杖。小的告某甲毆父之罪！」

董仲舒問某甲：「你還有什麼話說？」某甲大哭道：「小的冤枉啊！丁的確是小的所殺，無話可說；但家父乙與戊鬥毆一事，小的見戊拔刀要傷害家父，一時情急，便拿杖去打，結果誤傷家父；另，小的雖是丙所生，但丙於小的並無養育之恩，小的雖然毆打丙，但只算毆人，不算毆父，望大人明斷啊！」

聊公在一邊聽得亂七八糟，問董仲舒：「你聽明白了？」董仲舒點點頭，道：「這乃是個三案連環。第一案：某甲殺丁，乙藏匿甲，丁家人告某甲殺人，告乙首匿，是否？」

丁的家人道：「是。」

董仲舒道：「漢律雖然規定首匿犯人有罪，但甲乙乃是父子。子曰：父為子隱，子為父隱，直在其中。父子相隱乃是《春秋》之義，故某乙無罪。某甲殺人屬實，判死罪棄市。」

丁家人爭辯：「但是乙不是某甲的親生爸爸呀！」

董仲舒道：「《詩經》云：螟蛉有子，蜾蠃負之。動物尚且有義父子之情，何況人乎？下一個案子：乙戊相毆，某甲誤毆父案。乙告某甲毆父，然否？」乙回道：「然。」

董仲舒道：「按漢律，子毆父乃是個死罪，當梟首。但愚以為父子至親也，兒子聽說父親被打，自然有怵悵之心，拿著杖來救父親，並不是想要毆打侮辱父親。《春秋》之義，許止的爸爸病了，許止獻上藥，他爸爸喝了就死了。但是許止並非有意要弒父，而是因為藥性與病情不符。君子原心，赦而不誅。同樣的道理，某甲非律所謂毆父，判個一般的誤毆人罪就可以了。下一個：生父丙為棄子某甲毆打案，丙告某甲毆父案，確否？」丙回道：「沒錯！」

董仲舒輕捻鬍鬚道：「丙生子，不能養育，而被乙領去，甲丙二人於義已絕矣。某甲雖杖丙，不應坐。所以不應按漢律毆父罪判梟首，而只須按一般的毆打罪判就可以了。」說完，看看張湯：「您以為呢？」張湯笑嘻嘻地：「先生斷得好啊！看先生一場審判，勝讀十年書！」

董張二人正笑嘻嘻地要退堂，聊公大喝一聲：「咄！俺還沒有鬧清楚整個過程到底是怎麼一回事，究竟什麼叫做春秋決獄！」

董仲舒道：「這樣啊，那我來給你詳解一下春秋決獄吧。你看，首先我們不是隨便哪個案子都適用春秋決獄的，而是要出現三種情況，張大人才會把案子拿到老朽這裏來諮詢意見。」

張湯接口道：「對啊。一般來講，是出現三種情況。其一，法律出現空白；其二，出現法條碰撞的情況，比如同一個案子既可以適用A法條又可以適用B法條，而適用兩個法條所作出的判決差異較大；其三，法律與人情出現了衝突。比如明明法律有明文規定，又嚴格按照明文規定作了判決，但是判決結果明顯違背常理。這時候，在下就把案子拿來請教董先生。」

董仲舒繼續說：「一個案子拿到手裏，不是一拍腦瓜甚至一拍大腿就給出判決的。第一步，我要確定案件的事實和法律的適用問題。」

張湯插嘴說：「一般來講呢，案件事實是由我們先調查清楚了再拿到董先生這裏來的。而對法律適用問題的解決，正是春秋決獄的作用所在。」

董仲舒又說：「在對案情熟悉的前提下就開始第二步，我要去發現《春秋》經的故事或者微言大義有哪些是與本案相同的。這裏的相同，乃是指本質上相同，要滿足『與同比，通倫類』的條件，不是隨隨便便就往上套的。」

聊公質疑：「不對呀，我見你前面也引了《論語》上的一些原則啊！」

董仲舒的老臉青一陣紫一陣：「對，所以後人又管春秋決獄叫引經決獄或者經義折獄，但凡儒家經典，我們都可以引來用。用得比較多的是《春秋》，所以叫春秋決獄。那麼然後第三步，我要把春秋經義進行解釋，對春秋中反映出的法律原則進行抽象。」

王充說：「對，董先生這個本事是很高明的，所以我在《論衡》裏面表揚他說『董仲舒表春秋之義，稽合於律，無乖異者』。」

董仲舒看看王充：「你是誰？」王充說：「我是王充。」

董仲舒繼續講解：「然後呢，我就提出了春秋大義適用案件的判決意見。你剛才看到了，我對三個案子都給出了意見，到這裏為止還並不是最後的判決，只是判決意見而已。」

張湯道：「對，這些意見被我拿回去，經過嚴格的審查，才能夠作為判例公布。比如董先生的高足呂步舒，將來要以春秋大義決淮南王獄，把判決意見呈奏天子，史書記載『天子以為是』，可見要經過天子認可。」

董仲舒總結：「最後，這些判例被搜集起來，作為判例的彙編。一開始呢，這是私人行為，比如我曾經把我用春秋決獄的案例彙編成《春秋決事比》一書，一共有二百三十二個案例；後來亡佚了，就剩下六個案例。之前我們判的那三個案件，就改編自這六個案例中比較有代表性的三個。後來呢，官府也開始彙編這類的判例作為判案的指導，有《律本章句》、《尚書舊事》、《廷尉板令》、《決事比例》等等，非常多。」

董張二人齊聲說：「以上就是春秋決獄的整個複雜而精緻的過程。」

聊公聽得眼都直了，心想今天的法官也沒能像你們這樣牛啊！旁邊忽然閃過一人來，喝道：「聊公休叫此二人誆了！」

聊公回頭一看，此人正是章太炎。章太炎指著董仲舒大罵道：「你董仲舒為春秋折獄，引經附法，異夫道家儒人所為，佞之徒也！」董仲舒急了：「你憑什麼這麼說俺？」

聊公也上來勸：「我們對事不對人啊，你這麼說不合適。」章太炎消消氣，說：「仲舒之折獄二百三十二事，上者得以重秘其術，使民難窺，重新倒退到秘密法的時代，此其一；下者得以因緣為市，然後棄明文之法，重新倒退到不成文法時代，此其二。引經折獄者，經之幾虱而法之秕稗也！」

聊公點點頭：「是啊，有這個嫌疑。老董啊，你解釋解釋吧。」

董仲舒微微一笑：「沒聽明白你說的啥。」聊公說：「老董啊你別裝啦，反駁不了就招吧。」

董仲舒說：「你聽我給你講。章先生這堆話裏有這樣幾個前提：第一，人類歷史是進步的；第二，從秘密法到公開法、從不成文法到成文法，是進步。至於你說的什麼上者怎麼壞下者怎麼壞，我們下一步再討論。你這兩個前提，作為一名擁有漢朝一般知識背景和智力水準的我來講，是完全不接受的。上古民風淳樸，聖人因以為治，刑罰不用而天下大治，這是幾乎所有儒家經典甚至包括道家和部分法家經典的共同敘事。這段敘事可以說明兩個問題：第一，我們所抱持的歷史觀乃是循環式的，一治一亂者也，而你所抱持的歷史觀乃是線性的，不斷進步是也；第二，上古聖人的治理方式遠比今天的治理方式高明，只是在當前世風日下人心不古的情況下沒辦法實現，所以我們才不得已採取了法律治理來作為輔助。而當法律治理出現問題的時候，我們自然要援引高明的其他的辦法，來作為彌補。先生覺得有什麼問題呢？」

聊公聽完，道：「所以章先生之所以批判得如此激烈，乃是站在了西方的立場上的緣故，先入為主地拿了西方的一些基本觀念作為前提，對你提出了一個批評啊！下一個批評者，繼續。」

話音未了，章太炎身後繞出一人，道：「好，我僅從司法技術的角度來講。春秋決獄掇類似之詞，曲相附合，高下在心，便於舞之。吏民益巧，法律以歧，故酷吏由之，易於鑄張人罪，以自濟其私。你怎麼說？」

董仲舒定睛一看來人，不認得，便問聊公。聊公說：「這位是劉師培，在清末民初政學兩界是個風雲人物。由於他字申叔，章太炎字枚叔，所以兩人合稱『二叔』。」

董仲舒說：「哦，二叔啊，你這段春秋決獄的缺點其實就是剛才章先生說的上者怎麼壞下者怎麼壞。這個剛才遺留了，現在來詳解。我問你，如果法律出了問題，那應該嚴格地執行呢，還是想法子變通一下？」

劉師培思忖一下，道：「司法上予以執行，立法上找機會更改。」

董仲舒哈哈笑道：「你這個論點其實是認為『惡法亦法』，司法者必須嚴格執行法律，公民也必須嚴格遵守法律，哪怕法有問題。但是中國可從來沒有出現過惡法究竟是不是法的爭論啊。中國的統治者、司法者、老百姓從來都不認為一部法如果是惡法還應該貫徹。遵守法律本身不是目的而只是手段，真正要達到的目的是使得刑賞公允、定分止爭。所以在司法領域對法律進行適當的變通便成了當然之事。」

劉師培道：「這樣的話，立法的嚴肅性穩定性何在？」

董仲舒道：「我不和你爭論邏輯，我只問你這樣一個事實：某甲誤毆父親，按律當斬。你是法官，現在該怎麼辦？」劉師培毅然道：「自然只好斬首。或者向上申報情況，請奏聖裁。」

董仲舒鄭重地說：「如果斬首，那麼不單你的立法是惡法，便是唯一有機會改善立法的醜惡面目的司法也將變惡。明知錯而行之，是更大的錯誤。如果上請聖裁，那麼無疑是浪費了司法資源、降低了司法效率。更嚴重的問題是：春秋決獄本來就是要由法官做出審判意見後上呈皇帝決定的，而你將審判權歸給皇帝，以聖裁作為最終裁決，第一，僅僅是避免法官承擔責任的做法；第二，將司法權交給非專業人士；第三，典型的以權干法。究竟誰的辦法才有問題？」

劉師培想了想，沒有話講。章太炎在旁邊譏諷道：「誰叫你的法是惡法的？這便是行專制而不行民主的絕大壞處。」

董仲舒拍手道：「這就是閣下二位給春秋決獄進行如此攻擊的根本原因。二位乃是革命鼓手民主鬥士，自然反專制。而專制一被先天反對，那麼專制之下的種種制度自然似乎顯得荒謬可笑，毫無意義可言了。」

聊公道：「然也。我覺得批判專制制度下的某一具體措施或制度，應當看其本身有無根本缺陷可言。如果有，那這制度自然有問題；如果是因為此制度是為專制制度服務所以才顯得有問題，那這項制度本身恐怕不可輕易否定啊。」

某甲道：「春秋決獄本身便有重大缺陷！」

董仲舒沖某甲莞爾一笑：「你便是春秋決獄最大受益者，春秋決獄有何缺陷可言？」

某甲道：「因為我是你決獄的對象啊，所以一想起那個過程就很後怕。萬一你決獄的時候心血來潮，說：你不單妄圖殺害與你父親鬥毆的人，而且毆打了你父親，所以罪加一等判個具五刑啊株連啊什麼的，我豈非慘了？」

董仲舒說：「老夫豈是你想像的那種人！」

某甲笑眯眯地：「你不是啊，可是萬一你老掉了，換張湯大人來判這個案子，就有可能了呀……」張湯在一邊老羞成怒：「你敢公開懷疑人民公僕，小心把你抓起來！」某甲掏出一本《史記》，翻到〈酷吏列傳〉，念：「湯決大獄，欲傅古義，乃請博士弟子治尚書、春秋補廷尉史，亭疑法。奏讞疑事，必豫先為上分別其原，上所是，受而著讞決法廷尉絜令，揚主之明。你看，他趕時髦也用春秋決獄，但是全是跟著皇上的心意來，曲意逢迎。」

董仲舒歎了口氣：「不想老夫此法在身後有此流弊。不過如果將春秋決獄的程序嚴格化，應可解決此問題，從而修正律典本身。」

某甲繼續說：「那也不成，因為春秋決獄還有第二個大問題。請看資料片。」說罷一指大螢幕，螢幕上莊子的妻子死掉了，莊子歡呼雀躍，鼓盆而歌。一曲未畢，兩個皂隸將他逮捕送到衙門。莊子怒罵縣老爺：「我犯何罪？」縣老爺道：「你妻子死了你卻唱歌歡呼，違背儒家大義。第一，人之死生乃大事，《論語》上說要『慎終』，而你把你妻子之死當兒戲；第二，夫妻關係乃是五倫之首，你卻不為你妻子之死哀傷。觸犯兩條春秋大義，誰管你違法不違法！春秋決獄的基本精神乃是：志善而違於法者免，志惡而合於法者誅。你的行為雖然合法，但是不合春秋大義，判個斬首是便宜你了！」於是把莊子推出斬首。

董仲舒看完，問：「你的意思是春秋決獄會破壞法律穩定性從而影響法律的預測功能使人們難以以法律為行動指南？這點我在反駁章瘋子指責春秋決獄是恢復『秘密法』的時候已經講過了。」

某甲說：「這是小者。更大的問題是，莊子是道家人物，你憑什麼要他的行事合於你儒家的規範？」董仲舒一時語塞，良久道：「道家始終違情背理，老夫對其難以苟同。」某甲逼問：「道家違背的是你儒家的情理還是常情常理？」

聊公在一邊拍手：「不愧是身為作者化身的某甲！你怎麼能有這麼多智慧火花？」某甲撓撓頭：「戴震說過：酷吏以法殺人，後儒以理殺人。余英時加以發揮，說春秋決獄是以法殺人之餘兼以理殺人。我也是站在牛人肩膀上才牛的。」

董仲舒歎道：「老夫一時私心大動，欲為儒家張目，才以這方式援禮入法啊。不過，所謂法律乃是道德的底線，那麼又有哪部法律在殺人的時候不是在以理殺人呢？」

聊公道：「仲舒啊，你不要混淆是非，這不是一回事。法律是道德的底線，這裏的道德乃是人類的公共道德。而你的春秋決獄，卻單單是以儒家之理殺人，根本扼殺了信仰的自由。所以如果要以法律的形式來體現一種『理』，那麼這種理只能是不同信仰不同階層不同背景的人都能支持的公理，而不能是某家之說，某派之理。法者天下之公器，即乃此意。」

董仲舒沉思片刻，道：「春秋決獄的是非恐怕不是你這一兩句話所能辨清的。而這一制度恐怕對你那個時代，也深有借鑒意義。重慶有位不大不小隱隱於校的睡龍先生在他博客上放言，說你那個時代的中國乃是依法缺德的時代。如何為法輸入德，並且不損害法律本身，是個大問題啊。」

一切具體的歷史背景都開始變得模糊化。一頭是「依法缺德」和老賀演講的高潮警句「在這個缺德的時代，我們究竟要用誰的德來以德治國」；另一頭，不管是耶非耶，春秋決獄開啟了法律儒家化的千年進程，浩蕩之勢不可遏止。聊公站在這中央，低頭深味著歷史的蒼茫。

趙娥手刃仇人案系列報導

漢朝發生了許多性質相同的奇案，對於這些奇案的解決，爭議無比巨大，從而深刻暴露了法律儒家化的死結。聊公帶你親臨現場，近距離目擊一起最典型的奇案。

這件案例是記載在《三國志．魏書．龐淯傳》裏的，詳細情形在裴松之注引皇甫謐的《列女傳》有引人入勝的描寫。不過再引人入勝的描寫都只不過是故紙堆上的陳年往事，我們來翻一翻當時報紙的系列報導（當然，是聊公寫的），感觸下這起案件。

報導一

酒泉祿福一寡婦派出所前殺死本縣豪強

漢靈帝光和二年二月某日　十四：〇七　酒泉日報

本報訊（通訊員　聊公）今日早晨七時許，我郡祿福縣一名寡婦在縣都亭前與一男子發生械鬥，最後將該男子掐死斬首後投案。

案發後，當地政府高度重視，已由縣長尹嘉親自成立專案組展開調查。據瞭解內情者稱，死者名為李壽，是本縣豪強，與寡婦趙某有殺父之仇，由此引發了命案。這一說法尚未得到警方證實。

犯罪嫌疑人趙某現已被警方控制，本報將作進一步追蹤報導。

報導二

寡婦刺殺豪強案續：為父報仇引發司法困境，縣長縣尉欲放趙娥遭拒

漢靈帝光和二年二月某日　〇八：二〇　酒泉日報

本報訊（通訊員　聊公）本報昨日報導的寡婦趙娥刺殺豪強案案情已經明瞭，負責本案的縣長和縣尉欲私放趙娥遭到拒絕。

昨日早晨七時許，趙娥在都亭前與李壽相遇。趙娥立即跳下車牽住李壽的馬，叱責李壽。李壽驚愕，回馬欲走，趙娥奮力揮刀砍去，馬受傷而驚，將李壽摔在道旁溝裏，趙娥找到李壽，揮刀砍去，用力過猛，刀入樹幹而折斷，李壽受傷，趙娥上前欲奪李壽的佩刀殺李壽。李壽持刀大呼，一躍而起。趙娥隨即挺身奮起，用左手抵住他的額頭，右手卡住他的喉嚨，反覆周旋，最終李壽氣閉，順手而倒，趙娥遂拔李壽的刀，割下李壽的頭，從容到都亭自

首。

據警方調查，趙娥的父親趙安此前被李壽殺死，而趙娥的三個弟弟都在瘟疫中死去。李壽因趙家無男丁，公然擺宴慶祝。趙娥受到刺激，買名刀伺機行刺。趙娥的鄰居徐某反映，她曾勸說趙娥放棄復仇行動，但趙娥卻說：「娥親猶在，豈可假手於人哉！」

趙娥投案後，本縣百姓傾城而出，到政府大樓前圍觀，為之悲喜慷慨嗟歎。縣長尹嘉同情其行為，欲棄官放趙娥逃跑，趙娥執意不肯。縣尉見圍觀群眾太多，不敢公然釋放趙娥，便暗示其逃跑，再次遭到拒絕，只得投入監獄。

據悉，涼州刺史周洪、酒泉太守劉班已經聯名請求中央對趙娥寬大處理。

報導三

酒泉烈女遇赦還家，受到英雄般禮遇

漢靈帝光和二年四月某日　十五：五〇　酒泉日報

本報訊（通訊員　聊公）本月丁酉日，皇上大赦天下。除黨錮諸人外，一切罪囚皆得赦免。今年二月殺死豪強李壽而引起社會廣泛關注的烈女趙娥也在赦免之列。

今天記者來到趙娥家，見其門口正在樹立石碑。據施工者介紹，這是由涼州刺史周洪、酒泉太守劉班上表朝廷而獲准在趙家門前樹石立碑以彰顯門戶。前不久，我朝太常、在軍中

具有崇高威望的名將張奐不顧七十二歲的高齡，親自登門看望趙娥，並以私人名義贈予束帛二十段。此外，慕名來趙家的大小官員乃至鄰里鄉親更是不計其數。

資料：光和二年二月，酒泉祿福縣寡婦趙娥因為父報仇，在本縣都亭前殺死豪強李壽後投案自首。縣長和縣尉欲私下釋放趙娥而遭拒絕。趙娥自入獄以來，一直受到朝野上下的普遍關注，也在社會上引發了關於復仇案件司法問題的大討論。

相關新聞鏈結：

呂母聚集惡少年攻陷縣城殺死縣長為子報仇

緱氏女玉為父報仇得減死，法學界稱具判例意義

《輕侮法》廢除前後：復仇問題何去何從

【已有二四五五五一位網友發表了看法，點擊查看。】

酒泉網友：

放得好！烈女啊！

汝南網友：

拖了這麼久，終於放了。

交趾網友：

何時才能把這類問題在立法上解決呢？如果沒有遇到赦免不知道會怎麼樣……

酒泉網友：

身為酒泉人，我為你驕傲！

會稽網友：

殺人不用償命？高祖約法三章的基本原則都被破壞了。

遼東網友：

樓上的怎麼不去死呢？

聊公：

大家理性一點，我覺得探討一下本案背後體現出來的法與人情的衝突更有意義。

廣陵網友：

樓上就是一傻叉。支持烈女！

弘農網友：

不要理那兩個人，打起仗來肯定做漢奸。支持烈女！有機會我也要去拜訪下，唉。

復仇！復仇！

對趙娥案的解析，不能停留在漢朝。因為但凡爭議巨大的案件，人們爭論的都不是案件本身。時間倒回戰國時代，久未登場並且以為再也沒有登場機會的孟子在聊公的安排下熱淚盈眶地和弟子桃應交談著。這段對話被幾千年後的學者們反覆咂摸品味，認為揭示出了許多道理。

桃應：「舜做了天子，皋陶是大法官。舜的爸爸瞎老頭兒瞽叟犯了殺人罪，該怎麼辦？」

孟子：「皋陶應該把瞽叟抓起來呀。」

桃應：「舜不應該阻擋皋陶的執法嗎？」

孟子：「舜怎麼能阻擋呢？皋陶是依法辦事呀。」

桃應：「那舜該怎麼辦呢？」

孟子：「舜應該拋棄天子之位，像扔掉一隻破鞋一樣；然後偷偷地背著爸爸逃跑，跑到法律管不著的地方去，終身逍遙，彷彿不曾做過天子一般。」

聊公：「那如果是皋陶的爸爸殺了人，皋陶該怎麼辦呢？」

孟子：「……」

聊公：「……」

孟子：「好像劇本上沒有這一段吧？」

聊公：「那你下去吧。」

於是桃應攙扶著戀戀不捨一步一回頭的孟子去劇務那裏領了便當回去了。孟子身為一代曠世大儒，肯定被桃應問得心驚肉跳。因為桃應本人可能還不清楚，他的幾個追問，已經問出了儒家學說的致命要害：忠與孝、家與國、情與法的根本矛盾。

儒家化家為國，以父子之倫比擬君臣之義，彷彿構建了一幅完美的圖景。但是在一個具體問題上，他們不知所措，甚至不同的儒家人物之間互相矛盾：化家為國，化父子為君臣，但問題是家畢竟不是國，父子畢竟不是君臣，那麼如果家與國矛盾了，父與君衝突了，應該服從誰？

這個問題，在許多只講情理不講邏輯的理論中常常出現，動不動就有人提出三個至上三個無敵三個一致等等。問題是，當這「三個」不一致的時候，以哪個為基準？

這樣的衝突，在儒家學說還是在野學說的春秋戰國和秦朝，體現得並不明顯；到了漢朝，積累數百年之後，積弊就出來了。一個最要命的體現，就是對於「復仇」問題究竟該怎麼辦——具體來說，就是究竟該怎麼立法，又究竟該怎麼司法。立法和司法在這個問題上的反覆，一直延續到一九四九年；而社會輿論在這個問題上的糾結，則至今未完全解開。

舉個例子吧，某甲的爸爸老某甲被世仇張三一刀捅死，身為孝子的某甲該怎麼辦？我們來看不同時代的立法和司法情況。

1. 遠古社會

某甲哭著跑回去告訴本部族的長老，長老大怒：殺某甲的爸爸就是殺我爸爸！於是領了全部族跑去把張三殺得片肉無存。張三所在部落大怒，集體跑來找某甲部族算帳……

簡單來講，這就是人類蒙昧時期的所謂「血親復仇」：殺一個人等於侵犯了整個部落，該部落負連帶復仇責任。當然，後來肯定慢慢發展出了調解的途徑，兩個大老坐在一起抽一鍋旱煙細細商量到底是否把張三交出來。如果交，那某甲就在老某甲靈前把張三瀝血剖心，事情就算結了；如果不交，那麼繼續血親復仇。

2.《周禮》理想國

中國古代有本《周禮》，實在堪稱是中國的《理想國》。如果在《周禮》描繪的世界中，某甲可以先到一個叫「朝士」的官員處登記，說明父親被張三無端殺害的情況。朝士扶著老花鏡，顫巍巍地在檔案架上取下相應地區的《復仇登記簿》，寫明復仇起因和復仇雙方當事人，然後根據當時的法律核對某甲所說的情況是否屬於准許復仇的範圍。假如是某甲的父親平時魚肉鄉民實在不像話，才被張三拔刀捅死，那某甲就不能復仇了。這叫「殺人而義者，勿令仇」。

如果張三是不義殺人，朝士就可以頒發「復仇許可證」。某甲拿了這個證，等於得到政府的同意，就可以去尋覓張三，進行復仇。

另一方面，朝士立馬給另一個叫「調人」的官打電話，說已經許可某甲找張三復仇了，你給張三安頓一下。調人趕緊找到張三，把事一說，然後根據相應的避仇原則，讓張三逃跑：殺父之仇，要逃到海外去，整個周王朝都不是你的容身之所了；殺親兄弟之仇，要躲到千里之外去；殺堂兄弟的仇，就不能待在一個諸侯國裏邊；殺君之仇視為殺父，殺師之仇視為殺兄弟，殺主人和朋友之仇視為殺堂兄弟。

張三沒辦法，只好逃到河邊，划個小船由黃河入海口出去往東跑……後來據說在今天的內華達州發現了張三之墓，從而證明是中國人最早發現新大陸。

如果張三不跑，某甲就可以去殺害張三。但是僅以一次為限，如果一次沒殺死，兩家的仇怨就此解除。

法制健全到這個地步，真是令人有點髮指了。

以上是兩種極端的情況：一為國家還沒有誕生時候的社會，出了殺人的事情，只好靠私人自己（比如死者家屬）解決問題，這在法律出現以後被叫做「私力救濟」；一為理想社會，各類制度極其完備，並且各類制度都是由成熟的習慣經過國家的肯認而誕生的。

在比較了這兩種情況以後，我們可以探究一下復仇現象的本質。

復仇在最早期的時候，如上所說，乃是一種迫不得已的情形：某甲何嘗不希望有一個強大的別人或者機構能替他主持公道呢？但是沒有，只好自己動手。這就是梁治平先生所謂「人類的早期體驗」吧，早期體驗是最容易走形而積累為傳統的。所以逐漸地，輿論就傾向於「死者的親屬必須親自為死者復仇」。儘管在後來的一個時期，誕生了「國家」這樣一個機器，並且國家頒布了法律，企圖將許多原先由個人解決的問題納入公力解決的範圍，這就是司法權的獨占。在生殺予奪之權為國家獨占的情況下，復仇就成了與國法抵觸的犯罪行為。

這個問題原本很好解決，比如我們用法家思想禁止私鬥而採取公罰，再或者採用社會契約論的思想假設你生為本國國民便代表你已經默然讓渡出你的司法權武裝權等給國家，從而換取國家的保護。

但是中國選擇了儒家。在儒家這裏，國就是家，君主長官就是民之父母。法律自然也是君主的象徵。那麼法律應該如何處理「復仇」的問題呢？

我們用反證法，先假設：國法應該禁止私人復仇。

那麼，假如某甲殺死張三為父報仇，法律應該按照故意殺人罪（頂多酌定從輕）對某甲進行制裁。法律象徵著「國家」，所以法律的這個制裁表示某甲在「守法」（即盡忠）和「盡孝」這兩大基本價值（同時也是儒家所表彰的兩大最高價值）的衝突時，應該以「守法」為優先。

這時候，在價值的位階上，「國」排序在「家」之前，「君」排序在「父」之前。但問題是，儒家講究的是「由己及人」、「化家為國」，家與國是相對應的兩套系統而沒有先後之分，哪怕有先後之分也該是最根本的元單位「家」在前而「國」在後（在不侵害其他「家」的利益的前提下）。「國」是什麼？根本就不是什麼實在的單位，不是價值實體或者利益實體啊。

所以「國法應該禁止私人復仇」這個假設與儒家思想的根本前提相違背，假設不成立。

但問題是，國法如果允許私人復仇，也許可以滿足社會對於某一事件的輿論要求，卻會造成秩序的混亂。《周禮》的假設很理想，但是操作性無疑很差。

現實與理論（或者說其實是輿論）的矛盾，造成了國家立法與司法的兩難。復仇現象的本質在於：國家機器逐漸發達而有能力幫助私人進行公力救濟從而獨占司法權時，在為親屬報仇的問題上遭遇了社會輿論的強烈阻力。

譬如漢朝。西漢是否禁止復仇，我們難以從案例和法律上得到回答，但是東漢的時候，卻在立法上出現過反覆：東漢一度頒布過《輕侮法》，父親受侮辱的情況下兒子殺死侮辱者無罪。儘管立法層面上針對《輕侮法》的行廢發生過爭論，但是社會輿論對於復仇的態度卻幾乎是一邊倒的。正如趙娥案，聊公原本好心好意引導大家進行法理層面的冷思考，卻慘遭辱罵，恨不得憤而就此擱筆結束這本書的寫作。

那麼，輿論對司法產生壓力，在中國而言究竟是不是好事？這倒是一個極其有趣的問題。

張成之子遇赦殺人事件

聊公有一天在家中靜坐，忽然噁心、嘔吐、想吃酸的，便掐指一算，對張成說：「老夫心靈感應，朝廷即將有大赦。趕緊趁著這個機會違法犯罪吧！」說完，一路撒丫子跑出去坑蒙拐騙偷去了。

張成是漢末一個科學工作者，或者說迷信工作者，當時叫作「方士」。他聽到聊公之言，當然深信不疑，立即攛掇兒子張三：「聊大爺說了，朝廷即將大赦。你趕緊出去，有恩的欠著，有仇的報仇！」張三欣然出門，使一對八百斤重的擂鼓甕金錘出門尋仇，把某甲（某甲：終於出場了！激動ing~~）砸成肉泥（大俠請重新來過）。

光天化日，公然用如此殘忍的手段殘殺無辜！官府很快聞風而至，為首之人正是當今天下美貌與智慧並重、英雄與俠義的化身——聊公！好吧，其實是李膺，官居司隸校尉。

張三面對執法人員，絲毫不怕，仰天長笑：「我爸是張成，你們能耐我何？」李膺一言不發，使一個顏色，左右一擁而上把張三捆了個四馬倒攢蹄，押解回府。張成聽說兒子被捉，雖然他堅信聊公的預測絕不會錯，但也難免小心肝撲通撲通亂跳，連夜來找聊公。見到聊公，張成大吃一驚：「聊大爺，你怎麼鼻青臉腫的？你左眼珠子上哪兒去了？」

聊公：「暴民！全是暴民！我只不過搶了點金銀珠寶而已，完全可以把我扭送公安機關嘛！居然就地毒打！」

張成：「呃，聊大爺，犬子被抓走了，您救救犬子吧！……你鼻子在飆血誒！」

聊公：「不妨。明天就大赦，你兒子要走司法程序被判刑的話，怎麼著也得個把月。你回家等著吧。」

張成戀戀不捨回望一眼沉浸在自己的血泊之中卻依然剛毅不屈的聊公，回了家。第二天，朝廷果然頒布大赦令，赦免一切罪犯。張成哈哈大笑，在聊公的陪同下來衙門找李膺放人。

李膺勃然大怒：「左右，把張三拖出去砍了！」一會兒工夫，張三的腦袋躺在盤子裏被端上來，沖聊公咧嘴直樂。張成一聲慘叫，逃離現場。聊公長歎一聲：「程序不正義，草菅人命啊！」

李膺滿腔正義：「此案事實清楚，適用法律準確，有何草菅人命？」

聊公滿腔口水：「朝廷已下大赦，你卻依然殺死張三，此非草菅人命又是什麼？」

李膺大義凜然：「張三事先知道要大赦，所以才殺人。這種情況，大赦當然不能適用。」

聊公咽了口口水：「敢問你剛才所言，有何法律依據？」

李膺不屑道：「這等狗賊，人人得而誅之，要什麼法律依據？」

聊公狂鄙視李膺：「你個法盲，居然還坐在司隸校尉的位置上！難怪漢朝的法律現狀這麼黑暗，這麼噁心！」

李膺淡然一笑：「漢朝的弊政，早已經不能靠法律來挽救了。宦官當道，外戚執政，官官相護，內外勾結。法律與司法，都不過是他們的工具與玩物而已。在一個正常的國家，好人通過法律來玩壞人；在一個墮落的國家，壞人通過法律來玩好人。我若不從法外用刑，如何能夠挽狂瀾於既倒？分明是我公正執法，從而給本朝黑暗噁心的法律現狀輸入一絲清新的空氣，你卻倒因為果？」

聊公搖頭：「不論是正常的國家還是墮落的國家，任何人都無權通過法律來玩另一部分人。《尚書》曰：『玩人喪德』。」

李膺一時語塞，抬頭看看嚴寒而高壓的天空，彷彿空氣正在慢慢凝結，叫人透不過氣來。半晌，李膺輕歎口氣：「先生不要急著下結論，看完整個事件再說不遲。我剛才違法處決了一個壞人，現在有人要依法處決一批好人了。出來混，遲早是要還的。」

聊公有預知未來之能，當然知道李膺所指為何。儘管歷史早已有了宿命的結局，但置身其中仍然神傷不已。

東漢王朝，是一個思想比較自由和寬鬆的時代。這一切，都要感謝光武帝劉秀定下的立國規模。

與注重武功和崇尚游俠的西漢不同，在東漢，品德和學養更吃得開。政治中樞雖然始終由外戚和宦官輪流把持，但他們始終也要靠文官們來實現治理。而文官的選拔途徑，在本朝也有了進一步的規範化。

自上而下的征辟和自下而上的選舉，使得天下英雄盡入漢王朝彀中。發達的選拔制度推進了教育體制的繁榮。底層有廣收門徒的私人講學和世代相傳的家學，中層有各地長官興辦的郡學，中央有專款籌建的太學。想看東漢的太學長什麼樣？這當然難不倒聊公。只見聊公略一作法，時間就定格在了西元二十九年，東漢王朝剛剛建立，百廢待興。

開國君主劉秀本著再窮不能窮教育的精神，勒緊褲腰帶大力壓縮行政預算、裁減官僚機構，斥鉅資在首都洛陽皇宮外八里處興建規模可觀的太學。最初，太學生只有幾千人。經過幾輪急劇的擴招，太學生人數激增到三萬多人，比現在北京大學總人數還多。隨著學生的激增，校舍規模也日漸擴大，到漢末，太學已經擁有二百四十棟建築，近兩千個房間。

這就是當時世界上規模最大、規格最高、師資力量最雄厚、辦學條件最優越的高等學府，世界學子心目中的聖地——偉大的東漢洛陽太學！

西元二世紀六十年代，洛陽的太學生們還是充滿激情與夢想的。他們不像後來的太學生們那樣世俗、功利、漠不關心政治。當時，言論自由的空氣和獨立的思想洋溢於校園的每一個角落。太學生們經常聚集在一起召開品評政要和名流的沙龍，當時稱之為「清議」。清議的尺度很開放，言辭很激烈，上至執政的外戚、當紅的宦官，下到販夫走卒、引車賣漿者流，旁及學術界、司法界的怪現狀，無不在抨擊範圍之內。李膺就是在這個清議運動之中成為太學生們的時代偶像和精神領袖的。

在清議的過程中，朝中正直的官員、開明的外戚和血氣方剛的太學生們逐漸形成了針對宦官的統一戰線，這在當時被稱之為「清流」；而他們的對立面，宦官及其黨羽，自然就是「濁流」。

宦官們感受到了深刻的威脅，他們對清流切齒痛恨，但是卻沒有理由輕易打壓清流。這次的李膺殺張三事件，倒是一個再好不過的藉口。

張成氣鼓鼓地找到他的同黨，本朝最有勢力的一批宦官，叫囂著要為兒子張三復仇。宦官甲說你要復仇的話那去找李膺好了呀，來我們這裏叫囂啥？宦官乙說會叫的狗不咬人，你看看人家趙娥，悶聲不響就把仇人給手刃了，這才是復仇者應有的姿態。張成受不了這些死太監的風言風語，勃然大怒：「我張成好歹也是守法公民，當然要通過法律途徑來解決這個問題！」

於是，張成拉攏了一大批門徒以及朝中當政的宦官，狀告李膺目無王法、結黨營私。皇帝龍顏大怒，將太學生們的偶像李膺等兩百多名正直官員被以煽動學生、結黨營私、誹謗朝廷的罪名被捕入獄。

趙娥通過非法手段復仇，張成通過合法手段復仇。趙娥名垂千古，張成遺臭萬年。弔詭的年代，弔詭的故事。

水滴進了油鍋裏，社會輿論爆炸了。輿論的來源是太學生。太學生已經不是第一次出現在漢朝的法律史上了。

黨錮之獄傾人國

西元一五三年，冀州刺史朱穆因為依法逮捕宦官趙忠的不法家屬而被判刑服勞役，太學生領袖劉陶率領數千太學生上書請願，朝廷不得已赦免朱穆。

西元一六二年，宦官向名將皇甫規索賄未果，將皇甫規迫害入獄，太學生領袖張鳳等三百多人遊行示威，朝廷不得已赦免皇甫規。

儘管沒有任何憲法賦予他們政治權利與自由，但李膺被捕之後，請願、遊行、示威再一次集中爆發。從洛陽皇宮放眼四望，到處都是太學生的人潮。而在這人潮的風口浪尖，聊公迎風屹立，瑟瑟發抖。聊公猶如一頭擋車的螳螂，昂首怒目，攔住了洶湧的人群。

太學生代表甲：「你為何擋住我等？」

太學生代表乙：「你看他一個大老爺們這麼大年紀還沒鬍子，肯定是太監。他一定是宦官們的爪牙！」

聊公：「這位同學，孰歸孰，你要是亂說話我一樣告你誹謗。我擋住你們是想問一下，你們這樣搞遊行示威，影響了司法獨立怎麼辦？」

太學生們：「？」

聊公：「不好意思，作一個簡單的掃盲。三權分立是現代法治國家的基本特徵，立法權、司法權、行政權應該三分。現在有一種理論，把輿論稱之為『第四權力』。反正無論如何，另外兩種或者三種權力都無權干預司法，這叫作司法獨立。所以，如果你們繼續搞這樣的遊行示威，繼續大肆發表議論對司法機構造成壓力，會影響司法獨立啊！」

太學生代表丙：「各位同學，我們不要理他，這人有病。」人潮繼續行進，把聊公淹沒在歷史的死角裏面。

輿論的力量對於司法的不公可以產生現實的影響。根據漢朝的制度，皇帝的詔書要想生效，必須有三公的簽字。此時的太尉陳蕃受到太學生運動的感召，拒絕簽字。詔書既然無法生效，皇帝也沒有辦法，無法動用國家的公共機關來制裁李膺等人，那就只能通過效力比較低的私旨，授意宦官掌控的北寺獄管轄這起案件。

已經近八十歲的陳蕃，在宦海沉浮了大半輩子，早就把生死置之度外。位極人臣的陳蕃明白，他一生中最危險也最光榮的時刻即將到來。陳蕃在草擬一封言辭激烈的上書，強諫皇上釋放李膺等人。他知道這封上書可能給他自己帶來怎樣的後果，他也知道這封上書很有可能什麼作用也起不了，但他必須上書，最起碼表明自己的立場。

這就是社會的良心。

陳蕃熱血沸騰地寫完書信，冷靜了一下頭腦，忽然發現一位仙風道骨、風度翩翩之人正斜倚在門廊之傍，面帶微笑。

陳蕃大吃一驚，不過很快定下神來，喝問：「來者何人？莫非是宦官派來刺殺老夫的麼？」

來者粲然一笑，淡雅如菊：「非也，某乃聊公，有幾個問題想向太尉請教。」

陳蕃鬆一口氣：「原來是大名鼎鼎的穿越怪人聊公先生。請坐下慢聊。」

聊公面露難色，艱難地扶著柱子挪動僵硬的腳步：「不好意思，剛才那個POSE擺的時間太久了。你寫啥呢寫那麼長時間，這麼晚才發現我的存在？」

陳蕃抱歉道：「老夫在寫奏摺，進諫聖上，希望能收回成命。」

聊公哈哈獰笑：「你到底還是受了輿論的影響！這樣的司法，能獨立嗎？」

陳蕃一怔：「啥意思？」

聊公曰：「西方法諺有云：『法官只能臣服於法律，除此之外別無上司。』你不從法律管道來解決李膺事件，通過法律來判決他無罪，卻屈從於民眾之輿論，何其荒唐！」

陳蕃一頭霧水：「法官為什麼要臣服於法律？不聞有治人無治法乎？」

聊公嗤之以鼻：「別搞荀子那老一套，又要回到人治法治的問題上去了。」

陳蕃搖搖頭：「非也。此乃終極標準問題是也。法官不應當臣服於法律，因為法律不過是治之具，而非治之本，豈可臣服？」

聊公奇道：「那應當臣服於什麼？」

陳蕃呵呵一笑：「閣下繼續觀察事態之發展可矣。」

陳蕃強力進諫，再加上李膺在監獄中耍小手段，故意招供了很多宦官子弟，說這些人都是俺們清流黨人的同夥，而太學生們則繼續施加壓力。皇帝不得不將李膺這批人無罪釋放，同時宣布李膺等人是政府不歡迎的人，終身不得在朝為官。史稱第一次黨錮之禍。

三年後，掌握實權的陳蕃起用李膺，決心徹底剷除宦官。遺憾的是，消息走漏，宦官們面臨死亡的威脅，空前團結作困獸一擊，結果陳蕃遇害。李膺等一百多人再次被捕入獄，嚴刑拷打之後死於獄中。這次被禁錮的「黨人」有六七百之多，史稱第二次黨錮之禍。

陳蕃和李膺，以他們的表現，向我們展現了他們所真正臣服的東西。在皇帝與法律面前都不肯輕易臣服的人，在他們自己眼裏，才是真正大寫的人。

事情遠遠沒有完結。也許天真而勇敢的太學生對於朝廷還抱有希望，也許他們已經絕望，總之洛陽皇宮朱雀闕上出現了一張匿名大字報，點名抨擊當紅的三名宦官頭子。這張匿名大字報，由聊公恭謹謄錄於下：

「天下大亂！曹節、王甫幽殺太后，常侍侯覽多殺黨人，公卿皆尸祿，無有忠言者！」

這張大字報的出現，遭到了宦官們空前的反撲。他們召來在軍界享有威望的將軍段熲，出動軍隊大肆逮捕太學生一千多人。經過這次反撲，太學生對政治徹底絕望。

六十年代，這個充滿青年人光榮與夢想的黃金時代，也就此終結。開國之初，已經貴為天子的劉秀與他昔日的大學同窗、一介布衣嚴子陵同榻而眠這樣令人神往的故事，已經徹底成為傳說。整個國家由理想主義轉入實用主義，社會風氣也就此江河日下。純粹具有正義感和報國熱情的名士難以再有生存的空間，虛偽造作、奢侈淫靡的時局需要真的猛士來收拾。

憶及武帝時代的大漢雄風與光武時代的彬彬文治，漢朝猶如遲暮的老人，一生最美好的時光早已一去不返。歷史毫不猶豫地向前發展，跨過了劉邦，跨過了蕭何，跨過了董仲舒，跨過了張湯，也跨過了趙娥、李膺與陳蕃。

聊公回顧著滿地的狼藉與荒涼，回味著滿腔的人一走茶就涼，憂從中來，為漢朝唱出最後的輓歌：

仰視雲間星，忽若割長帷。
低頭還自憐，盛年行已衰。
依依戀明世，愴愴難久懷。

◆六◆魏晉南北朝：中世紀並不黑暗

死在三國

漢末的最大弊端，有兩個：第一，法律失之繁；第二，司法失之寬。所以，漢末三國最傑出的政治家、大法官們，都以極力矯正這兩個弊端為己任。譬如曹操和諸葛……喂，你幹嗎？為什麼一聲不響站在我身後？

某甲虎目含淚：「我好久好久沒出場了……」

「張成之子遇赦殺人事件」那一節不就由你出場了嗎？不好意思各位讀者，我們繼續。譬如曹操和諸葛亮，就重新呈露出了法家的面目，實行「名法之治」，至於孫吳……

某甲：「可是那一節我剛出場就被弄死了啊，完全是個死跑龍套的！再給我一次機會吧，讓我好好露把臉！」

你確定？

某甲：「雖九死其猶未悔！」

好，那你去吧。

某甲歡欣鼓舞，前往投胎。

各位讀者，這一節我們以某甲的遭遇作為案例來講解。因為本節的題目叫作：「死在三國」。

第一次死亡：

某甲醒來，發現自己是一名運糧官，德才兼備文武雙全，前途一片大好，並且剛剛幫助主公用大斗進小斗出的辦法解決了一次糧餉危機，正在喜孜孜地等待主公的重用。忽然，帳外傳來主公曹操的聲音：「吾欲問汝借一物，以壓眾心，汝必勿吝。」

出處：

> 卻說曹兵十七萬，日費糧食浩大，……倉官王垕入稟操曰：「兵多糧少，當如之何？」操曰：「可將小斛散之，權且救一時之急。」垕曰：「兵士倘怨，如何？」操曰：「吾自有策。」垕依命，以小斛分散。操暗使人各寨探聽，無不嗟怨，皆言丞相欺眾。操乃密召王垕入曰：「吾欲問汝借一物，以壓眾心，汝必勿吝。」垕曰：「丞相欲用何物？」操曰：「欲

借汝頭以示眾耳。」垕大驚曰：「某實無罪！」操曰：「吾亦知汝無罪，但不殺汝，軍必變矣。汝死後，汝妻子吾自養之，汝勿慮也。」垕再欲言時，操早呼刀斧手推出門外，一刀斬訖，懸頭高竿，出榜曉示曰：「王垕故行小斛，盜竊官糧，謹按軍法。」於是眾怨始解。

——《三國演義》

聊公曰：

曹操的這個做法，屬於「法」外用「術」。本故事雖然是演義虛構，但歷史上的曹操卻是位用術高手。在法家眼裏，法是死的，術是活的，「術」的核心要旨即是不擇手段使「法」最大限度地起作用。這個「不擇手段」中，包含了「不惜破壞法律」這一手段。不惜破壞法律從而使法律起作用？聽似悖論，實則包含了老祖宗用術的手腕與對法的認識。讀者可自行參悟。我看某甲投胎已畢，繼續。

第二次死亡：

某甲醒來，發現自己是一名青年才俊，精通文韜武略，口才尤其出眾，深得丞相器重，大有成為接班人之跡象。這不，此次出兵，丞相不讓幾員老將領兵，偏偏讓某甲擔任先鋒。剛剛安營紮寨結束，某甲正在軍帳中自鳴得意，琢磨著怎麼打個勝仗，忽然小校來報：「馬大人，敵將張郃率領魏軍抵達街亭！」

出處：

亮使馬謖督諸軍在前，與郃戰於街亭。謖違亮節度，舉動失宜，大為郃所破。亮拔西縣千餘家，還於漢中，戮謖以謝眾。——《三國志・諸葛亮傳》

聊公曰：

諸葛亮用法，公正不阿。史稱：「刑政雖峻而無怨者，以其用心平而勸戒明也。」諸葛亮用法的最大特點，在於公平。他既不像曹魏那樣利用法律來打擊異己，動不動就夷三族，也不像孫吳那樣肆意使用嚴刑酷法。可以說，諸葛亮時期的蜀漢是三國之中用刑最輕的一國，同時也是三國之中執法情況最好的一國。所以，即便是被法律所制裁的對象，比如李嚴、廖立，始終對政府毫無怨言，並且滿懷著被重新起用的希望。借用清人趙藩在武侯祠的一副名聯：「不審勢即寬嚴皆誤，後來治蜀要深思。」治蜀如此，治國亦是如此。

第三次死亡：

某甲吸取前兩次的教訓，決定韜光養晦，不再做優秀的人才。於是他在當時最遠離兵荒馬亂同時又富庶繁華的成都落戶，成為一名老實巴交的農民伯伯。他每天認真種田，早睡早起，從不招惹是非。政府有什麼法令，他從來不違犯。比如最近下令禁酒，某甲不但不釀酒，而且把家裏原有的釀酒工具也扔了，把家裏儲存的酒都倒掉了。某甲哼著歌兒扛著鋤頭走向希望的田野，心想：「看你還怎麼治我！就算你是聊公，也拿我沒轍吧！」正好前面有個美女也在趕路，回頭沖某甲嫣然一笑。某甲繼續保持謹言慎行，悶著頭往前走。這時候，對面走過來兩個達官顯貴，邊走邊聊天。其中一個指著某甲，對另一個說：「這男的想強姦那個女的！」某甲大吃一驚，心想我躺著也中槍？正要問個究竟，只聽二號男問一號男：「為啥？」一號男嘿嘿獰笑：「因為他有強姦女性的工具！」某甲腦子裏嗡地一聲響：這是什麼混帳邏輯？多說無益，扔下鋤頭就跑。二號男一聲令下，伏兵四起，把某甲摁倒在地，拉回蠶室去勢，不久傷重不治而死。

出處：

時天旱禁酒，釀者有刑。吏於人家索得釀具，論者欲令與作酒者同罰。雍與先主遊觀，見一男女行道，謂先主曰：「彼人欲行淫，何以不縛？」先主曰：「卿何以知之？」雍對曰：「彼有其具，與欲釀者同。」先主大笑，而原欲釀者。——《三國志・簡雍傳》

聊公曰：

漢末三國的「名法之治」，非常講求整齊劃一，講求禁止奢靡、崇尚儉約。禁酒令就是在這樣的背景下出台的。同樣的法令，在曹魏也曾經出台過。好，我們看下一條……你又幹什麼？鬼一樣站在我背後！

某甲（哭）：「我剛才看懂那段古文了……裏面沒有提到劉備把俺給閹了呀！」

聊公：「是嗎？好吧，可能是我記錯了。少廢話，下一齣戲，繼續！」

第四次死亡：

某甲這次投胎，做了個八歲大的小孩子，天資聰穎，書香門第，父親是名滿天下的一代名士，某甲接受的是漢末第一流的家庭教育，前途無限光明。某甲心想，自古以來，沒有判小孩子死刑的吧？一天，他正在和自己的哥哥，一個九歲大的小孩一起玩一種叫做「琢釘戲」的兒童遊戲，其樂融融。忽然，看到自己的爸爸正在和兩個官差說：「冀罪止於身，二兒可得全不？」某甲聽不太懂古文，警惕地扭頭看了看哥哥，哥哥表情淡定，於是也放下心來，淡定地繼續玩耍。忽然聽到哥哥繼續表情淡定地抬頭對爸爸說：「大人豈見覆巢之下復有完卵乎？」

出處：

> 孔融被收，中外惶怖。時融兒大者九歲，小者八歲，二兒故琢釘戲，了無遽容。融謂使者曰：「冀罪止於身，二兒可得全不。」兒徐進曰：「大人豈見覆巢之下復有完卵乎？」尋亦收至。

聊公曰：

孔融被殺一案，是法律史上一個值得咀嚼的好案子。首先，曹操殺孔融，是「名法之治」的典型表現。他殺孔融的原因，在於孔融保留了漢末清議的風氣，經常抨擊朝政。孔融這樣的人物，在三國之中都無法生存，蜀漢的諸葛亮也曾批評「孔融亂群」。對於要求整齊劃一的名法之治而言，孔融這種刺兒頭當然必須除之而後快。其次，曹操殺孔融，用的理由非常有意思。他不說孔融反對朝政或抨擊國家領導人，而是以孔融的「父母於子女無恩論」為藉口。孔融認為，父親對兒女並沒有什麼恩情可言，只不過是一時性欲勃發才生了孩子而已；母親對兒女也沒有什麼恩情可言，只不過像瓶子裏往外倒東西而已。曹操以此抓住孔融的小辮子，指責他無父無君、不忠不孝，從而處以死刑，減小了輿論壓力。下一個段子。

第五次死亡、第六次死亡……

第九次死亡：

某甲：「等等！為什麼要讓我死九次？我已經受夠了！」

聊公：「因為你之前說『雖九死其猶未悔』啊。」

某甲：「『九』是個虛詞啊！慢著！不要啊！！」（被穿越的漩渦再次吞沒）

這一次，某甲投胎成為了一名女子，出身於曹魏世家大族潁川荀氏，門庭顯赫。某甲從小精於女工，滿腹才學，氣質過人，所以成年之後，嫁給揚州刺史、鎮南將軍毌丘儉的兒子毌丘甸為妻。某甲夫妻恩愛，很快生下一個聰慧可愛的女兒，取名毌丘芝。某甲第一次以女性的身分生下孩子，母性爆發，自然對毌丘芝格外疼愛，視之如掌上明珠。一眨眼，女兒也長大成人了，出嫁給潁川太守劉子元，小倆口也很恩愛，不久就有了愛情的結晶，懷了寶寶。某甲夢想著眼看就可以當外婆了，憧憬著未來更加甜蜜的生活，簡直忘卻了他（她？）是在玩一個叫做「死在三國」的遊戲。死神聊公，終於把罪惡的黑手伸向了這享盡天倫之樂的一家人……

此時已經進入三國後期，毌丘儉因反對司馬氏的統治起兵反抗，兵敗而死。司馬氏以謀反之罪決定對毌丘儉「夷三族」。某甲身為毌丘儉的兒媳婦，當然在三族之列，要被誅殺；某甲的女兒毌丘芝是毌丘儉的孫女，更是在三族之列。但是由於懷孕的緣故，所以暫且關押，等她生下孩子來再執行死刑。某甲此時早已經哭成了淚人，找到聊公，千般哀告萬般懇求：「我死不足惜，我這輩子只有這麼一個親自生養的女兒，希望您大人大量，能夠想辦法搭救她，我保證再也不要求出鏡率，哪怕在此書中就此絕跡也在所不惜！」

聊公一向俠骨柔情，聽到某甲此言，也不禁感慨垂涕：「可憐天下父母心啊！你放心，救人一命勝造七級浮屠，且看我聊公的手段。」說罷，擤掉鼻涕，讓某甲附耳過來，交付錦囊三個，某甲歡天喜地受計而去。

一個判例的誕生

某甲打開第一個錦囊，裏面有白絹一幅，上書：「此錦囊為湊足三個錦囊而設，具體計謀詳見第二個錦囊。」某甲一邊罵街一邊打開第二個錦囊，上書三個大字：「找你哥。」

某甲的族兄荀顗，乃是當時的法律專家，他立即上書中央請求不要殺某甲。理由是：某甲與毌丘甸早已感情破裂，現請求與毌丘甸離婚。如此一來，某甲與毌丘家就沒有任何關係了，也就不在三族之列了。魏帝下詔，准許離婚。

某甲雖然如遇大赦，卻仍然悶悶不樂，擔憂女兒的安危，懇求荀顗：「哥，你也解救一下你姪女吧！」荀顗撓破了頭也想不出辦法，犯難道：「你是毌丘儉的兒媳婦，只要與毌丘甸解除婚姻關係，就不在三族之列了；毌丘芝是毌丘儉的親孫女，無論如何也沒有辦法啊！你就斷了這個念想吧。」

某甲無奈之下，打開聊公給的第三個錦囊。要說聊公不愧精通中國法律史，上書：「請找司隸校尉何曾，用苦肉計。」

何曾與司馬氏交往甚密，深得司馬家族的信任。他現在官居司隸校尉，負責京畿地區的案件管轄。某甲登門造訪，泣下沾襟：「奴婢之女毌丘芝關在廷尉府的大獄裏，形影相弔，命懸一線，數著日子只等被正法。奴婢私自請求大人，自願罰沒為官奴婢，贖我女兒出獄。倘若不行，奴婢情願一命換一命！」說到此處，某甲再也難以為繼，哽咽不已。

何曾並非鐵石心腸，聽到這裏也難免心酸。他扶起某甲：「你罰為官奴婢也難以救你女兒，因為本朝法律並沒有此類規定。不過你且安心，本官必定設法營救。」

某甲千恩萬謝，回家等消息去了。

某甲走後，何曾細細思量，考慮到了婦女在法律上的一個雙重困境。本朝有「三從」之說，出自《儀禮・喪服》：「婦人有三從之義，無專用之道，故未嫁從父，既嫁從夫，夫死從子。」就法理而言，婦女並沒有獨立之人格可言，沒有出嫁的時候，聽老爸的；出嫁之後，聽老公的。也就是說，出嫁之後便與父族無關，而從夫族了。但是，從今天的法律來講，婦女出嫁之後，如果老爹犯罪，則誅三族要誅到她；老公犯罪，誅三族也要誅到她。以區區一個弱女子之身，身受兩重誅戮，法律何其不講道理？

何曾思量已定，把大體的思路講給自己的秘書長聽，由這位秘書長起草一份奏議。

秘書長果然是秘書長，將這份奏議寫得說理透闢，入木三分。何曾十分滿意，讓該秘書長將此文上奏朝廷。這篇中國法律史上難得的雄文，在《晉書・刑法志》裏可以看到。

秘書長走後，何曾正要舒一口氣，聊公踏門而入，撫掌大笑：「何大人果然俠肝義膽兼具智商過人，想出如此高明的主意。在下讓某甲來找您，看來是找對人了。」

何曾一笑：「聊公先生深夜到訪，肯定又是找茬來了吧？」

聊公恨恨道：「不許說人家壞話。請問，婦女三從四德乃是封建吃人禮教，何先生奈何以之為奏議說理依據？」

何曾瞠目結舌：「三從四德，天經地義。經典所傳，聖人造言，怎會是吃人禮教？況且，倘若不是靠這天經地義之『三從』，毌丘芝豈不是要命赴黃泉？」

聊公把頭搖得跟撥浪鼓似的：「不會啊。你反對連坐制不就好了？誰犯罪誰負責，怎麼能搞連坐呢？」

何曾定了定神：「連坐自然有連坐的道理。當然，《尚書・康誥》有云：『父子兄弟，罪不相及。』聖人也是反對連坐的。但是降及末世，奸巧萌生，刑罰滋繁，也是不得已之事。貴閣下的時代，犯罪以『個人』為單位；而我的時代，犯罪以『戶』為單位。戶主犯罪，全家連坐；家人犯罪，戶主負責，沒有什麼值得大驚小怪的。而且，連坐乃是刑制，不是通過一個案件就可以說廢除就廢除的。」

聊公說：「哦。」

何曾繼續侃侃而談：「貴閣下的時代，據說有男女平等之說，在我朝亦然。男女者，一陰一陽，陰陽自然平等而無高下之分。故我的奏議中有云：『男不得罪於他族，而女獨嬰戮於二門，非所以哀矜女弱，蠲明法制之本分也。』不過男女當各職其分，故『三從』之說，其來有自，為不易之大經大法也。」

聊公爭辯：「那憑什麼男性權利比女性大得多？」

何曾解釋：「貴閣下的時代有權利義務之說，聖人則只曰『義』。義者，非權利也，非義務也，各自堅守之義也，相互對待之義也。男女之義，各各不同，無大小之說。」

聊公百思不得其解：「為什麼你的奏議所建立的說理基礎與制度基礎分別是『三從』和『連坐』這兩個錯誤的東西，卻偏偏能論出一個正義的結論來？」

何曾：「錯誤與否，取決於你觀察問題的姿態；而正義與否，卻是天地之公義，與日月而同昭。判決的結果想必要出來了，愚欲邀公同往觀之，尊意如何？」

聊公曰：「同去同去！」於是一同去。

聊公來到魏國朝堂，何曾的秘書長已經慷慨陳詞到最後一段：「臣以為在室之女，從父母之誅；既醮之婦，從夫家之罰。宜改舊科，以為永制。」魏帝聽完，鄭重點頭，奏可。於是，毌丘芝案的判決，成為一個具有立法意義的典型判例，直接啟動了修改魏律的程序，從此以後已經出嫁的女子都不再受父族的連坐了。

某甲母女得知消息，喜極而泣，一齊叩謝恩公何曾。再要感謝聊公時，卻百般尋他不著。

聊公此時已經步出朝堂，施展時光逆流的高級法術，回到西元二二九年，現場目擊一部在立法史上具有里程碑式意義的法典的誕生。

一肚皮古義的《新律》

西元二二六年，曹丕病逝，其子曹叡即位，年僅二十三歲。曹叡這個小皇帝，讓那些見慣了世面的老臣們都捉摸不透。曹叡早在東宮做太子的時候，就深居簡出，非常神秘。再加上他天生口吃，更加沉默寡言。話少的領導，當然有一種不怒自威的無上威嚴。

突然有一天，老牌謀士劉曄一大早被召進宮去，直到傍晚時分才出來。門口早就聚滿了不明真相的圍觀群眾，大家紛紛詢問：「怎麼樣？咱們陛下是什麼樣的人物？」

劉曄環顧四周，清清嗓子，說：「可以比作秦始皇、漢武帝一類的人物，才能略有不及罷了。」

百聞不如一見，聊公撥開人群，深入宮中，親自來會一會這位「小秦始皇」。

曹家有王初長成，養在深宮人未識。

面對不速之客聊公的突然造訪，年紀輕輕的曹叡絲毫沒有流露出哪怕剎那間的驚訝。聊公沖曹叡點點頭，道明來意：「聽說皇上已經在醞釀一部嶄新的法典了？」

心事被揭穿，曹叡有點意外，卻沒有絲毫的慌亂。他點了點頭，繼續凝視聊公，隱藏在冕旒之後的眼神彷彿在輕蔑地放言：「你還知道多少？接著說呀。」

在這種眼神的逼視之下，哪怕皮糙肉厚如聊公，也有一種被扒光了供人玩賞的感覺，心中暗歎一聲：「不愧是曹操的親孫子，把御下之術玩轉到如此爐火純青！」於是不敢再賣關子，開門見山：「皇上可否將你構思中的法典介紹一二？」

曹叡終於開口了。他說話有些口吃，但在聊公聽來，這種口吃卻反而加強了他不容置疑的語氣：「先生既然有能耐來我處詢問，自然也有能耐去立法現場直接觀看。」

聊公默不作聲，兩人猶如兩尊雕塑般相對無言。但他們身後的時空背景卻逐漸幻化流動蕩漾開來，等再度凝固時，已經是三年後，西元二二九年，曹魏太和三年。

陳群、劉劭等曹魏重臣正在伏案工作。在他們的案牘之上，積壓了一大堆長長短短的簡牘文書。聊公走過去，信手翻開一篇較新的來看，是曹操時代頒布的《甲子科》。看了幾行，一個字都認不得，再拿出一篇較舊的來看，卻是漢律。聊公詢問立法小組的組長陳群「請問這些法律是幹嗎用的？」

陳群抬起頭來，溫文爾雅道：「這些都是制定《新律》的底本。」聊公一看，陳群比曹叡好說話得多，便得了便宜賣乖，哈哈獰笑：「名曰《新律》，實則不過是新瓶裝舊酒罷了！中國兩千多年的封建專制，皆秦制也！兩千年的封建文化，皆荀學也！兩千多年沒有一絲一毫的進步，全是你們這班人搗鬼！」

陳群詫異地看看聊公：「《新律》與漢律相比，乃是一劃時代變革，其創新之處有三，怎可曰新瓶裝舊酒？中國歷代律典，都是舊瓶裝新酒，形式上陳陳相因，實則創新良多。今人不及細辨就說古人兩千多年沒有一絲一毫的進步，實在大謬。」

聊公鬧了個大紅臉，邊說今天天氣好熱邊問：「敢問《新律》創新之處是哪三個？」

陳群鄙夷道：「你通過司法考試沒？」

聊公聲若蚊蚋：「通過了……司法考試不考這個……」

陳群正色道：「英國首相邱吉爾（Winston Churchill, 1874-1965）有云：『你回首看得越遠，你向前也會看得越遠。』一個不注重過去的民族，是沒有未來的。喂，你在幹啥？」

聊公：「我在挖個地洞，準備鑽進去。」

陳群：「孺子可教。《新律》的第一個創新之處，在於將〈具律〉改為〈刑名律〉，移置第一篇。」

聊公扔下鐵鍬，原先集中在面部的血液就地解散，恢復了往日的無知與無畏，哈哈大笑：「我還以為有啥創新，這豈非換湯不換藥乎？」

陳群皺皺眉頭：「糞土之牆不可圬也。你看，以下這個是《法經》的順序，你觀察一下〈具法〉的位置。」

盜、賊、囚、捕、雜、具

聊公：「很合理啊。『具其加減』的〈具法〉在第六篇。」

陳群：「你再看漢《九章律》篇目的次序，以及〈具律〉的位置。」

盜、賊、囚、捕、雜、具、戶、興、廄

聊公：「〈具律〉還是在第六篇啊，挺好的。」

陳群：「同樣是第六篇，但是在《法經》中，〈具法〉在最後一篇；《九章律》中，〈具律〉在中間。」

聊公：「這有啥哉？」

陳群：「你們那個時代的刑法典，總則是在中間的位置嗎？」

聊公：「記不得了……好像是吧？」

陳群：「……大哥，你真是學法的嗎？任何一部結構嚴謹的法典，總則當然都在第一篇。《九章律》的總則〈具律〉既不在首也不在尾，所以我易名曰〈刑名律〉，移至第一篇。這個結構，沿襲到清朝而不替。不，應該說沿襲到你那個時代而不替。」

聊公：「哦，那第二個創新之處是啥？」

陳群臉上浮現出自豪的神情：「漢律的制定者，僅叔孫通一人堪稱儒生，其餘蕭何、張蒼、張湯、趙禹之輩，皆俗吏也。而我朝《新律》之制定，無論區區在下還是劉劭、韓遜、庾嶷、荀詵，都是一時之選、當代大儒啊。可以說，《新律》算得上歷史上首部由儒家立法團體制定的基本法典。」

聊公：「哦？這倒新鮮。不過立法者的背景，對這部法典究竟有何影響呢？」

陳群：「近世大儒康有為曰：儒家最好托古改制。改制未必然，托古則不假。《晉書・刑法志》評價說，《新律》之中多有『古義』。所謂『古義』，即一反漢律的法家框架，而變之以聖王之大經大法也。」

聊公一把扯住陳群：「胡扯胡扯！法律儒家化自漢朝便已經開始了，你偏說漢律是法家的框框，你這豈不是搶奪漢朝人的知識產權？到官府理論去！」

陳群修養極好，不氣不惱：「漢朝雖然開始儒家化，但這種儒家化只表現於司法上，譬如春秋決獄；以及法律解釋上，譬如律章句。法典本身，卻並沒有大動干戈，仍然承襲秦制。」

聊公放開陳群：「哦，那敢問《新律》中有哪些『古義』？」

陳群：「譬如，上古時代，正刑有五，曰『五刑』……」

某甲（刻骨銘心）：「對，這個我印象深刻……」

陳群：「到了秦漢，刑制變亂，五刑不彰。所以《新律》重新彰顯古義，以死刑、髡刑、完刑、作刑、贖刑為五刑，此是古義之一。另外，《新律》恢復《周官》『八辟之制』，設立『八議』，為後世歷代律典沿襲至清朝，此乃古義之二，這個你可以放在後面和晉律一塊兒介紹。再如，《新律》一定程度上允許復仇，這也是符合《公羊》經義與《周官》經義的古義之三……」

聊公蹦躂起來，目光如炬：「打住！你這法典明明全是『古義』，卻自稱《新律》，這不恰恰是新瓶裝舊酒又是啥！」

陳群極其自負地拈鬚微笑：「我們古人立法，注重補苴拾遺，反多發明創獲；你們現代人立法，好為另起爐灶，反多陳陳相因。托古改制者，托古其手段也，改制其目的也，以托古為名而改制，則既可以減少現實改革之阻力，亦可以立足於本土文化之深厚積澱，以返古開新也。此中道理，望公三思。我手頭工作繁忙，便不留你吃晚飯了。」

聊公蹭飯的美夢泡湯，饑腸轆轆步出官衙，這才想起陳群尚未講《新律》的第三項創新，正待回去問時，時間已經飛速流逝。司馬氏篡奪曹魏政權，建立西晉。無論譎詐任法的曹操、公平如水的諸葛亮、沉默寡言的曹叡還是儒家立法者陳群，都已經灰飛煙滅，只剩下青史上的幾行陳跡。

一個新的時代已經來臨了。

不識《泰始律》，讀盡法律也枉然

泰始四年（二六八年）正月二十日，新年伊始，一派萬象更新的氣象。聊公早早地來到朝堂之上，只見今日儀式格外隆重，晉武帝司馬炎端坐在上，文武百僚整肅於下。聊公左顧右盼，很是無聊，擠了擠旁邊一位官僚：「嘿，哥們，今天啥日子？」

那位官僚頭也不抬，傳音入密：「今日聖上要頒布新律啊！」

聊公眉毛一皺：「我穿越錯時代了？新律不是在曹魏頒布過了嗎？」

官僚扭過頭瞪了一眼聊公：「任何一個朝代頒布的法律，當然都自稱新律。這部新律是在泰始年間頒布的，可稱晉《泰始律》。」

聊公恍然大悟「哦」了一聲，分貝過高，惹得好幾個官員回過頭來採取怒目主義。聊公面紅耳赤，只好屏息低頭。這時候，晉武帝司馬炎站起身來，隆重宣布：「《泰始律》歷時四年，經十五人之手，終於於去年大功告成。去年曾令立法者之一的裴楷朗讀全文，朕親自講解。今日律令既就，班之天下，將以簡法務本，惠育海內。為了使往年觸犯舊法而犯罪者得以改過自新，朕宣布：大赦天下。」臣民山呼萬歲。

聊公正舉著拳頭高喊「皇上英明」，忽見身邊那位官僚激動不已，兩眼含淚，口中喃喃道：「終於完成了！」不禁好奇，問道：「你是晉律立法小組的組長賈充麼？」那官僚搖搖頭。聊公又問：「那你是杜預？」繼續搖頭。聊公三問：「你是立法小組裏的誰？」官僚三搖頭。

聊公鄙視道：「那你哭啥！」說罷拂袖要走。那位官僚再次傳音入密：「區區小可乃是廷尉府明法掾張斐，官小職卑，但願與聊先生就晉律對晤一番，陋舍恭候。」

聊公聽到這話，不禁虎軀一震。廷尉府明法掾，那相當於今天的最高人民法院研究室主任；至於張斐，這個名字倒很熟，一時想不起在哪兒見過。聊公頭也不回，哈哈大笑：「我要採訪賈充、杜預他們這些立法明星去，沒空跟你這小官兒白話。」

當晚，張斐府第，聊公與張斐二人相對而坐。聊公恨恨道：「官兒大了就是牛氣，居然閉門謝客不見我！我回去要在書裏玩命糟蹋他們倆。」

張斐哈哈一笑：「其實，當局者迷旁觀者清。您要想瞭解晉律，在下身為明法掾兼魏晉南北朝第一法律狂熱愛好者，實在是最好的對象。」

聊公說：「哦？那請您為我介紹一下晉律的牛×之處。」

張斐一口應承：「沒問題。要知道一部法律的牛處，先得知道它是從哪裏起步的。您看——」

張斐話音未落，地板忽然吱吱作響，突然到處開始爆裂，各種文書簡牘猶如雨後春筍一般破土而出、拔地而起，見縫就鑽、見風就長，很快整個屋子都被各種簡牘文書給擠爆了。聊公大吃一驚：「這是啥？」

張斐：「這是有漢一代的法律文件。」

聊公：「這麼多?!」

張斐：「不錯。法律文件眾多，是漢朝法治滋生弊病的一個關鍵原因。」

聊公：「嗯，對。法律文件多到這個地步，也就跟沒有法律沒什麼兩樣了。因為沒有任何人可以把這些法律全部讀完，更沒有任何人能搞得清這些法律之間的關係。任何一個行為，都可以從法律上找到合法的依據與違法的依據。對了，麻煩你讓這些法律文件消失好不好？我被擠得有點透不過氣來……」

張斐：「哦，好。真正解決這個大問題的，乃是曹魏的《新律》。曹魏《新律》做到了律典之外沒有單行律。」

聊公：「啥意思？」

張斐：「你看——」

漢武帝翻看著《九章律》，皺眉頭說：「宮殿警衛這麼重要的事情，怎麼可以沒有法律規制？張湯啊，你去制定一部《越宮律》吧！」很快，一部《越宮律》出台了。漢武帝又翻看《九章律》，皺眉頭說：「諸侯國的官員，地位太高了啊。某某啊，你去制定一部《左官律》吧！」很快，一部《左官律》又出台了……

張斐解釋：「《九章律》是漢朝正律，《越宮律》、《左官律》、《××律》之類的都是不屬於『九章』的單行律。這種單行律的大量出台，有幾個惡果：首先，立法過於隨意，律典喪失其嚴肅性；其次，立法程序既簡單，法律文件就由簡變繁，使人不知所適。走到末流，索性大家拋棄法律，以皇帝的旨意、儒家的經典甚至社會的輿論之類的東西替代法律，來進行司法判決了。」

聊公猛點頭。

張斐繼續：「所以曹魏立法者把漢律進行了歸類整理，釐定了十八篇的基本規模。雖然這一規模比《九章律》篇數多了一倍，但比那些雜七雜八的單行律則大大刪削，做到了要而不繁。」

聊公茅塞頓開：「原來如此啊！這就是陳群所說的《新律》第三個創新之處吧！」

張斐：「這個優點也被晉律所吸收。晉律一共二十篇，首之以〈刑名〉〈法例〉，所以定罪制也；終之以〈諸侯律〉，所以畢其政也。王政布於上，象天；諸侯奉於下，象地；禮樂撫於中，象人——故有天地人三才之義，相須而成，若一體焉。這是晉律的大體格局，而其中尤以〈刑名律〉超拔前代。」

聊公已經開始走神，心不在焉：「願聞其詳。」

張斐：「比如，〈刑名律〉總結歷代立法技術與法律解釋之大成，規定了二十個法律術語。有：故、失、謾、詐、不敬、鬥、戲、賊、過失、不道、惡逆、戕、造意、謀、率、強、略、群、盜、贓。這樣講有些枯燥，還是請您的御用金牌男主角某甲、張三出場作個示範吧？」

聊公頓時精神抖擻：「好啊好啊。」

第一對法律術語：故、失

張三找某甲尋仇，一刀扎在心窩，當即捅死，「知而犯之謂之故」；張三射鹿，正好某甲在旁邊逗鹿玩兒，張三心想老子百步穿楊肯定不會射到人，於是一箭射去，正中某甲心窩，當場斃命，「意以為然謂之失」。

第二對法律術語：謾、詐

張三遞交年度報告，做假帳欺騙上司某甲，「違忠欺上謂之謾」；張三與某甲都是老百姓，張三費盡心機設計了一個合同讓某甲簽，利用法律知識把某甲的錢全給騙走了，「背信藏巧謂之詐」。

第三對法律術語：盜、贓

張三偷了某甲的錢，「取非其物謂之盜」，這個行為叫作「盜」，影響定罪；偷了多少錢，「貨財之利謂之贓」，具體數額叫作「贓」，影響量刑。

……

聊公擊節叫好：「晉律居然作出如此細緻而精確的規定，大有實現法律科學之希望啊！」

張斐撓頭：「法律科學？這恐怕是玄學的產物。」

聊公大跌眼鏡：「玄學？玄學怎會產生如此精確之科學來？」

張斐：「東漢以來，律學盛興，但當時的律學由儒家之士為之，故多流於比附經義或訓詁音義；魏晉玄學流行，為談玄論道之需要，玄學復興了古名家的一些學說與路子，從而使得律學走上了概念辨析之途，從而愈加精確化，或者用你的話講，愈加科學化。」

聊公心疼地撿起破碎的眼鏡，欲哭無淚：「哦，這條路子還蠻好的啊。」

張斐：「晉律的最大特點是寬簡周備，疏而不漏。你知道這是怎麼做到的嗎？」

聊公繼續哭他的眼鏡：「不知道哇。」

張斐得意：「這要歸功於立法技術的進步。晉律已經有了『提取公因式』的立法技術，集中體現就是《法例律》。比如以前在每項具體犯罪規定中，都要寫上『八十歲以上老人免罪』，現在把這一條提取出來，在《法例律》裏面設一個『免例』：『若八十，非殺傷人，他皆勿論，即誣告謀反者反坐』。類似的法例，在晉律中很多。這樣一來，就使得晉律在篇幅大為減少的同時，仍能保持細緻周密。」

聊公拍案驚奇：「這個立法技術確實要依賴邏輯學的進步，而邏輯學正是先秦名學的長項。那晉律的具體內容，有啥特色也哉？」

張斐深作一揖：「那還得借某甲與張三一用。」

聊公拍胸脯：「沒問題！給！」

「啊——！」這是某甲最後的叫聲。

法治及其儒家資源

曹魏律與晉律的特點，在於儒家化。我們先來解讀曹魏律的一項極有特色的制度：八議。八議，淵源於《周禮》的「八辟」。插一句題外話，中國古代許多制度都是淵源於儒家經典對上古制度的描述，而這些描述很大程度上也許都是向壁虛構、未必實有其制。而這種虛構的理想國式的制度，居然在經典誕生後的幾百數千年，成為人間實際運作的法律制度，個中原因，殊值玩味。

所謂八議，指法律規定的八種人犯罪，司法機關不得擅自裁決，必須奏請皇帝召開御前會議以討論決斷。這八種人，乃是親、故、賢、能、功、貴、勤、賓。我們來一一解釋。

親，一定範圍內的皇親國戚。這個範圍，其實非常大，叫作「袒免以上親」。簡單來講，就是往上追可以追溯到同一個爺爺的爺爺的爸爸，也就是不算己身、上溯五代，是同一個祖宗。

故，故舊。比如嚴子陵之於光武皇帝，就算故舊。如果嚴子陵犯了罪，司法機關是不敢隨便處置的。

賢，有大德行者。比如孔子這種當世聖人，司法機關不敢亂抓。

能，有大才藝者。某個唱戲的，天下第一名角，皇帝就好這一口，你要把他殺了，誰給皇帝唱戲啊？當然啦，這裏的才藝，更多指的是文才、武藝之類。

功，有大功勳者。像姜太公之於周、韓信張良之於漢，都是大功勳，除了皇帝，誰也不敢亂殺。有的時候，皇帝會給這些人家發「免死鐵券」，祖祖輩輩都可以享受免死的待遇。當然啦，皇帝真要殺你，直接把免死鐵券撕掉，問：「還有嗎？」「沒了……」「好，殺。」

貴，高官。比如宰相啊三公啊大將軍啊之類，廷尉才幾品官啊，哪敢動這些人？官大一級壓死人，只有靠皇帝親自動手來動他們。

勤，有大勤勞者。所謂沒有功勞有苦勞，特別苦勞的就是「勤」。像蘇武在塞北放了一輩子羊，雖然沒有把匈奴人給放死，沒有什麼功勞可言，但是有苦勞，屬於「勤」。

賓，承先代之後為國賓者。像曹魏時期已經退位的山陽公，也就是前漢獻帝；再如《水滸傳》裏的柴進，柴家是後周世宗柴榮的後裔，在宋朝屬於國賓，所以享有免死鐵券。

很多書裏面說這些人是特權階級，這個詞語用得不是太好，會給人誤導。這些人享有特權不假，但並非因為多麼高貴的血統或崇高的地位。真正算得上特權階級的，頂多也就是親與貴兩種。用《唐律疏議》的話講，「八議」的規定是為了「重親賢，敦故舊，尊賓貴，尚功能」，良法之背後，有一種價值引導與脈脈溫情存焉。

閒話少敘，某甲再次被推到了舞台之上、聚光燈下。這次，他所扮演的是一名曹魏選曹郎，負責人事工作。他的搭檔，當然就是張三。有一天，某甲和張三一起職務犯罪。當時的皇帝，正是以執法嚴厲著稱的曹叡。曹叡勃然大怒，決定好好整治一下這兩個倒楣孩子。張三嚇壞了，給某甲出餿主意：「某甲，你們家祖上立過大功勳，在『八議』之列，要不你把主要罪責都承擔過去，如何？」某甲為兄弟兩肋插刀，一口應承。

廷尉聽說某甲在『八議』的『議功』之列，不敢妄自裁斷，上奏曹叡。曹叡啟動集議程序，讓大臣討論如何處置某甲。大臣們吵吵嚷嚷爭論了半天，一名頭腦清醒的大臣問：「敢問皇上，某甲有大功勳的祖上是哪一位？」曹叡想了想，也不知道，把某甲叫來：「你哪個祖上有大功勳？」某甲想了想，也很茫然，便說：「是張三說我祖上有大功勳的。」張三來了，一問，也不知道，只說：「這個案例既然是拿來解釋八議的，那估計總得有個人在八議之列吧？」聊公說：「不是啊，我只是看好久沒死人了，氣氛有點沉悶，所以弄個小案子把某甲整死，讓大家高興高興。」於是曹叡喝令：某甲欺君罔上，罪加一等，立即處死！某甲哭喊掙扎著被推出斬首。

聊公最後總結道：「好吧，其實這個案例改編自真實案例——許允袁侃職事犯罪案，某甲所扮演的袁侃其實乃是功臣袁渙之子，而他既然扛過了主要罪責，所以許允、袁侃都得到了從輕發落。以上就是八議的講解。下面我們來看晉律的一項具有特色的規定：准五服以制罪。你又幹什麼？」

某甲扯著聊公的衣角，陰魂不散：「有沒有什麼辦法整一把張三？」

聊公奸笑：「這樣吧，下一個案子你引誘張三做主犯，你做從犯，就可以讓張三受刑比你重得多啦！」某甲強忍住內心的歡呼雀躍，蹦蹦跳跳走了。

張三此人，色膽包天，跟鄰居某甲的妻子某乙勾搭成姦。某甲戴了綠帽子，本來可以把張三告上法庭，但為了使張三罪孽更加深重，便予以縱容。但某甲又實在咽不下這口氣，暗地裏向張三勒索財物以彌補精神損失。張三有的是錢，當然不在乎，就把某甲當老鴇，出手極其大方。

張三的兒子張小三對父親的獸行極其不滿，但他不好罵老爹，只好每天諷刺挖苦辱罵某甲。某甲忍無可忍：就為了整一次張三，我容易嘛我！不僅做了烏龜，還是忍者神龜，頭還是綠的！某甲一氣之下，就想搬家。張三貪戀某乙的美色，當然不願意讓某甲搬走。他痛恨兒子壞了自己的好事，惡向膽邊生，便串通某甲：「月黑殺人夜，咱倆把我兒子做掉如何？」某甲心裏大喜：你殺你兒子，我頂多放個風，沒問題啊。我做從犯，了不起判個流刑；你是主犯，怎麼著也得判個斬立決吧！於是痛快答應。

在一個伸手不見五指、拍起恐怖片也不奇怪的深夜，張三與某甲合謀，把張小三騙到竹林。張三控制住張小三，用刀砍其脖子與耳根數下，並割斷其喉嚨，張小三登時斃命。整個過程，某甲在旁邊坐山觀虎鬥，心裏不亦樂乎。

縣老爺坐堂，問清事實，便開始下判決：「某甲，流刑……」某甲拍手叫好：「沒有關係！五刑乃是笞杖徒流死，比流刑更重的唯有死刑了。大老爺，您是打算判張三斬立決還是絞立決啊？」張三垂頭喪氣，惡狠狠瞪某甲一眼。縣老爺皺皺眉頭：「肅靜！肅靜！張三，徒刑……」

張三大喊「哦也」，某甲目瞪口呆：主犯判得比從犯輕，天理何在？

「Cut!」聊公從鏡頭外切入，拿起話筒對全場觀眾說：「剛才這個案例改編自清朝《刑案彙覽》的『父為通姦殺子案』。為什麼某甲比張三判得要重呢？這就必須聯繫到確立於晉律而一直沿用到清末的『准五服以治罪』原則了。」（某甲哭喊：聊公你又騙人！）

所謂五服，是指斬衰、齊衰、大功、小功、緦麻五等服制。這五等服制，原先是指喪服的款式，後來引申為親等。從斬衰到緦麻，喪服的款式由粗糙到精緻，而親等則由近到遠。這種五服制度，被晉律拿來納入定罪量刑的考慮因素。簡單來講，可以歸納為兩條規律：

第一條規律：尊親屬殺傷卑親屬，服制越重，處刑越輕，服制越輕，處刑越重。

第二條規律：卑親屬殺傷尊親屬，服制越重，處刑越重，服制越輕，處刑越輕。

「怎麼樣？非常合理吧？」張斐笑眯眯。

聊公、某甲齊聲高喊：「不合理！不平等！無人權！」聊公看看某甲：「你怎麼還沒有去服流刑？」某甲：「哦。」於是哭哭啼啼被衙役董超薛霸二人押送上路。

張斐：「怎麼不合理了？」

聊公：「人生而平等，為什麼尊親屬與卑親屬適用的量刑原則卻是相反的？」

張斐：「人生而不平等，唯有在法律面前才是平等的。倘若尊卑親屬完全做到結果上的平等，這種形式上的整齊劃一反而是最大的不平等！」

聊公：「為啥？」

張斐：「比如，你要是做錯了事情，你爸打你一個巴掌和你叔叔的舅舅的弟弟打你一個巴掌，哪一個你比較不服？」

聊公憤憤道：「後者。那廝誰啊，就打我一個巴掌？」

張斐：「對。如果這兩種情況都要處刑的話，那爸爸處的刑相對較輕，而叔叔的舅舅的弟弟處的刑相對較重。這就叫尊親屬殺傷卑親屬，服制越重，處刑越輕，服制越輕，處刑越重。」

聊公：「哦！咦？奇怪啊，為什麼我明明最反對的這種不平等，卻成為了我回答你這個問題時的第一反應呢？我接受的都是新式教育，並沒有接受過系統的儒家教育啊。」

張斐：「儒家的高明之處就在這裏。儒家所挖掘的，乃是人之所以為人的樸素情感，將這種情感條理化、理論化，推而廣之、化而用之，便成為了一整套完整的法律制度。這種法律制度，挖掘與依靠的，正是人內心深處的樸素情感與人之所以為人的共通因素，這就是法治所依靠的資源。」

聊公：「哦！西人有云：『法律不能被信仰，則將形同虛設。』原來東西方此心同、此理同啊。」

張斐：「儒學不空談信仰，只於日常行用之中窺見天命人性，相較西學更為深切著明。回頭再看張三、某甲殺害張小三案，張三因為是張小三最親的親屬，所以量刑便輕得多；而某甲雖然是從犯，但與張小三無親無故，所以判刑比張三要重。反之，倘若是張小三膽敢謀殺父親，或者說膽敢毆打父親，那必是死罪無疑。這就叫『卑親屬殺傷尊親屬，服制越重，處刑越重』。」

聊公點頭：「無論是等級制度森嚴的古代，還是追求平等的今天，父親打兒子一個嘴巴不是新聞，兒子打父親一個嘴巴才是新聞。這並非儒家一家之言，而是人類的共同情感。不過這些都只是靜態之制度文本，不知關於動態之法律運作，本朝可有什麼創獲否？」

張斐與聊公對晤半日，心滿意足：「小可乃一區區明法掾，對此不甚瞭然。不過聽說劉頌大人對此頗有深研，聊公可往一見。」

聊公大喜，正要邁步出門，忽然想到了些問題，回頭問：「閣下的名字好生耳熟，不知在哪裏見過？又不知何處可以拜讀閣下的道德文章？」

張斐一笑：「在下有賴《晉書・刑法志》而得以垂名，我與杜預大人為《泰始律》所作的律注，乃是大晉官方唯一認可的律注，具有法律效力，因此《泰始律》又稱《張杜律》。不過無論晉律還是律注，都早已經隨著歷史煙消雲散了。」

聊公扼腕痛惜，無法可想，只好權且回去。一日，正在上網，忽然看到二〇〇二年的一則舊聞「甘肅發現數萬字晉律　填補晉代法律史研究空白」，文中稱在玉門某墓葬棺材板上發現了寫有五萬多字的文字，經初步釋讀判斷為晉律的最後一篇：〈諸侯律〉及其律注。

地不愛寶而張斐杜預之心血得存，聊公一念及此，額手稱慶。

人治法治三層次裁決機制

有一天，聊公上網上到窮極無聊，實在無事可幹，在QQ上尋來看去，沒有半個好友可聊；又在桌面反覆刷新，實在想不到半點事情可做。忽然靈光一閃，想到一件大事未辦，「啊呀」一聲喊，連滾帶爬跌下床來，跣足直奔西晉而去。

剛剛奔到某處府第門口，便聽裏面傳出怨念：「神通日行三萬里，聊公何事不重來？」聊公排闥而入：「罪過罪過！某前幾天上網上瘋了，忘記前來看望，先生莫怪！」

府第之中，正是劉頌，西晉首屈一指的法律人物。

劉頌見到聊公，雖然滿腹怨水，心情依然激動：「其實吧，法治與人治的問題，發展到我這兒，才得到一個完滿的解決！」

聊公：「哦，不是早就解決了嗎？法治好，人治壞，多簡單哪。」

劉頌瞥聊公一眼：「閣下的時代，不是依然有領袖曾高喊『要人治不要法治』嗎？」

聊公臉紅：「那是錯誤的彎路！現在已經矯正了！」

劉頌正色道：「那不是彎路，而是擺盪。稱之為彎路，即默認現在所走乃是正軌。但閣下捫心自問，你們走的『正軌』當真一點問題沒有？其實哪有人能真正走上正軌？不過都是像鐘擺一樣左右擺盪罷了，在這擺盪之中，你能看到中線的位置。」

聊公：「哦。那你是如何解決法治與人治的關係的？」

劉頌：「要解決這個關係，首先必須正視『法』與『理』或曰『法』與『善』的關係。請問，當法與善衝突時，捨誰取誰？」

聊公雙目放光：「原來如此！因為你們的封建法典乃是惡法，所以會存在法與善如何抉擇的問題；俺們的法律是良法善法，當然不存在這個問題！拒絕回答！」

劉頌仰天長笑：「莫自欺，自欺遭雷劈。同樣一件事情，從不同角度可以有不同的『理』，但法律規定則只能有一種。而且，法律乃是從抽象上規定，而當法律遭遇到具體的案件時，不可能完全絲絲入扣。這時候，難免出現合法不合理或合理不合法的衝突。」

聊公：「哦。那這時候該咋辦呢？我認為應該捨法從理！總不能依法缺德吧？」

劉頌：「捨法而從理的話，那作為行為判斷終極標準的，便是理而非法了。事求曲當，則例不得直；盡善，故法不得全。這樣一來，司法官員便不知何所適從：究竟是守法好呢，還是依理決斷好呢？長此以往，相當於人人都有立法權，也就等於沒有法律了。」

聊公：「哦，那太可怕了，還是捨理而從法吧。」

劉頌：「捨理而從法，則難免違情背理，輿論非議。」

聊公雙手一攤：「那咋辦？」

劉頌一陣狂笑：「所以，老夫設計出這套『人治法治三層次裁決機制』，以最妥善、最完備地解決這個問題！」

聊公大喜過望：「誠望賜教！俺學會了，去教洋人！」

劉頌：「且隨我來，我領閣下隨文入觀。」

第一層次：主者守文

主者，即中下級司法官員。在這一層次，中下級司法官員嚴格恪守法律條文，用生命來捍衛法律，嚴禁引用任何法律之外的東西比如道德良心、儒家經典、先帝祖訓、斷案成例之類作為判決的準據。這樣一來，法律的權威與嚴肅性就可以得到保全。比如這本書前面提到的張釋之，即便面對皇帝的淫威（漢文帝痛哭：我哪有淫威啊……）也絕不屈服，用生命捍衛法律的尊嚴，這就是「主者守文」的典型。

聊公：「這不還是要法治不要人治嘛，這不還是不能解決依法缺德的問題嘛。」

劉頌：「別急，請看第二層次。」

第二層次：大臣釋滯

在這一層次，事無證據，法律不及，則由高級官員依理論當，以疏通情理與法律之間的隔閡。本書前面提到的「春秋決獄」，就是「大臣釋滯」的一種手段。

聊公：「哦，這裏就有一點人治的味道了。」

劉頌：「不錯。人治的優點，在於可以就事論事，從而使得每件事情都得到量身定做的解決方案。但如果人治被愚人、小人所濫用，則會造成比其優點大得多的破壞性，這就是人治受到你們現代人非議的緣故。但是，我將人治的範圍和參與人群用制度進行限縮，只有在『大臣』這一級才可以跳開法律談法理，這樣就可以讓『人治』在制度的框架內發生作用，也就可以最大程度規避其缺陷了。」

聊公點頭：「你這想法還真是天馬行空。」

劉頌搖頭：「錯，這絕非天馬行空，而是對兩漢以來數百年『集議』的觀察、歸納與提煉。兩漢的御前議事程序，非常值得借鑒。如果能夠由全國修養最好的三公級高官、專業素質最佳的高級司法官以及學問最傑出的學者一起組成的團隊來進行這種『集議』，肯定可以妥善解決疑難案件。而這種解決，也可以成為第一層次主者這一級所遵循的判例。下面是第三層次——」

第三層次：人主權斷

這一層次，像一些非常之斷、出法賞罰，則由皇帝權斷，非奉職之臣所得擬議。

聊公：「法外用權！破壞法制！」

劉頌：「你不要激動。這裏並不是說影響重大的案件要由皇帝來裁決；恰恰相反，是一些與皇帝本人有密切關聯的案子，讓皇帝來裁決。舉個例子吧。」

劉頌與聊公身邊忽然風雲突變，背景音樂也充滿殺伐之音。兩人儼然置身於古戰場上。遠處，一個猥瑣男騎著戰馬一路逃跑，他身後一個將領正在緊緊追殺。猥瑣男實在跑不動了，回頭對追將說：「嘿，哥們！你咋這麼實誠？別追了！咱倆都是好漢，好漢何苦為難好漢？」追將一聽有道理，使個眼色，讓猥瑣男跑了。

場景再度迅速轉變，軍營之中，追將跪在地上被五花大綁，不滿地喊叫：「我對您有救命之恩，如今又主動棄暗投明歸降於你，你為何恩將仇報？」猥瑣男猥瑣地笑：「你身為項羽的臣子，卻不為他盡忠，我可不能讓大家都來效法你！」說完，把追將推出斬首示眾。

劉頌：「以上就是劉邦斬丁公的故事。按照法律，當然應該褒獎丁公；即便按照一般的情理，知恩圖報也應該褒獎丁公。但是，第一，這件事情是皇帝的私事，應該由皇帝來權斷；第二，這件事情的處置，可以確立一個基本的價值導向，所以只能由皇帝來權斷。」

聊公：「哦。但是所謂權斷，豈非權大於法？」

劉頌大笑：「非也。權斷之權，非權力之權，乃權宜之計的意思，不可為永制。所以皇帝處決的這類案件，是純粹的就事論事，最徹底的人治，不能對以後的相似案例產生指導作用，更不能被彙編為具有立法意義的判例。」

聊公：「哦！你這個三層次裁決機制太牛了。晉律既如此完善，你又有這麼牛×的司法理論，想必大晉當可國祚綿長！」

劉頌聽聞此言，低頭不語。良久，長歎口氣：「評估中國之法治，從來不當看其制度與理論如何表達，而當觀其實際運作如何實踐。總而言之，有治人無治法啊！」

聊公猛然警醒，茫然無措，舉目望向洛陽的天空。西晉八王之亂已近尾聲，無邊血色彌漫空中，不知是夕陽的落暉抑或平民的流血。此消彼長，南方已然暗無天日，北方的勢力卻在草原上悄然崛起。

禮失求諸野。中華法系的未來，也許恰在那裏。

脫胡入漢《北魏律》

舊史上有個詞叫「五胡亂華」，對於鮮卑被拋棄在平城的那批貴族來講，應該改成「華亂五胡」才對。

秦吸取了周朝滅亡的教訓，廢除封建制而行郡縣，結果二世而亡；西晉吸取了曹魏滅亡的教訓，大封宗室子弟，大面積恢復封建制，結果享年五十一歲，其中還有一半以上是在戰亂中度過的。

封建還是郡縣？這彷彿是一個容不得人們思考的老問題。

西晉被匈奴人消滅，司馬皇族的一支衣冠南渡，建立東晉，此後依次建立宋、齊、梁、陳，史稱南朝。幾乎與東晉同時期，北方先後存在了十多個異族或漢族的政權，史稱北朝。

南北朝的許多政權與地區，都在繼續沿用晉律。而真正作出重大改變的，首推北魏。

北魏，由鮮卑拓跋氏建立，是一個來自馬背上的草原帝國。這在鮮卑老人們看來，簡直天經地義。漢人的禮樂文明，都只會讓人昏昏欲睡；漢人的城郭宮室，都只會讓人耽於淫樂；漢人的詩酒花茶，都只會讓人不思進取。

> 敕勒川，陰山下，天似穹廬，籠蓋四野。

天蒼蒼，野茫茫，風吹草低見牛羊。

這才是鮮卑人的生活，這才是鮮卑人的風俗，這才是鮮卑人的法度！可是，眼下這位年輕的皇帝，即將帶領整個民族走上一條不歸之路！鮮卑的遺老遺少們反抗著，歎息著，彷彿面臨世界末日。

真正面臨世界末日般考驗的，是拓跋宏，北魏現任皇帝，年僅二十四歲。拓跋宏五歲登基，政權一直掌握在太皇太后手中。老太太推行著平穩的政治統治，世人萬萬沒有料到，風平浪靜之下竟是暗流洶湧——小皇帝在這期間，早已經傾心漢化了。

拓跋宏完全想不通，既然在高級的漢文化面前，鮮卑族不用說文化了，就連文明都談不上，為什麼那些老頭子們還要頑固地抱殘守缺！甚而至於，他們居然寧可居住在帳篷裏面，也不願意住安逸豪華的宮室！拓跋宏的想法非常簡單：哪種文化優秀，就學習哪種文化。拓跋宏決心全面漢化。但他首先要把勢力強大的頑固派們甩得遠遠的。

拓跋宏想到了一條妙計，一條可以充分利用消費者心理學的妙計：比如賣衣服，如果你想把這件衣服賣出一百元，那你一定要開價一百五十元。開價一百元，消費者第一個反應是還價到七十元；開價一百五十元，消費者第一個反應是還價到一百元。

所以，拓跋宏決定開價一百五十元。他向國內宣布，要南征南齊。戰爭乃國之大事，豈能兒戲？鮮卑貴族們苦苦勸諫，拓跋宏一概不聽，執意南行。鮮卑貴族們養尊處優慣了，哪裏吃得了這個苦？一路哭爹喊娘。行進到洛陽附近，拓跋宏故意放慢行軍速度。這時候大夥兒一起哀告求皇上駐足莫前。

年輕的拓跋宏調皮地笑笑：「那要不就留在這兒吧？遷都洛陽，如何？」

鮮卑貴族們現在只要能不南征，什麼條件都願意答應，於是紛紛同意。北魏的政治中心，便由象徵保守的平城搬遷到漢、魏、晉以來漢文化的中心洛陽。遷都洛陽之後，拓跋宏如魚得水，趁熱打鐵出台了一系列法令：改革官制、禁止胡語胡服、改漢姓為鮮卑姓、禁止同族通婚、改革禮樂刑法等等。

改革官制，模仿的藍圖當然是中原王朝的官制。禁止胡語，當然要學說漢語；禁止胡服，當然要穿漢服。聊公見此情景，心生感慨：風水輪流轉，中國強大之時，胡族學漢語；中國自信不足之時，漢族學洋文、穿洋裝。至於禁止同族通婚，當然是學習中國「附遠厚別」的古義，為了促進民族融合。

拓跋宏身先士卒，毅然改漢姓為元。元宏認為：「應該將鮮卑族重新清洗一遍！」為此，他請了眾多漢族的宿儒擔任太子的家庭教師。漢化要從娃娃抓起。

在這一背景之下，在地域上綜合河西、中原、江左三地儒學文化，在時間軸上融匯漢律、曹魏律、晉律以及南朝律令幾大律系的《北魏律》正式出台。法律史上如此重大之盛事，聊公自然不能錯過，親自登門拜訪元宏。

元宏雙眼通紅，表情剛毅，拒絕接見任何人。聊公躡手躡腳進入宮殿，見到了元宏：「皇上，您這是？」

元宏語氣冰冷，彷彿在說別人家的事情：「太子死了。」

聊公大驚失色：「啊？怎麼死的？」

元宏冷冷道：「賜死。」

原來，太子堅決反對漢化，懷念鮮卑族簡單落後而快樂的生活，所以曾經私自離開洛陽，逃回平城參與叛亂。元宏勃然大怒，將太子活捉，打得死去活來，從此幽禁起來。再後來，元宏索性將太子賜死，以表明改革之決心。

聊公得知前因後果，長歎一聲：「閣下真千古第一忍人也！」

元宏抬起頭來：「要改革，不流血怎麼行？不忍怎麼行？」

聊公反問：「為什麼要改革？」

元宏：「不改革，鮮卑族如何能稱雄？」

聊公反駁：「鮮卑族之崛起，早在改革之前吧？」

元宏一愣，繼續辯解：「不改革，則不能先進啊。漢文化遠遠優於鮮卑文化，當然要改革。」

聊公：「文化，只有最合適的，沒有最優秀的。你完全脫離一個文化傳統，而傾心投入另一個文化傳統，無論是否成功，結局都將是個悲劇。我看你的帝國之內，鮮卑人沒有以前在草原上的那種活力與野性，沒有那種生氣勃勃，沒有無憂無慮的快樂了。這是你犧牲自我換取先進的結果嗎？」

元宏不再說話。

聊公也不再打擾元宏，轉身告辭。忽然想到些什麼，回眸一笑：「你的『漢化』，也許對鮮卑族未必是件好事，因為鮮卑族正在慢慢從歷史上消失；不過你的『化漢』，對於華夏民族倒是一件好事。」

「化漢？」

聊公回轉頭來，邁步出宮：「不要以為你僅僅改造了鮮卑，你也改造了漢人。《北魏律》，也許是你脫胡入漢的最大成果，也是鮮卑族對中華法系最大的制度貢獻吧！」

西元四九五年，由北魏孝文帝元宏親自主持、律學專家常景等著手制定的《北魏律》撰成頒布。《北魏律》共計二十篇，是南北朝時期第一部具有重大突破的律典，具體內容下一節會講到。這部律典被後世譽為「華夏刑律不祧之正統」。

西元四九九年，一生致力於漢化的元宏病逝，時年三十三歲。

以孝文帝改革為分水嶺，漢化後的鮮卑人完全喪失了草原民族的性格與勇武。西元五三四年，北魏分裂為東魏與西魏，不久又分別被北齊與北周所取代。北魏正式壽終正寢。

蓋棺論未定，功過後人評。元宏生前沒有來得及思考的問題，我們是有餘暇來替他想明白的。

南北朝的法律世界

南北朝時期，出現了許多具有特色的法律制度。為了便於說明，我們又要請出某甲同志啦。第一個有特色的制度，是《北魏律》裏規定的「存留養親」。

什麼叫存留養親呢？舉個例子。比如某甲在外面蓄意殺害了張三（某甲：嘿嘿，終於報仇了！），被官府抓獲。按理毫無疑問是個死罪，但是官府派人到某甲家裏一調查，某甲的爸爸老某甲已經七十多歲了，並且只有某甲這麼一個獨子，除此之外家裏再也沒有男性成年家屬。那麼官府就可以奏請皇上法外開恩。

皇上接到司法官的奏請，查明事實，一般就免除某甲的死罪，讓他回家贍養老父親，為老某甲養老送終。在這過程中，估計官府也是要對某甲監視居住的，不會允許他隨便亂跑。死罪可免，活罪難逃。等老某甲死後，官府才對某甲實施流刑。這種制度，一方面可以讓當時社會保障制度還不健全的政府減輕養老壓力，做到儒家所提倡的「老有所養」，另一方面也是對孝道的一種制度提倡。可以想見，某甲被免除死罪之後，一定會盡心竭力贍養老某甲，每天好吃好喝供著，燒香拜佛求老某甲晚一點歸天。假如老某甲活上那麼兩百歲，某甲就可以連後面的流刑也一塊兒免啦。

這種「存留養親」的制度一直被保留下來，沿用到清朝，在當時叫「留養承嗣」。清朝實行秋審制度，在秋審的時候把全國的死刑犯分為實、緩、矜、留四本，分別處理，後面會詳細解釋。其中的「留」，就是指留養承嗣。清朝有一個案子很有意思，我們可以來看一下：

山西人某甲毆傷張三致死，按律應判死刑。審理後發現，某甲的母親老某乙已經七十一歲高壽，適用留養承嗣。但是進一步調查，才知道：老某乙年輕時候風流成性，人稱「氣死金蓮」。某甲並非老某乙的婚生子，而是其通姦所生。

山西司犯了難，向刑部請示：「這種情況，能不能留養承嗣啊？」

刑部查閱歷年的案例，發現此前有過兩個涉及私生子是否留養承嗣的判例，一個不准，一個准。刑部經過商酌，批覆：「根據『援近例不援遠例』與『哀矜』原則，准予留養承嗣。今後類似案例，一律參照本批覆執行。」

第二個有特色的制度，是《北齊律》的「重罪十條」。

重罪十條裏面的重罪，歷朝歷代都有過相關規定，比如不孝，傳說早在夏朝就已經確立為最嚴重的犯罪之一。但是，直到《北齊律》才正式提煉出這「重罪十條」，分別是：反逆、大逆、叛、降、惡逆、不道、不敬、不孝、不義、內亂。這個提煉，是立法技術的一項重大突破。在《名例律》中直接規定此十條重罪不適用八議論贖等各種特權，不得減免罪刑，不享受赦免，這也是前面所說的一種提取公因式的立法技術。重罪十條，在後世經過修訂，被隋律、唐律所沿襲，稱之為「十惡」，沿用到清末。這就是我們俗語中說的「十惡不赦」的來源。下面聯繫《唐律疏議》的規定逐個解釋一下重罪十條。

1.反逆，即唐律中的（下略）謀反。某甲看秦始皇做皇帝，心裏不服，懷揣督亢地圖內藏匕首，圖窮匕見，刺殺秦皇，這就是謀反。或者某甲自己黃袍加身，後來被抓了，這也叫謀反；如果某甲黃袍加身，成功了，這叫革命。

2.大逆，即謀大逆。某甲看祭祀漢高祖的高廟裏有寶貝，去偷來了，這就是謀大逆。如果是玩鬼吹燈盜墓，得看盜的是哪一朝的墓：前朝，盜掘古文化遺址、古墓葬罪；本朝，謀大逆。

3.叛，即謀叛。某甲看宋朝沒前途，索性自己搞吧！於是自稱「呼保義及時雨」，上水泊梁山拉了一票人替天行道，這就是叛。或者某甲看宋朝沒前途，投降了金國，這也是叛。

4.降，也是後來的謀叛。某甲替宋朝打仗，被敵軍生擒活捉，五花大綁押送到賊帥面前。賊帥見了，慌忙下堂，喝退軍卒，親解其縛；把某甲讓在正中交椅上，納頭便拜叩首伏罪，說道：「亡命狂徒，冒犯虎威，望乞恕罪！」某甲大義凜然：「無面還京，願賜早死！」賊帥道：「將軍何出此言？我看將軍深明大義，倘蒙不棄，願共倡大義！」某甲長歎一聲，歸降敵軍。主動謀叛叫「叛」，被俘而降叫「降」。

5.惡逆。某甲毆打、謀殺祖父母、父母，殺害尊親屬，都屬於惡逆。

6.不道。分為三種情況：殺一家非死罪者三人以上，某甲對張三懷恨在心，尋仇上門，把張三一家三口全部滅門，這是不道；碎屍，某甲把張三約出來殺死，然後細細切作臊子，拿荷葉包包好了賣給魯提轄；蠱毒厭魅，某甲找苗民學了一種蠱，下在張三身上使張三慢慢腐爛，或者買個巫蠱娃娃在上面寫上「張三」，每天拿大頭針扎，這都是不道。

7.不敬，即大不敬。也分三種情況：偷皇上的東西，某甲跟武林同道們打賭，三盜皇帝的御寶九龍杯；給皇上吃、用的東西弄虛作假偷工減料，比如某甲身為御廚，拿螃蟹燉柿子給皇上吃，食物相剋中毒了，也是大不敬；對皇帝不尊重，比如某甲指著來送聖旨的使者大罵「死太監」。

8.不孝。某甲被爸爸老某甲打了一頓，懷恨在心，去官府告老某甲侵犯人權，不孝。某甲沒辦法，只好私力救濟，辱罵老某甲，不孝。某甲一天只給老某甲吃一頓飯，不孝。某甲心想我惹不起我還躲不起？跟你分家，我搬出去住！不孝。某甲大怒，跟人說：我老爸死了。不孝。老某甲終於死了，某甲得到死訊如釋重負，一點哀傷之色都沒有，不孝。某甲不給老某甲辦喪事，不孝。某甲在給老某甲服喪期間，娶了一房姨太太，不孝。某甲在給老某甲服喪期間出去看周杰倫演唱會，不孝。

9.不義。某甲殺害地方行政長官，殺害老師，都屬於不義。某甲死了，老婆某乙把某甲給他爹服喪期間幹的爛事兒也全幹一遍，都屬於不義。

10.終於到第十個啦，也是最刺激的一個：內亂。內亂，拿今天的話來講，就是亂倫。什麼？你問啥叫亂倫？小學生請自覺繞路。

後來的《唐律疏議》把「叛」、「降」合併，增加「不睦」，就是傳說中「十惡不赦」的「十惡」了。

第三個有特色的制度，是《北魏律》確立的新的五刑制度。

前面咱們講過，蚩尤發明的五刑是劓、刵、椓、黥、殺。後來三代時期被改造為墨、劓、臏、宮、大辟。這兩套五刑，本質上是一樣的，都以毀傷人身體髮膚的肉刑為主。

秦漢沒有系統的五刑制度，到曹魏《新律》，依據「古義」重新確立了死、髡、完、作、贖的新五刑。雖然「托古」為五，但卻「改制」而變肉刑為毛髮勞役刑為主。

《北魏律》集魏晉以來立法之大成，確立了死、流、徒、杖、鞭的五刑。漢文帝時期實行刑罰改革，廢除肉刑之後一個最頭痛的問題——死刑太重而生刑太輕、刑等之間嚴重跳位斷檔，由於流刑被立為正刑而得到了徹底的解決。

後世的隋唐律，把鞭刑改為笞刑，從而一直沿用到清末。今天的刑法，正刑仍然是五種：死刑、無期徒刑、有期徒刑、拘役、管制，可以說是一個更新版的「五刑」。為什麼刑罰必須是五種呢？在古代來講，一、三、五、七、九是陽數，五是陽數之正中。而殺人是陰氣很重的事情，要用陽中之五來克制陰氣。

第四個有特色的制度，法律職業化。

曹魏時期的衛覬有句名言：「刑法者，國家之所貴重，而私議之所輕賤；獄吏者，百姓之所懸命，而選用之所卑下，王政之弊未必不由此也。」用一句西方法學家的名言來表述就是：「這個國家最優秀的一群法學家制定的法典，是由這個國家素質最低下的一批人來負責執行的。」怎麼解決這個問題呢？衛覬提出要實現法律職業化，辦法就是在廷尉之下設立「律博士」。律博士，專門負責培養司法官員。這個職位從曹魏到宋，沿用不替，直到元朝才被廢除。

北齊時期，除了沿襲歷代負責監察的御史台、又把負責審判的廷尉改為大理寺外，還在尚書台之下設立了專門主管司法行政、兼理審判的機關：都官尚書。都官尚書在隋唐有一個很響亮的名字——刑部尚書。至此，中國當代三大法司都有了古代的對應物：最高人民法院—大理寺，最高人民檢察院—御史台，司法部—刑部。

第五個有特色的制度，刑訊的規範化。

口供在古代是「證據之王」，即便有了充分的證據，但如果得不到犯人的口供，也很難定罪判刑。無論中西，皆是如此。所以，套取口供的方式，也就是刑訊逼供，就成了司法偵查的重要環節。

秦漢時期，已經有對刑訊的限制，但並沒有可供執行的細則。南朝的陳，出台了兩項對刑訊加以限制的規定。

某甲成為犯罪嫌疑人，被官府捉拿。縣老爺大喝一聲：「你既然死活不招，休怪本縣無情！測立！」某甲正莫名其妙，早被王朝馬漢拖到門外。只見門外有一圓滾滾滑溜溜的小土包。王朝馬漢先將某甲摁倒在地，打了三十大板，然後架起，戴上手銬腳鐐，讓他站在土包之上。某甲剛挨了一頓毒打，身體虛弱，這小土包的頂部又實在狹小，渾身的重量都吃在兩個腳底板上，實在吃不消。

站了約摸一小時三刻鐘的光景，某甲已經腳軟筋麻，去了半條性命了，王朝馬漢這才將他架下土包，丟進大牢。

深夜，聊公夜探監獄。某甲見了聊公，彷彿見了救星：「聊公！救命啊！我真的是冤枉的啊！」聊公寬慰某甲：「我也知道，但是劇情需要，你且吃幾日苦。南陳的刑訊已經規範化了。這種測立之法，每次讓你站上去之前先打三十大板，每天頂多站兩次，每次不超過一小時三刻鐘。並且每十天都只能逢三、逢七刑訊。你只要熬過五次，就不得再對你刑訊啦。」某甲堅毅地點點頭。

果然，斷斷續續挨滿一百五十大板之後，縣老爺只好將某甲無罪釋放。

上面一種是疲勞刑訊法，還有一種南梁的飢餓刑訊法。犯罪嫌疑人某甲被抓起來關著，不給他吃飯。餓到第三天，某甲已經眼冒金星，官府通知某甲家屬聊公前來送飯。送飯也有規格：稀粥八兩。某甲狼吞虎嚥喝完粥，感覺這是世界上最美好的食物，胃部漸漸恢復了知覺，更加強烈的飢餓感一陣陣襲來，官府繼續讓某甲餓著。但是這種飢餓刑訊法，不能超過十天。

雖然刑訊在制度上的真正禁止與廢除最起碼要到清末，但在南北朝已經有了規範化，使得暗無天日的牢獄之中也見到了一線制度的光明。

除此之外，死刑奏報制度現在也開始實行：各地的死刑案件，必須上報中央，由皇帝進行書面審核；會審制度開始萌芽：南陳每年三月由眾多中央高官共同審理囚犯；直訴制度開始形成：朝廷門外設立「登聞鼓」，有重大冤情者可以直接擊鼓鳴冤……

這些制度雖然都還處於草創時期，也都還很簡陋，有待於進一步的完善。但是這些制度也都使得一般司法官員不敢任意妄為而有所忌憚，也都在一定程度上保障了老百姓甚至於罪犯的人權。

中世紀，在歐洲象徵著分裂、黑死病、宗教裁判所和十字軍東征；在中國也同樣象徵著大分裂、殺戮和動盪。但即使是在這樣的時刻，無論西方還是中國，人類的理性始終成為映照黑暗天幕的啟明星，而人類的法律也始終都在蹣跚前行。

借唐德剛先生的話而言，這時候人類的大船已經駛入了「歷史的三峽」，千回百轉，風險浪急，茫無頭緒找不到出路。聊公站在船頭，心情卻並沒有一絲沉鬱。因為聊公明白，不論時間長短，歷史三峽終必有通過之日——

> 到那時，「晴川歷歷漢陽樹，芳草萋萋鸚鵡洲」，我們在喝采聲中，就可以揚帆直下，隨大江東去，進入海闊天空的太平之洋了。（唐德剛《晚清七十年》）

七 唐宋：百川歸海的中華法系

隋律興亡紀實

南北朝後期，北周吞併北齊。北周末代皇帝又把皇位禪讓給了外公楊堅，北朝結束，隋朝建立。楊堅任命次子楊廣為南征軍的總司令，統率大軍南下消滅了南陳，分裂戰亂了三百多年的天下重歸統一。

我們的敘事，就從這裏開始。

開皇元年（五八一年）與開皇三年（五八三年），楊堅兩次命大臣制定、修訂刑律，是為《開皇律》。但奇怪的是，隋朝繼承的是北周的法統，卻以敵國北齊的《北齊律》為立法藍本。聊公非常納悶，掐個乘風訣來到楊堅處當面質問：「你怎麼數典忘祖！」

楊堅丈二金剛摸不著頭腦：「？」

聊公：「你繼承的是北周的正統，卻使用敵國北齊的偽法統，是何居心？」

楊堅：「哪個好就用哪個啊。北周的《大律》那麼失敗，我當然用《北齊律》。」

聊公：「哦。」

楊堅乘勝追擊：「你被誰洗腦了問出這麼低幼的問題來？」

聊公面紅耳赤：「不好意思，閃人先。」

《開皇律》是中國歷史上一部承前啟後、繼往開來的著名法律，遠紹秦漢、集魏晉南北朝以來立法技術之大成。《開皇律》的主要內容，說起來其實也沒啥新鮮的，有這麼幾條：

第一，完善十二篇律典體例。這是抄的《北齊律》。《北齊律》首篇為〈名例律〉，〈名例律〉作為律典第一篇的地位，一直延續到清朝。同時，《北齊律》確立了十二篇的律典體例，也被唐宋所沿襲繼承。

第二，確立了笞、杖、徒、流、死的五刑制度。耳熟吧？這是抄的《北魏律》，不過把鞭刑改為笞刑而已。

第三，改造「重罪十條」，定「十惡」。耳熟吧？這還是抄的《北齊律》。

第四，沿襲了八議、官當、贖罪刑等等制度。這是雜抄的曹魏《新律》、《晉律》、《北魏律》、《陳律》等等。

聊公再次憤憤不平，穿越到隋朝：「一部東拼西湊、抄來抄去的法律，憑什麼享有這麼高的地位？你就不能自己多點兒創新？」

楊堅大吃一驚：「創新？法貴恆，怎麼能隨便創新？聖人之大經大法，歷久彌新，何必我代大匠斫？我所能做的，就是什麼制度好就把什麼制度吸收過來啊。」

聊公：「哦。」言罷落荒而逃抱頭鼠竄。

楊堅問左右：「剛才那廝誰啊？怎麼連續兩次莫名其妙出現在此深宮之中？」

左右：「不知道。」

楊堅執法，非常嚴格，真正做到了王子犯法與民同罪。他的三兒子楊俊奢侈無度，楊堅罷免楊俊的一切職務，讓他閉門思過。大臣們勸諫說：「奢侈一點兒，於理可容。」楊堅說：「法不可違。」大臣又勸：「楊俊畢竟是皇子，您就網開一面嘛。」楊堅忿然：「朕有五個兒子，照你的意思，咱們是不是另外制定一套《天子兒律》？」

某甲：「隋朝的法制這麼好？」

聊公：「那當然了，要不怎麼叫『開皇之治』呢！」

某甲：「要不，我這回再客串一把唄。」

聊公：「好啊。」某甲歡樂地穿越到隋朝去了。咱們接著往下講。

無論何種制度的政權，第一任領導人的示範作用，對後來的繼任者都是影響深遠的。制度終歸是紙面的死東西，唯有通過人事的不斷重複，才能真正具有現實的拘束力。所以如果楊堅能夠堅持守法至死，那麼也許隋朝也就不會二世而亡了。遺憾的是，楊堅晚年開始自壞《開皇律》。

比如，楊堅接到報告，合川的糧倉少了一批糧食。楊堅派人下去一查，是管倉庫的某甲偷的，按理無論如何罪不至死。楊堅勃然大怒：「把某甲斬首！把某甲全家罰沒為奴隸，拿到市場上賣掉！賣到的錢換成糧食放回倉庫！」

某甲重新投胎當小官兒，吸取了教訓，決心廉潔自持。有一天下班回家，發現沒帶錢包，就拿了單位的一個銅板去搭公車，後來忘記還了。某日，某甲拿單位一個銅板的事情被告發，楊堅勃然大怒，下令把某甲處死。

某甲投胎做老百姓，聽說老百姓偷一個小錢也要處以棄市（拉到菜市口殺頭）之刑罰，簡直感到沒有了活路。絕望之下的某甲，決定鋌而走險。他趁某個官員下班回家，把這名官員綁架。

聊公緊急趕到的時候，現場已經被不明真相的圍觀群眾裏三層外三層圍了個水洩不通，員警拿著喇叭大聲喊：「你已經被包圍了，請不要心存僥倖……」談判專家柔聲細語：「Hey! Take it easy!」聊公連忙使出一個野馬分鬃式，一路衝到包圍圈最裏面，只見某甲紅著眼睛梗著脖子，用刀架在該官員脖子上。那個官員滿臉驚恐，面如土色。

聊公情急之下大聲喊：「某甲，你別衝動！你要多少錢？我幫你給皇上傳話！我們給你準備直升飛機！」

某甲用嘶啞而哽咽的嗓音大聲吼叫，這段話後來被記錄在《資治通鑑》裏面：

吾豈求財者邪？但為枉人來耳。爾為我奏至尊：自古以來，體國立法，未有盜一錢而死者也。爾不為我以聞。吾更來，爾屬無類矣！

翻譯成大白話就是：「你以為我是為了錢嗎？我是為天底下被冤枉之人而來！你替我告訴皇帝：自古以來的立法，沒有聽說過偷一個錢就處死刑的！你不替我轉告，我就徹底反社會！你們都要死無葬身之地！」

聊公把這話傳達給楊堅，楊堅默然。良久，他一聲長歎：「廢除此法吧。」

盜一錢棄市法雖然被廢除，但是隋朝的法制情況並沒有得到改觀。楊堅死後，楊廣即位。楊廣毫無疑問是個天才，他年紀輕輕就統兵完成了統一南北的軍事偉業；他上台之後創制並推行的科舉制度，是中國歷史上最偉大的制度創造，成為後來英國文官考選制度的淵源；他開鑿的大運河，直到今天仍是貫通南北的水道樞紐；他是傑出的詩人，寫出過「寒鴉飛數點，流水繞孤村」的好句子，被秦少游所抄襲……

同時，楊廣還是一位法律天才。他敏銳地認識到了他父親楊堅晚年法治的弊端，於是重修《大業律》。在《大業律》中，廢除了「十惡」的條目，另有兩百多條罪名，處刑要遠遠輕於《開皇律》。

但你千萬不要誤以為，一個開明盛世即將到來。還是那句老話，法律是死的，人是活的，有治人無治法。

《大業律》的制定，似乎就是用來違反的。楊廣本人，幾乎從來沒有依照他所制定的律典來行事。首先，楊廣規定：犯盜竊以上罪的，一律處斬，無須上奏。其次，楊廣恢復了早已經被法制文明所淘汰的各種酷刑，比如車裂、梟首、焚屍、磔屍等等，並且發明了夷九族的刑罰。

有一次，兵部侍郎某甲叛逃高麗，被高麗遣返。楊廣把某甲綁在柱子上，讓文武百官用弓箭射擊某甲，然後把某甲的肉一片一片碎割了分發給大夥兒吃。吃剩下的殘餘肢體，放進大鍋裏煮熟，再用火燒成灰，最後隨風飄揚……

一篇讀罷頭飛雪，但記得斑斑點點，幾行陳跡。聊公長歎一聲，放下《隋書》，望向窗外。窗外，某甲的屍灰正在一點點隨風飄散，一個曾經強極一時的王朝也終於灰飛煙滅。

三省六部制

隋失其鹿，天下共逐之，最後太原留守李淵一族勝出，建立了大唐王朝。在此期間，聊公免費觀賞了一齣千迴百轉、蕩氣迴腸的《隋唐英雄傳》。唐朝建立之後，像中國古代史上其他一切頭腦正常的王朝一樣，不因人而廢言，繼承了萬惡的隋朝一項非常偉大的制度——三省六部制。

什麼叫三省六部制呢？三省，是中央的三個中樞機構：中書省、門下省、尚書省。六部，是尚書省之下的六個行政機關：吏、戶、禮、兵、刑、工。比如某地發生大規模饑荒，快要餓死人了，怎麼撥救災款項呢？是不是像清宮戲裏拍的那樣，乾隆皇帝張鐵林一吹鬍子一瞪眼，隨便讓太監下一道聖旨，就把事情給辦成了？

當然不是。

下面就由某甲領銜主演皇帝（某甲流出了激動的淚花：終於讓俺主演一個像話的角色了），聊公客串中書令，張三客串門下侍中，為大家演示一下「三省六部制」的運作流程。

某甲端坐正中，樂呵呵地傻笑：「筆墨伺候！」沒人理睬。

在唐朝，真正有效力的詔書並不是由皇帝本人寫的，而是由中書省起草。中書省的官員，分三級：長官叫作中書令，也就是聊公；副長官中書侍郎，手下的小官叫作中書舍人。詔書的起草工作，由哪一級官員來做呢？最低一級的中書舍人。

這是唐朝制度的一個智慧之處：低級官員，位卑職輕，所以無所顧忌，可以暢所欲言。七八個中書舍人，群策群力、各陳己見，按照自己的想法各寫一份草案，然後簽上自己的名字。這樣一個過程，叫作「五花判事」。

草案寫出來以後，交給長官過目。聊公身為領導，拿到這些草案，從中挑出一份相對最好的作為底本，然後把其他草案的可取之處採納進來，博採眾長，最後從文辭上修飾潤色，成為一份相對完善的草案定本，交給皇上某甲。某甲終於有了出場的機會，歡欣鼓舞，用紅筆在上面龍飛鳳舞地寫一個字：「敕」。這個步驟叫作「畫敕」。皇上某甲的全部表演，到這裏就算結束了。

某甲畫完敕，把這個詔書下發給門下省。

門下侍中張三拿到詔書，交給手下的給事中們，進行第二步的審核工作。如果覺得可以，就讓張三「啪」的一聲，蓋上一個門下省的大公章，詔書就算通過；如果覺得不行，拿筆塗改，還給某甲。這個過程，叫作「塗歸」。門下省的這項權力，叫作「封駁權」。

某甲拿到被發還的詔書，大發雷霆、濫施淫威：「朕金口玉言，居然還有人膽敢抗旨不遵？來人哪，把張三拉出去砍了！慢著！張三本人凌遲，其他人誅九族！」聊公鄙視某甲：「你以為這是在落後的西方嗎？君主哪有這麼大的權力？你趕緊把詔書還給我們中書省吧，別做白日夢了！」某甲沒有辦法，把詔書遞給聊公。

聊公拿回中書省，重新修改，然後再交給張三。門下省拿到詔書，審核通過，下發尚書省執行。救災主要屬於戶部的事情，那就由戶部尚書來按照詔書所言主持操辦。

最後，讓我們感謝三位盡心盡職的演員：聊公、張三和某甲。掌聲響起，演員鞠躬，燈光大亮，觀眾散場，謝幕。

某甲急忙喊：「停！以上所說，怎麼可能？我看中國古代制度，明明就是專制黑暗，哪有這麼好的事情？」

聊公邊忙著給瘋狂女粉絲簽名，邊隨口回答：「從制度的應然層面而言，就是如此了。」

某甲撒潑耍賴：「胡扯胡扯！你可能舉個例子來說服於我？」

聊公：「好，等下，我合完這張影。茄——子——好了，你要舉例子是吧？請看其一。」

案例一：唐德宗想要任用盧杞為饒州刺史，當時擔任門下省給事中的袁高，多次封駁詔書，堅決不予通過。唐德宗多方說情，袁高堅決不允。最後唐德宗沒有辦法，只好作罷。

某甲抑鬱：「還有沒有？」

聊公邊接過女粉絲的鮮花，邊說：「有的是，來個宋朝的吧。請看其二。」

案例二：趙匡胤建立大宋。建德二年（五七三年），正好趕上三個宰相相繼離職。下一個宰相誰來當呢？趙匡胤有意提攜趙普。但是按照法理而言，皇上要任命宰相，必須出詔敕，而詔敕必須經過宰相審核通過。但是這時候三個宰相跑光了，沒宰相了。這樣一來，政府機構缺了一環，光芒萬丈的皇帝頓時退化成為一個戰鬥力只剩下五的渣渣。

趙匡胤無奈之下，問聊公：「咋辦？」聊公一攤手：「You ask me, I ask who?」趙匡胤沒有辦法，只好召集群臣開會商量解決這一非常之事。甲大臣獻計：「我有主意！唐朝皇帝有一次下敕，也沒有經過宰相審核認可！咱們可以以這個作為先例，那咱們就也不用宰相審核啦！」

聊公瞪他一眼，喝問：「那次下敕，為啥不要宰相審核哉？」甲大臣臉紅：「當時甘露政變，前宰相死掉了。」聊公怒斥：「甘露政變，是大亂之時的變通辦法；如今大宋升平盛世，哪能採用這種辦法？」甲大臣落荒而逃抱頭鼠竄。

大家商量來商量去，實在沒有辦法，最後討論出一個主意：讓開封府尹來臨時行使這種審核之權。趙匡胤大喜：「宣開封府尹！」

包拯：「臣包拯候旨！」

趙匡胤嚇了一跳：「這非洲人是誰？」

聊公：「老包啊，宋太祖的時代，還沒你呢。現任開封府尹是宋太祖的弟弟宋太宗。」

趙匡胤疑惑：「宋太宗？怎麼，我兒子不是下一任皇帝？我弟弟要奪我的位？」

趙匡義一張老臉青一陣紫一陣：「大哥，您別聽他瞎說。來，我給您審核通過。」費了這麼大一陣周折，才終於任命趙普為新任宰相。

某甲：「你不要光舉正面的例子！我可知道，也有皇帝不依照這個來辦事的！你可敢解釋一下『斜封墨敕』，是怎麼一回事？」

聊公哇哈哈哈哈哈哈哈哈大笑：「斜封墨敕乃是例外，例外恰恰反襯了經常。好，咱們就來看看斜封墨敕。」

案例三：唐中宗做皇帝，實在憋不住，想要濫用一下皇帝的權力，隨便封幾個官兒玩玩。但是他又畏畏縮縮不敢放手去做，於是裝詔敕的封袋，不敢用正規的款式來封口，而採用「斜封」；畫敕也不敢用朱筆，而改用墨筆，稱為「墨敕」。唐中宗把這個裝著詔敕的口袋，偷偷交給執行機關。執行機關拿到口袋，再一看唐中宗，嚇了一跳：「皇上，您的臉怎麼紅成這樣？皇上，您左臉上的毛細血管爆了，在滲血呢！」

聊公（畫外音）：唐中宗採用「斜封墨敕」的辦法，正包含著讓屬下馬虎承認自己權力的意味，也表明了他自己知道這樣一種權力並不正規。而且這種方式封的官，當時被人戲稱為「斜封官」，為輿論所鄙視。最後，這種方式只能封品級不高的小官，屬於皇上自個兒鬧著玩。

某甲哭泣：「我要去野蠻落後的西方做皇帝！我要發淫威！」邊哭喊邊被秦瓊、尉遲恭兩尊門神給架下去了，留下一路的血跡斑斑。

聊公最後歎息道：「不過再精美的制度，也難以抵擋人治。這就是中國古代制度的悲催宿命。下面，咱們就來看一位明星皇帝的演出，看看他是如何用傑出的人治敗壞法治的。」

其實，我是一個演員

唐太宗李世民，大唐王朝的第二任皇帝，中國歷史上最傑出的帝王之一。李世民在任期間，發生了這麼一個案子。

相州人李好德，經常說各種神神叨叨的話，裝神弄鬼、蠱惑人心。當時科學還不發達，李好德這麼亂搞，嚴重擾亂了社會安定。李世民下令，把李好德下獄治罪。經過嚴格的司法鑒定程序，有關部門認定李好德患有嚴重的間歇性精神病。按照唐律，精神病人可以從輕發落或者免罪。大理寺丞張蘊古把這一情況上報朝廷：「李好德患有精神病，請皇上斟酌。」李世民一聽，既然是精神病人，那就算了吧。

張蘊古得到消息，偷偷跑到監獄裏把這個好消息告訴李好德。碰巧這兩人都是棋迷，一高興，殺一盤吧！於是在監獄裏擺開戰陣就開始廝殺。

唐朝的司法監督系統何其了得，治書侍御史權萬紀聽到此事，立即向李世民稟報：「第一，張蘊古是相州人，李好德的哥哥是相州刺史，與張蘊古有舊，當初判案的時候沒有注意回避；第二，張蘊古包庇李好德，故意說李好德是精神病；第三，他倆居然在監獄下棋！」

李世民得到消息，勃然大怒：「來人哪！把張蘊古拖出去斬了！」於是張蘊古被斬首於長安東市。

某甲激動：「你看你看！皇上明明是可以濫發淫威的嘛！」

聊公：「你閉嘴。李世民成天以人治破壞法治，不是個好東西。」

李世民：「閣下何出此言？」

聊公抿嘴一笑，儀態萬千：「張蘊古罪不至死，就你這麼一句話，弄死了，這不是破壞法治是什麼？」

李世民作痛心疾首狀：「朕正後悔這事呢。朕當時在盛怒之下，來不及細想，隨口下令處決，居然滿朝大臣沒有一個勸阻，有關部門亦不復奏，真正豈有此理！」

聊公唾棄：「你自己做錯了，怪人家。」

李世民：「閣下冤枉朕了。死刑須三復奏，此乃北魏所定之制度，有隋一代沿襲其制，至我大唐亦不更改，有司當負其責。朕一時興起，決定處張蘊古死刑，此乃朕之權力；有司不復奏，門下不封駁，此乃有司之失職。分工明確，何錯之有？」

聊公：「哦。奇怪啊，明明有制度規定，為啥他們不照做？一定是懼怕你的淫威！說！你平時都是怎麼濫發淫威的？」

李世民：「不對。這正說明，制度之規定乃是一紙空文，並不成其為真制度。隋煬帝之時，把法制破壞無遺，人主不必守法的心理慣性延續至今，所以如今滿朝文武沒有一個敢說話的。所謂制度，必經人事之反覆演習，方成為真正之制度。朕這就下令矯正其弊。」

李世民下令：今後但凡處決死刑，刑前必須三復奏。過了一段時間，李世民覺得矯枉必須過正，又下令：人命關天。今後處決死刑，必須在刑前兩天復奏一次，刑前一天復奏一次，行刑當天復奏三次，改三復奏為五復奏。

李世民問聊公：「這樣一來，你看可算圓滿否？」

聊公不屑：「不管復奏一次還是一萬次，生殺之大權還不是在你皇帝的手裏？司法本來應該是司法機關的事情，司法不獨立，你反覆復奏又有何用？」

李世民納悶：「司法獨立？司法怎麼能獨立？難不成你要刑部尚書、大理寺卿，權力比朕還高不成？」

聊公耐心解釋：「不是。但是作為司法機關而言，應該以法律作為最高準則啊。」

李世民搖頭：「刑律豈能成為最高準則？這個問題，我們建國之初已經討論過了。請看。」

李世民剛剛即位，召集群臣討論立國之本。左派封德彝，是隋朝舊臣，親眼目睹了在隋文帝、隋煬帝手裏刑罰是多麼好用，便極力宣稱「當以威刑肅天下」；右派魏徵極力反對，提出：「仁義，理之本也；刑罰，理之末也。」李世民在兩派之間，選擇了魏徵的觀點。

李世民總結：「所以，本朝以德禮為政教之本，刑罰為政教之用。此種模式，豈非勝徒任刑律遠哉？」

聊公心中存定了輕視古人的想法，反駁：「所謂德禮為政教之本，其實等於無法無天。今天引一本經書來決獄，明天引一條禮儀來斷案，與無法何異？草菅人命啊！」

李世民哈哈大笑：「春秋決獄在本朝已經基本行不通啦。唐律明確規定，斷獄必須引用法律條文，嚴禁想當然或者引用經典禮儀。本朝設立『明法科』的考試，相當於你那時候的司法考試吧。你要想幹法律這行，必須參加明法科的考試。」

聊公：「哦。那麼，黨仁弘案又是怎麼一回事？」

廣州都督黨仁弘，是開國的功臣。但他貪污受賄百餘萬，按律要處死刑。李世民素來器重黨仁弘，便跑去對大臣們說：「昨天大理寺復奏請求誅殺黨仁弘，朕想赦免此人，特向諸公乞求。」大臣們納悶：你要赦免就赦免好了，求我們幹啥？於是隨口說：「哦。」

轉過天來，李世民在太極殿召集重臣，鄭重其辭地說：「法者，人君所受於天，不可以私而失信。如今朕私黨仁弘而欲赦之，是亂其法，上負於天。朕想懲罰自己，拿個鋪蓋在郊外住三天，每天只吃一頓蔬菜，以謝罪於天。」

大臣們一聽，嚇壞了：皇上這是怎麼了？不就是赦免個死囚嗎，至於嘛！大夥兒把房玄齡推上去：你勸勸皇上。房玄齡硬著頭皮勸：「您身為皇上，本來就掌握生殺大權，殺一個人，赦免一個人，都可以，很隨便的。您何苦這樣自虐？」

李世民不聽，堅持捲了一床鋪蓋，跑到野外去露營。大臣們苦苦勸諫，從早上求到下午，李世民才勉強答應回宮。

李世民演完這齣戲，一邊卸妝一邊對聊公說：「其實，我是一個演員。」聊公點點頭：「看出來了，我最煩政治作秀。」

李世民哈哈大笑：「這您可就錯了。在制度草創之際，一切工作都還沒有上軌道，作秀是必要的。我通過這樣誇張的類似於行為藝術的方式，讓剛剛經歷隋末大亂的群臣百官包括天下子民們，知道他們手中有哪些權力與權利，知道他們有權拒絕君主隨便發出的敕令。三省六部制雖然精緻，但是仍然必須經過長期的實踐與反覆的演習，才能真正積累和生長為一項成熟的制度。而一旦制度走上正軌，正常運作，這時候再進行政治作秀，那就要不得了。」

聊公沉吟不語，在內心比較著李世民這種大公無私、為形成制度而進行的政治作秀與後世為自我表現而進行的政治作秀，紛亂之餘，覺得有些東西漸漸眉目清晰起來。

李世民莞爾一笑：「其實，我只不過是一個演員。大唐王朝真正的法治魅力，不在我這個演員這兒，而在《唐律疏議》與中華法系。閣下不必在我這裏浪費時間，趕緊往前趕路要緊。」

聊公聞得此語，如夢方醒，立即拜辭李世民，施展時間穿越之大法，向前疾步而行。李世民的身影，在背後漸趨模糊。說到底，他也不過是中國法律史上一個死跑龍套的而已。

一個虛構案例的唐朝命運

經歷了一路上的漫遊與攀爬，聊公終於領著你來到了東亞法律史的巔峰：《唐律疏議》。

唐高祖李淵曾經制定了《武德律》，唐太宗李世民在此基礎上加以修訂，頒布《貞觀律》。到李世民的兒子唐高宗李治的永徽年間，就《貞觀律》稍事修改，又頒布了《永徽律》。這時候，遇到了一個問題。

當時的科舉考試，專設一門「明法科」，相當於今天的司法考試與公務員考試的合體，專門選拔法官。考生們紛紛抱怨沒有標準的輔導用書，各個培訓機構也各講各的，跟閱卷組批卷的參考答案相差很大。

為了解決這個問題，唐高宗命令長孫無忌、于志寧等重臣廣召法律專家，對《永徽律》的律文進行注疏。這一工作，受到當時經學的影響，唐朝也曾經組織經學大師對南北朝以來的經說進行整理，最終確立了《五經正義》，作為官方標準用書。而注疏，正是經學中間最經常用到的注釋手法。

長孫無忌們經過一年的時間，終於完成了這部《永徽律疏》，經過唐高宗的批准，頒行天下。一方面，作為考生的標準參考用書，另一方面也作為判案的依據。這部法典，一直保存至今，是中國歷史上第一部完整保留下來的法典，後世稱為《唐律疏議》。

下面，我們就來近距離觀賞一下這部傳奇的法典：《唐律疏議》繼承了《北齊律》以來的規模，共計十二篇五百零二條。每當要具體講解法典的時候，我們就要請上我們偉大的男一號——某甲！歡迎某甲閃亮登場！

首先必須說明一下，《唐律疏議》之所以具有如此崇高的地位，一個非常大的原因在於它承襲和完善了許多之前我們已經詳細講解過的制度，比如五刑、十惡、八議、准五服以治罪……所以我們挑幾個唐律中比較有特色的規定來講解。

某甲對某乙懷恨已久，聽了聊公的攛掇，上龍虎山拜高人為師，修煉了一身好功夫。有一日，某甲找某乙尋仇，一掌擊中某乙，某乙慘叫一聲，飛出一丈多遠，然後拍拍灰塵站起身來，將某甲告到縣衙。縣老爺令仵作檢驗某乙傷情，結論是只擦破了點皮肉。某甲心頭暗喜之際，只聽縣老爺一聲喝令：「且保辜十日，再作定奪！」

某甲聞聽此言，心驚肉跳，連忙目詢聊公，聊公曰：「唐朝產生保辜制度，對傷害結果無法確定的，設立一個『保辜』期限，以手足傷人為十天，以他物傷人二十天，以兵刃及湯火傷人三十天，折跌肢體及破骨五十天。」某甲頓時面如土色。九天之後，某乙內傷發作身亡，縣老爺把某甲抓來，判個斬刑，喝令拖出斬首。眼看某甲即將伏法之際，正義之使者聊公一聲斷喝：「刀下留人！」

眾人疾視之，聊公戟指縣令：「按唐朝的規定，縣衙無權審結徒刑及以上的案子，只能打打板子而已，為的就是審慎。你竟敢公然違背，該當何罪？」

縣老爺垂頭喪氣，吩咐左右：「把某甲押送到州裏去吧。」聊公又一聲獅子吼：「豈能就此罷休？唐朝規定，應當移送管轄而不移送者，杖一百！」隨後不顧縣老爺的苦苦哀求，到州裏狀告縣令。縣令自另有法制裁，按下不表。

且說某甲被押送到州裏，州一級司法只能審結徒刑及以下的案件，流刑、死刑案件須申報大理寺審理，於是復令人將某甲押送大理寺。

大理寺開庭審理某甲以氣功毆殺某乙案，大理寺丞一臉獰笑，大喊：「升堂！」某甲望上一瞧，這大理寺丞正是張三，心下暗叫一聲「苦也」，仇人相見分外眼紅，看來此遭凶多吉少！

正在某甲絕望之際，聊公再次挺身而出：「按唐律規定，法官與當事人之間有親屬、師生、仇人等關係的，當事人可以提出回避之申請。請問某甲，你可要申請回避？」某甲猶如絕望之中撈到一根救命稻草，連呼：「要！要！」經有關部門核實，張三與某甲互為仇隙，於是令張三回避，換狄仁傑來審。聊公旁白：「此乃我國歷史上第一次以法典的形式規定法官回避制度。」

狄仁傑審理案件，認定此為殺人罪，又沒有六殺之情形，遂擬某甲為死刑，斬首。聊公曰：「且慢。狄仁傑，我先為大家講解一下什麼是『六殺』。」狄仁傑說好。

所謂六殺，指謀殺、故殺、鬥殺、誤殺、過失殺、戲殺。想殺人還沒動手，是謀殺；事先沒想殺人，一時衝動把人殺了，是故殺；鬥毆中把人殺了，鬥殺；想殺某甲而殺了某乙，誤殺；摻入意外因素致人死亡，比如往樓下扔垃圾高空墜物把人砸死了，過失殺；本來楊康和穆念慈比武招親，結果楊康把穆念慈活生生打死了，比武中殺人，戲殺。這六種殺人情形，處刑都不一樣，由重到輕大致是故殺、誤殺、鬥殺、戲殺、謀殺、過失殺。某甲不存在以上情形，是典型的殺人罪，所以按律應該判斬刑。

某甲舉手：「謀殺這種情形，很難講啊。我心裏想想就算呢，還是要有實際表現？」狄仁傑給某甲普法：「謀殺，一般是指兩人以上合謀，兩人都招供了，那就構成謀殺；如果是一個人想殺人，那必須有確鑿的證據。好了，現在判你斬刑。你有沒有同案犯？」某甲搖頭。

聊公又喊聲「停」，說：「假如有同案犯，則要區分首犯從犯，且要區分從犯是否對殺害結果負實際責任，從而判處不同的處罰。狄仁傑，你繼續。」

狄仁傑點點頭，又問：「可有造意者？」某甲茫然，問聊公：「啥叫造意者？」聊公曰：「《唐律疏議》有云：『造意者，謂元謀屠殺，其計已成，身雖不行，仍為首罪，合斬。』」某甲依舊一臉茫然：「俺聽不懂。」聊公急了：「就是說，誰給你出的殺某乙這主意！」

某甲恍然大悟：「哦——你。」說罷，用手一指聊公，聊公撲通一聲雙膝跪倒虎目含淚，早已被左右衙役控制住了。

狄仁傑判了兩人斬刑，又問：「有沒有別人知道你要殺人而沒有如實報告官府的？」某甲想了想，說：「俺爹老某甲，他不但沒有協助司法機關大義滅親，反而幫著俺逃跑。」狄仁傑說：「那管不著。」聊公曰：「這是中華法系之一大特徵，叫作『容隱』制度。咱們可以詳細講解一下。」

所謂容隱制度，最早來自於《論語》中的一個情景對話，咱們溫習一下。

葉公對孔子說：「俺們鄉有個正直的人，他老爹偷了隻羊，他大義滅親，勇敢向司法機關舉報，從而把他老爹繩之於法。多麼正直啊！」

孔子「呸」地吐了口唾沫表示唾棄：「俺們村正直的人不是這樣。」

葉公：「那是哪樣？」

子曰：「父為子隱，子為父隱，直在其中矣。」

時間飛速流轉，眨眼到了漢朝。漢朝人有一個非常固執的觀念，他們認為孔子所編訂的六經，都是在為漢朝人制憲立法。所以漢朝出現了「引經決獄」這樣的創舉。但凡經文或經義之中與司法沾邊兒的條文或理念，都直接被漢朝人採納入律或者引用來進行司法。以上對話，被漢朝人歸納為「親親得相首匿」的原則，也就是說，一定範圍內的親屬之間互相包庇犯罪行為的，不構成犯罪。這就體現出了國法對於「家」的呵護，使得殘酷冰冷的法律與國家機器之下，還有一種脈脈溫情得以維繫。

這種原則發展到了唐朝，被吸納入律，成為「同居相為隱」制度。規定內容有三項：第一，同居共財之人、大功以上的近親屬、奴婢與主人之間互相包庇窩藏的，不構成犯罪；第二，小功以下親屬互相包庇窩藏，減一般人三等處罰；第三，對於謀反、謀大逆、謀叛這三種犯罪，不適用上面兩項規定。

這樣一種具體的規定，有效解決了國法與人情之間的衝突與重疊。

狄仁傑瞪了聊公一眼：「你廢話真多。此案到此審結，移交刑部複核。且將這兩名人犯押下，聽候發落。」

聊公大喊一聲：「慢著！你可知某甲唐裝雖然穿在身，可他卻並非中國人？」案情頓時峰迴路轉，聊公即將運用他高明的法律知識為自己與某甲求得一條生路。

我們曾經天下第一

話說聊公質問狄仁傑：「你可知某甲並非中國人？」狄仁傑眼睛一亮：「哦？那他是哪國人？」某甲一口漂亮的京片子：「我是日本人。」狄仁傑點點頭：「哦，難怪看不出來。那被殺的某乙呢？」聊公極其神氣：「波斯人。」狄仁傑起身離去：「哦，那就沒有關係了。退堂。」

在監獄裏，聊公給某甲講解：「唐律有『化外人相犯』的規定。如果雙方當事人都是外國人，且是同一個國家的，比如都是日本人，那這個案子就要由我大唐王朝的法官按照日本國的法律來審判。如果雙方不是同一個國家的，比如一個是日本人一個是波斯人，那就仍然按照唐律來審判。這是多麼自信和開放的制度設計啊！」某甲問：「那咱倆現在怎麼辦？」聊公大笑：「這點小事豈能難住我？你先在這兒待著，我去去便來。」說罷，使個瞬間移動法，來到刑部。

刑部接到大理寺交來的案卷，進行書卷複核，複核之後移交中書門下省詳議，最後奏報皇帝批准。但凡死刑案件，都需要經過這樣繁瑣的程序，這也充分體現了唐律對於死刑案件的慎重，對於生命的珍惜。即便死刑判決已經生效，在執行之前仍然要進行三復奏或者五復奏，這就是前面一節講唐太宗的時候提到的。另外呢，唐朝對於案件的審理期限也有嚴格要求。像某甲殺某乙這件案子，大理寺必須在二十五天內審理完畢，而刑部必須在二十天內複核完畢。

聊公為大家講解完這一切，回到監獄，等候發落。這是多麼崇高的守法精神啊！這時候，狄仁傑再次開庭。某甲眼淚汪汪來到公堂之上，發現自己的父親老某甲坐在一邊，大驚失色：「爹，你咋也犯罪了？」老某甲顫巍巍地舉起拐杖就打某甲。狄仁傑令衙役勸住，道：「這是本朝規定，徒刑以上案子審結之後，須讓囚犯及其家屬到場，公開宣讀對你的定罪量刑。如果你不服，可以提出申訴。」聊公補充：「如果你不服，可以發給你一張『不理狀』，你可以逐級申訴到尚書省甚至皇帝。」

某甲低頭伏法：「算了，不浪費國家的司法資源了，俺伏法認罪！」聊公也在一邊低頭認罪。於是狄仁傑把現場情況登記，讓兩人簽名，做成檔案備案，某甲和聊公繼續關押。在關押期間，有關部門時不時下來檢查一下有沒有非法的刑訊逼供啊，法官有沒有貪贓枉法啊，有沒有判決不引法律正文啊，有沒有違反其他有關規定啊，等等。其中，皇帝還偶爾親自來「慮囚」，即定期或突擊檢查監獄，直接接受囚犯的喊冤。

總之，由於狄仁傑處理案件的老練穩重，所以並無半點疏漏。最後挑了一個良辰吉日，某甲與聊公均被押赴刑場，處以斬首之刑。

好，以上就是聊公為您現身說法，講解了一個在唐朝發生的虛構案例。喂！你是誰，為何探頭探腦的？

聊公身後跳出一個人來，正是某甲。某甲指著聊公，用生硬的漢語說：「你頭上怎麼有個光環？」

聊公氣急敗壞：「廢話，我剛才被處死了。你頭上還不是一樣有……咦？你頭上為什麼沒有光環？你是不是某甲？」

「某甲」摸摸頭，大惑不解：「我不是某甲，我是甲太郎，來自日本。」

聊公大吃一驚：「你的什麼的幹活？」

甲太郎：「用你們後來的話講，我就是遣唐使。我奉命來學習了唐朝的法律制度，正要回國呢。」

聊公大喜：「如此甚好，我跟你去日本走一遭。」

在海上漂泊了數日之後，船終於靠岸。聊公來到這異國他鄉，卻並沒有太大異樣的感覺。甲太郎給聊公作介紹：「我國自大化元年（六四五年）起革新，次年頒布《近江令》，即由我等遣唐使仿唐《貞觀令》而造。」聊公說：「哦，那現在是什麼年代？」甲太郎答：「大寶元年（七〇一年）。」

聊公撲哧一笑：「你們的年號真搞笑。帶俺去見你們天皇嘮嘮嗑。」甲太郎回稟：「今上年少，我可以帶您去見藤原不比等大人。」聊公問：「見見藤原不比就可以了，其他人等就算了。」甲太郎：「藤原不比等乃是一個人名！」聊公滿臉通紅：「哦，你們的名字忒怪。」

藤原不比等官居右大臣，正在組織大量法律學家與漢學家制定《大寶律令》。見到聊公遠道而來，連忙行禮：「%￥#の@＊@……」聊公不懂日語，聽得一頭霧水，只好回禮：「貧僧來自東土大唐，前來貴國考察。」甲太郎取過一部大書來，給聊公介紹：「這就是俺們國家新制定的《大寶律令》草案，正等著頒布呢。」聊公翻開一看，只見目錄曰：「名例、衛禁、職制、戶婚、廄庫、擅興、賊盜……」聊公心下疑惑，翻到封面一看，的確是《大寶律令》，便問：「為啥篇目跟唐律一模一樣哉？」

甲太郎滿面通紅，說：「也有不一樣的，您翻開細看。」聊公翻到第一卷〈名例律〉，只見幾個細目：「五刑」、「八虐」、「六議」……聊公問：「別的眼熟，『八虐』是啥？」甲太郎自豪：「這就是我們的創造了。唐律不是有『十惡』嗎？我們把十惡裏的不睦、內亂去掉，就變成了『八虐』！」聊公再次驚詫：「山寨版唐律？」甲太郎無地自容。聊公得勢不饒人，痛打落水狗：「內亂不就是亂倫罪嘛，你們日本為啥要把這麼嚴重的罪行給去掉？」甲太郎怯生生地回答：「因為在俺們這旮亂倫不算犯罪……」

聊公挖苦了一通日本人，民族自尊心與自信心得到了滿足，興致勃勃跑掉，回來的途中順帶逛了逛高麗。高麗的法典一共七十一條，其中六十九條抄自《唐律疏議》，另外兩條抄自唐《獄官令》。聊公順帶把高麗人一頓羞辱，然後一路南下又跑到越南。越南無論李朝的《刑書》還是陳朝的《國朝刑律》，也都與唐律大同小異。至於沖繩列島的琉球國，當時還沒有成文法，要等到清朝乾隆年間才抄襲了《大清律例》，從而有自己的法律。

聊公煮上一壺青梅酒，且斟且飲，把當時的整個世界納入眼底，但見支離破碎的文明被大片的蠻荒所包圍。

在地中海沿岸，盛極一時的西羅馬帝國崩潰已久，東羅馬帝國苟延殘喘。羅馬法系在經歷了查士丁尼時代的迴光返照，編纂完卷帙浩繁的《國法大全》之後再次陷入了沉寂，成為明日黃花；下一次的復興，還要再等三四百年之久。在歐洲大陸的西北隅，孤零零的英倫三島經歷了盎格魯—撒克遜人的入侵，如今四分五裂、諸侯割據，還根本配不上「法系」二字。至於美洲與非洲、澳洲，則餘子碌碌，何堪共酒杯？

聊公停杯投箸不能食，將眼光收回東方。在東亞大地之上，一個偉大的法系在經歷了上千年的浩蕩磨礪之後儼然已經成型。從縱向來看，自周公制禮、呂侯制刑而下，《法經》、秦律、漢《九章律》、曹魏《新律》、晉《泰始律》、北魏律、北齊律、隋律，厚積薄發而生《唐律疏議》；橫向來看，日本的《大寶律令》《養老律令》，高麗的律令、越南的《刑書》《國朝刑律》等等，眾星拱月，烘托出居於正中的《唐律疏議》。《唐律疏議》周圍，尚有令、格、式等法律形式，一起構成了一個極富特色、高度發達的法律文明，這就是百川歸海的中華法系。

世界的暗夜，文明靠中國人維繫而不絕如縷。大唐盛世，我們曾經天下第一。

狄仁傑 vs 來俊臣

聊公的好朋友荷蘭人高羅佩（Robert Hans van Gulik, 1910-1967），對中國有兩大貢獻：第一，他在聊公的感染之下，對中國古代的性學有著精深的研究，寫作了《秘戲圖考》和《中國古代房內考》這樣的傑出著作；第二，他把中國傳統的公案小說《武則天四大奇案》改寫成西方偵探小說《狄公案》，使得狄仁傑這位唐朝福爾摩斯的形象大放異彩，這也是今天風靡一時的《神探狄仁傑》的底本來源。

聊公行走於大唐的暗夜，親手撥開歷史的層層迷霧探訪狄仁傑的真實原型，其實他不但是位傳奇神探，而且更是一名官場老手。

狄仁傑從小就拉風不已，以「淡定帝」的名號著稱於世。有一次，他家出了個人命案子，官府的人把現場封鎖了，錄問口供。狄仁傑家大到家長戶主、小到傭人保姆，爭先恐後地提供不在場證明，替自己辯白。惟獨少年狄仁傑，非常淡定地端坐一邊，拿著一本經書搖頭晃腦地讀。

辦案的刑警也許是推理片看多了，覺得這少年心理素質如此強悍，估計有鬼，就上前責問：「小鬼！你家裏的大人都在積極配合員警破案，你怎麼這麼淡定？」少年狄仁傑抬起眼睛，輕蔑地瞥了一眼刑警，微微一笑：「我正在和聖賢對話，沒有工夫理你們這些俗吏。」

什麼叫拉風？這就叫拉風！這種小孩，想不成大器都難！

狄仁傑飽讀經書，赴京趕考，憑藉著出眾的能力在仕途上高歌猛進，先是升遷為并州省高院院長（法曹參軍），接著一躍而為最高法院刑事庭庭長（大理丞）。

狄仁傑在擔任庭長期間如魚得水，將他判案斷案的能力發揮得淋漓盡致，一年時間判決疑難案件無數，涉案人數一萬七千人，幾乎平均每天要斷十個案子。最難得的是，經狄仁傑手斷的案子，從來沒有人喊冤上訴。「神探狄仁傑」的名號，就是在此期間家喻戶曉。

即便如此，狄仁傑還是差點兒栽在了酷吏界的一代霸主來俊臣的手裏。

下面，隆重推出酷吏界霸主——來俊臣。

中國史上的酷吏，可謂層出不窮。從張湯、郅都、江充到明朝的錦衣衛，可算得「江山代有酷吏出，各領風騷三五年」。但是，要論起實踐手段之殘酷、理論水準之高超，唐朝的來俊臣絕對可以牢牢穩坐酷吏界的頭把交椅。

來俊臣天賦異禀，從而贏得武則天的青睞，任用為侍御史，專門負責詔獄的偵查審理工作。舉一個資料來說明來俊臣的殘酷：經過他手的案件，前後抄沒和夷滅了一千多個家族！有了這樣輝煌的業績，來俊臣也就仕途光明，被破格提升到御史中丞的位置。

一官功成萬骨枯，何止萬骨！

也許冷冰冰的資料過於抽象，難以直觀地顯示出來俊臣的殘酷，聊公這就把歷史的顯微鏡調高倍數，讓您現場近距離目擊一下來俊臣的手段。

來俊臣是個刑訊逼供的天才，在他手上發明的刑具和刑訊逼供的手法，幾乎超越了前人已有成果的總和，而其殘酷程度則遠遠凌駕了他的前輩們。

來，某甲，出來一下。你別躲，出來，讓來大人拿你練練手。

面對某甲殺豬般的嚎叫，來俊臣一邊戴上白手套一邊安慰他：「來點兒一般的吧，不要緊張。」第一步，把醋灌進某甲的鼻子裏；第二步，就地挖掘一個陰冷狹小的地牢，把某甲扔在裏面；第三步，讓獄卒們朝地牢里拉屎撒尿盡情排泄，並且不讓某甲吃飯。

若干天後，當某甲被放出來的時候，早已經蓬頭垢面不人不鬼，而且身上的棉衣都被咬破——飢餓到極點的時候吃棉絮時咬破的。

另外，來俊臣製作了十種刑具，分別叫做：一、定百脈，二、喘不得，三、突地吼，四、著即臣，五、失魂膽，六、實同反，七、反是實，八、死豬愁，九、求即死，十、求破家。這些刑訊方式，由於過分殘酷與不人道，就不拿某甲試驗了。

絕大多數情況下，這些刑具根本用不上。來俊臣玩的是心理戰術。他只需要把這幾十種刑具一一排列在犯罪嫌疑人面前，給犯罪嫌疑人進行繪聲繪色的解說，犯罪嫌疑人自然就心膽俱裂、不打自招了。

來俊臣之所以能夠成為古往今來酷吏界的霸主，可不是手段殘酷這麼簡單，關鍵在於他還有著極其出色的理論水準，他的理論成果最後集結為《羅織經》，這是人類有史以來第一部製造冤獄的經典。聊公閱罷《羅織經》，全身顫抖，冷汗迭出；女皇武則天面對《羅織經》，仰天歎道：「牛×。」

狄仁傑要面對的對手，就是這樣一個人物。唐朝第一神探與唐朝第一酷吏，究竟為什麼結下梁子呢？

武則天的姪子一心想當太子接姑媽的班，遭到了狄仁傑的強力阻撓。

唐朝有句流行語：想送一個人下地獄，請找來俊臣。武家大姪子收買了來俊臣，讓他除掉狄仁傑。這事對來俊臣來講，再簡單不過。他隨便捏造了個「謀反」的罪名，把狄仁傑逮捕入獄，打算嚴刑拷打。沒有料到，還沒等刑訊逼供呢，狄仁傑就大叫大嚷：「我招！我全招！」說罷，把他所謂「謀反」的罪狀一五一十有鼻子有眼地全招了。

來俊臣傻眼了。

原來，唐朝的法律有個規定：謀反罪的罪犯，一問就招的，應當免除死罪。這相當於今天的

「坦白從寬、抗拒從嚴」。狄仁傑辦案這麼多年，對於法律再熟悉不過，於是利用了這個條文的空子，先保住性命再說。

這種區區小伎倆，哪裏難得住來俊臣？來俊臣模仿狄仁傑的筆跡，偽造了一份「謝死表」，表示願意受死刑，跟狄仁傑的口供附在一起，派人呈遞給武則天，然後就只等上面的批准，好把狄仁傑開刀問斬。

狄仁傑也不是蓋的。他麻痹了來俊臣之後，趁來俊臣放鬆警惕之際寫了封血書，偷偷縫在棉衣裏面，然後交給獄卒：「天熱了，棉衣穿不著了，交給我家人吧，讓他們拆了把棉絮拿出來曬曬。」

獄卒傻頭傻腦地把棉衣交給了來探監的狄仁傑的兒子。狄仁傑的兒子拿回家拆開棉衣，看到血書，趕緊連夜上交給武則天。武則天剛收到來俊臣交上來的謝罪表和認罪口供，正要批准，看到血書大吃一驚，趕緊親自提審狄仁傑。

當時的監獄，設置在「麗景門」之內，來俊臣得意洋洋地管這監獄叫「例竟門」——竟者，完蛋也。進了這道門，照例要完蛋。如今，狄仁傑大搖大擺走出了「照例完蛋門」，創造了來俊臣主管時期監獄史上的一個奇蹟。

神探狄仁傑與酷吏界霸主來俊臣的交鋒，至此全勝出線。

武則天提審狄仁傑，問：「這認罪口供不是你寫的？」

狄仁傑老實回答：「是我寫的。」

武則天奇怪：「那你還翻什麼供？」

狄仁傑繼續老實回答：「要是當初不認罪，老臣恐怕早就被嚴刑拷打死了；要是現在不翻供，老臣恐怕就要被陛下親手處死了。」

武則天一張老臉面紅耳赤，繼續問：「那你寫這謝死表幹啥？」

狄仁傑納悶：「老臣沒寫啊。」

武則天找來筆跡鑒定專家一鑒定，才知道謝死表乃是偽造的。於是當場恕狄仁傑無罪。狄仁傑到死亡線上逛了一圈，終於從死神的手下撈回了一條老命。

事實再一次證明，儘管《唐律疏議》可謂盡善盡美，但紙面的制度仍然不等於實際的執行。假如說前面虛構的某甲殺某乙案的審判過程是理想中的運作，那麼來俊臣陷害狄仁傑案就是實際發生的一個典型案例。一朝宰相尚且如此，屁民的命運可想而知。

有狄仁傑，也有來俊臣，這才是歷史，這才是中國古代真實的法律。

此後從憶昔開元全盛日到滿城盡帶黃金甲，聊公一直半夢半醒。恍惚之間，日不落的大唐王朝也終於日薄西山，壽終正寢。再往後，梁、唐、晉、漢、周，城頭變幻大王旗。聊公依稀見得後晉創設了刺配的刑罰，把一個當街打死老百姓的巡警隊長（左街使）臉上刺字以後發配邊遠地區；聊公又依稀見得不知哪一個政權發明了「凌遲」的刑罰，也就是後世所謂的「千刀萬剮」，那現場真比一切恐怖片更可怕，卻總是吸引著為數巨大的圍觀群眾。許多消失已久的古老酷刑，譬如決口、剖心、斷舌、斫筋、折脛、鑊湯、鐵床、刳剔、灌鼻、肢解、炮炙、烹蒸等，都一一復活。

《唐律疏議》依舊在，人間不見狄仁傑。黑暗再度降臨人間，聊公實在不忍心睜眼看世間的苦痛，只好睜一隻眼閉一隻眼，與萬千黎民一樣，期待世運再度向上。

十三歲少女殺人未遂事件

時間進入宋朝。宋朝堪稱中國歷史上最富有的朝代，一幅《清明上河圖》充分反映了東京汴梁的昔日夢華。如果你仔細看《清明上河圖》，就可以發現虹橋右側最右端的兩個人，分別就是喬裝成宋人模樣的聊公與某甲。

當時聊公在跟某甲說：「兄弟，這麼多年來我一直頗覺得對不住你。今日有個美差，想讓你走一遭，不知如何？」

某甲：「啥美差？我怎麼覺得你又沒安好心？」

聊公：「登州某村缺個男一號，你去演吧。」

某甲：「啥劇情？」

聊公：「結婚和洞房的戲。娶一房小媳婦兒，年輕漂亮水靈著呢，而且還有激烈的床戲哦親～」

某甲狂點頭：「我去我去！」兩人嘮嗑的這當兒，一個叫張擇端的傢伙在遠處畫了一幅畫，把他們都畫了進去，這就是後來的《清明上河圖》。

西元一〇六八年，北宋熙寧元年的一個夏夜，登州某村。某甲醉醺醺地摸進洞房，倒頭酣睡。他剛娶了個小媳婦兒阿雲，今年才十三歲，還沒過門。不過上次兩人見過一面，阿雲確實長得很漂亮。某甲大喊：「老天開眼啦，聊公不余欺也！」阿雲的老娘剛去世不久，阿雲還在服喪期間。不過某甲顧不上這些了，他趕緊跟阿雲履行當時的結婚手續。某甲幸福地躺在床上，期待著聊公所說的激烈的床戲的到來。

某甲的床頭，果然出現了一個纖弱的身影。一道閃電打過，慘白的亮光映照出這個黑影手中拿了一柄利刃。某甲大驚失色，正要說話，這個黑影舉起刀來，對著某甲劈頭蓋臉砍了下去。某甲在床上掙扎折騰，慘叫連連，用手格擋，身上被砍中無數傷痕，鮮血染紅了床單。黑影跟瘋了似的，連砍幾十刀。

某甲實在受不了了，一躍而起，慘叫一聲：「聊公！你個挨千刀的！這就是你所說的激烈的床戲嗎?!」黑影見某甲如此悍勇，一怔，隨即奪門而出落荒而逃。

第二天，司法機關正式介入調查。首先是傷情鑑定：某甲身上受了十多處輕傷，但是有個手指頭被砍掉了。其次是現場的勘驗：根據現場種種情況來判斷，犯罪者應該是女人或小孩。種種嫌疑，最後鎖定在了某甲未過門的妻子——阿雲的身上。

負責審理這個案子的，是登州知府許遵。許遵派人前來調查阿雲，阿雲不承認。許遵剛要讓人大刑伺候，阿雲非常害怕，趕緊一五一十招供了。

原來，阿雲的這樁婚事是由雙方家長所定，阿雲並不知道某甲到底是啥樣的一個人。那天，阿雲見過某甲之後才發現，某甲面貌極其醜陋，已經到了讓人看一眼就吐一次的地步了。阿雲非常害怕，心想：要是嫁給這個男的，還不如死了呢，那有什麼辦法可以不嫁給他呢？對了，我把他殺了，不就可以不嫁給他了嗎？想到這兒，阿雲操起一把刀，來到某甲房間，這才發生了前面的一幕。

案情其實非常簡單，但是本案卻堪稱大宋王朝第一案。好，考驗各位的時候到了。在許遵判決之前，聊公把與本案有關的宋朝相關法律規定羅列如下。您親自下個判決，看看本案究竟應該怎麼判決。

1.謀殺親夫，屬於十惡之中的惡逆，不論是否造成傷害結果，一律斬刑。

2.一般人之間的謀殺，徒三年；造成傷害結果，絞刑。

3.因犯殺傷而自首，得免所因之罪，仍從故殺傷法。所謂「所因之罪」，指假有因盜故殺傷人，或過失殺傷財主而自首者，盜罪得免，故殺傷罪仍科。

許遵聽罷阿雲的招供，長歎一聲：苦命的孩子！雖然阿雲並沒有殺死某甲，砍掉一個手指頭也就算個輕傷。但是根據本朝《宋刑統》的規定，首先，妻子謀殺親夫，屬於「十惡」罪，罪在不赦，斬刑；其次，就算阿雲與某甲沒有夫妻關係，按照法律規定，謀殺罪雖然沒有殺死人，但是造成傷害結果的，絞刑。無論如何，看來阿雲都難逃一死！

許遵正在長吁短歎之際，法律史達人聊公前來拜訪。聊公先神秘兮兮道：「告訴你一個絕密情報，你上司很看重你的法律才幹，有意提拔你去大理寺哦！所以你要好好表現，抓住這個機會為民請命！」許遵眼睛一亮，隨即又問：「此案過於棘手，要想讓阿雲有條活路實在不易。還請聊公指點一二。」

這點小事，當然難不倒聊公，聊公說：「第一，你先把這案子打成普通人之間的殺傷行為，只要不在『十惡』之列，就好辦得多；第二，阿雲的自首情節，可以納入考慮。」許遵茅塞頓開，文思如尿崩，宣布開庭審理。

許遵作出以下判決：

第一，《宋刑統》規定，服喪期間的婚姻無效。阿雲在服喪期間被嫁出去，婚姻無效，因此與某甲不存在夫妻關係。本傷害案只是一起普通的傷害案件。

第二，阿雲一受訊問，立即招供，構成自首情節。根據《宋刑統》「犯殺傷而自首者，得免所因之罪」的規定，可以免去「所因之罪」，從而減謀殺二等論處。

許遵把初審意見和案件上報，審刑院與大理寺接手本案。案件由地方升級中央。

審刑院與大理寺經過複審，認為阿雲謀殺某甲，證據確鑿；阿雲的招供，不構成自首，也無法適用所謂「因犯殺傷而自首，得免所因之罪」的規定。但是阿雲在服喪期間婚嫁，是可以考慮的量刑情節。最後的複審結果是：判阿雲絞刑。刑部複核之後，同意審刑院和大理寺的判決，便將這個結果呈遞宋神宗。

宋神宗也沒有對此結果表示反對，但是下特赦令允許阿雲家出錢為阿雲贖罪。按理來講，此案到此可以終結。但是，許遵的折騰，使得本案悄然升級。

阿雲被判絞刑，之前在初審中錯誤適用法律的法官許遵必須承擔相應的責任。因此，許遵不服，決定為阿雲或者說為自己辯護到底。許遵對大理寺、審刑院的判決提出異議。他的反對理由是：「『因犯殺傷而自首，得免所因之罪』，此乃法律明文規定。也就是說，出於別的原因而造成傷害結果而自首，那麼這個『別的原因』如果也構成犯罪則可以免去這個罪，只就傷害結果論罪。阿雲因謀殺而造成傷害，同時她又自首，那麼這個『謀殺』就可以因自首而免罪，只需要按照故殺傷來定罪即可，也就是減謀殺二等論處。」

宋神宗動了惻隱之心，詔令刑部複審。想不到，刑部居然公然對抗神宗皇帝的特赦令，並且指責許遵枉法裁判，要追究相應責任。不得已，宋神宗下了一道敕令：「謀殺已傷，按問欲舉自首者，從謀殺減二等論。」這就等於公開支持許遵的意見。

許遵聽了聊公的話，為阿雲辯護到底，果然被提拔到大理寺工作。但是御史台卻不買這個帳。御史台彈劾許遵枉法裁判，不宜擔任大理寺的職務，請求神宗罷免許遵。許遵勃然大怒：「我許遵究竟有沒有枉法裁判，不是你御史台說了算的。我問心無愧，皇上要是信不過，可以下兩制議。」

所謂兩制，是指內制翰林學士與外制中書舍人。到這裏，案件再一次升格，神宗皇帝下兩制議阿雲殺夫案。

兩制也很快分成了兩派。左派王安石，支持許遵；右派司馬光，支持刑部。

司馬光認為：「殺人未遂造成傷害結果，這本來就是一個連續的過程，怎麼能夠拆分成『謀殺』與『傷害』兩個罪名？所以，『謀殺』當然不是『傷害』所因之罪，自然也就無法因為自首而免除。」

王安石反駁：「咱們來看一個具體條文：『謀殺人者徒三年，已傷者絞，已殺者斬。』謀殺、已傷、已殺分明就是三種獨立的情況，為何不能說謀殺是傷、殺之因？」

兩邊爭論不休，宋神宗站在左派一邊力挺王安石。但是群情激憤，紛紛要求由兩府再議。宋神宗說：「律文甚明，不須再議。」群臣哪肯甘休？於是只好由中書省、樞密院二府合議。二府合議的結果，仍然是公說公有理婆說婆有理。前後拖了已經有一年時間，這一年整個中央核心的運轉中心就是這位名不見經傳的小女子阿雲。最後沒有辦法，宋神宗用敕令再次把案子壓下來：按照朕之前頒布的那個敕令來辦事。

後來宋神宗死後，王安石倒台，司馬光上台，又按照之前的意思予以改判。到這裏為止，整個案子才算最終塵埃落定。好，案子並不複雜，但是為什麼可以號稱大宋第一案呢？

阿雲案的整個經歷，聊公已經進行了最大限度的簡約，有興趣的讀者可以去翻看《宋史・刑法志》等材料。在本案中，論辯雙方所體現出來的高度的法律素養和法理學養，以及宋朝司法制度的高度發達與文明，想必給大家留下了深刻的印象。中華法系之高度發達，其內核精神並不在於包公和展昭，而在於朝堂之上的這種論議。

枝節雖多，我們仔細一縷，可以發現其實就這麼幾個。

第一，從律法之爭到禮法之爭。

本案爭論的幾個法律細節，一個在於阿雲謀殺某甲，究竟算不算妻子謀殺親夫；一個在於阿雲被訊問之時招供，是否算自首以及對於謀殺能否適用自首。對於這幾個問題，王安石一派主要糾纏於法律規定，而司馬光則直接開始引用條文背後的「禮」的精神。司馬光認為，夫乃妻之天，此乃三綱之義。僅僅因為某甲長得醜陋，就隨便拔刀砍人，天理何在？對於此點，王安石派只能從條文上反駁，很難傷其實質。

第二，從律敕之爭到變法之爭。

宋神宗下的敕令，無論刑部還是司馬光一派，均不予承認。司馬光認為，律乃祖宗成制，不可以敕破律。否則的話，祖宗定的大法都不作數，後面的皇帝隨便想一齣是一齣，把老祖宗的良法美意破光了，那還得了？而王安石則力挺神宗皇帝的敕令，認為「祖宗不足法」。從法律的角度來看，似乎司馬光是嚴格的法治主義者，更為可取。但是，這兩派之所以如此紛爭，很大的原因在於對變法的不同意見。當時，王安石正在神宗皇帝的支持之下準備變法，而司馬光則反對變法。如果敕能破律，那麼將來變法的道路就通暢得多；如果敕不能破律，那麼變法就是紙上談兵。

換句話講，「阿雲案」唯一的局外人，就是阿雲。

包青天與大宋提刑官

不知道當朝廷之內對阿雲案爭論不休之際，大家是不是都會想起有宋一代最著名的大法官——包拯呢？

某甲身為「阿雲案」的被害人，一直纏身於訴訟之中無法脫身。聊公一人實在窮極無聊，只好胡亂往前穿越個幾十年，去找老包玩一玩。聊公來到天長縣衙，正要邁步進去，忽然看到張三神色慌張衝進衙門，大喊：「大人，為小的做主啊！」堂上一人，面容端肅，正是縣老爺。縣老爺問：「何事？」張三回稟：「老爺，小人的牛不知道被誰割了舌頭，眼看是活不成了。」

聊公心下暗歎一聲：「這種雞毛蒜皮的小事，最難裁判，估計又是一樁無頭公案。」卻不想堂上那位縣老爺沉吟片刻，說：「你先回去，把牛殺了賣。」張三納悶，又不敢違抗，說：「哦。」

張三離開，縣老爺退堂，聊公連忙迎上：「包大人，別來無恙乎？」縣老爺哈哈大笑：「包拯見過聊公。」兩人泡了盞茶，邊飲邊聊。不多時，某甲跑來，賊眉鼠眼對包拯說：「包大人，我看到張三在殺牛呢！本朝禁止農戶殺牛，這殺牛可是犯罪啊！」

包拯一聲斷喝：「你為何斷人牛舌又來舉報張三殺牛？速速從實招來，否則本縣決不寬貸！」某甲見事情敗露，大吃一驚，撲通跪倒，砰砰叩頭求饒：「大人饒命啊！我全招！」原來，某甲剛剛脫身阿雲案，隨著聊公一起穿越過來，正好看到仇人張三家的牛，於是順手割去牛舌以打擊報復。包拯遂將某甲收監，張三感恩戴德，連呼青天。

聊公拍手叫好：「包大人此判可謂絕妙。不過大人可知偵控審分離原則？」

包拯莫名其妙。

聊公得意洋洋：「包大人，您一人身兼檢察官、法官與公安局長三種角色，既履行偵查職能，又進行審判，您本人所獲取的證據，您在審判時當然會對其深信不疑，從而影響您判決的中立性與公正性啊！」

包拯問：「是嗎？」

聊公又說：「另外，剛才那個案子的判決固然巧妙，不過證據也太勉強了。如果是某乙來告，那您豈非錯判？」

包拯拈鬚微笑：「不然。殺牛並非大罪，於鄉里常有。一般鄉鄰，互相間抬頭不見低頭見，豈會檢舉揭發？只有仇人才會如此。盜割牛舌者，必然時刻關注張三家的情況，一有機會便要借機陷害，當然會自己冒出來了。」

聊公：「哦。總之你這個證據太牽強了。」

包拯：「倘若要嚴密的證據，那敢問聊公，本案應該如何來判？」

聊公想想，說：「只好存疑了唄。」

包拯搖頭：「包拯身為知縣，縣乃基層政府，所遇大多是這等雞毛蒜皮之事，如果個個存疑不論、成為無頭公案，本縣如何立足？百姓又將何所措手足？」

聊公：「此乃不同法律價值之追求。再請問：閣下還有啥牛案子，給我說幾個唄。」

包拯：「根據《宋史・包拯傳》，好像就這麼一個……」

聊公鄙夷：「就這麼一個案子，你怎麼就名垂千古了呢？」

包拯：「這恐怕是你要解決的問題吧。」

很快，包拯被提拔為端州知府。端州盛產端硯，非常名貴，歷任知府總會搜刮一大批，進貢朝廷之餘用來巴結朝廷權貴。惟獨包拯，一方都不曾多取。包拯升遷開封府尹，剛正不阿，嚴厲打擊犯罪。無論權貴或庶民，一旦違法，嚴懲不貸。京城傳誦：「關節不到，有閻羅包老。」

有宋一代，士大夫勒石為銘、鐫碑立傳者不計其數，到今天幾乎都已漫滅不可識。惟獨包拯之口碑，越傳越盛，永不止息。附會到包拯名下的案件，也越來越多。這就是清官文化之魅力所在吧？聊公常常這麼想。

除了包拯而外，宋朝法律人物在影視劇中最常出現的，大約就是宋慈。聊公找到宋慈的時候，宋慈正在非常認真觀察一具屍體。聊公不敢打擾，侍立一旁。良久，宋慈歎氣：「此人是被打死後偽裝自縊，立即立案偵查吧。」

聊公納悶：「請問同樣吊著的屍體，您怎麼知道是自殺還是死後被吊？」

宋慈：「這個好辦。真自縊者，繩索所勒出的索溝呈深紫色；死後被吊起來的，索溝呈淺白色。因人死後血液不再流動故。」

聊公點頭嘆服：「厲害。這樣，我再做個現場，您來判斷一下。」宋慈說好。

宋慈走後，聊公把某甲招呼過來，用繩子勒死吊起。

宋慈檢驗之後，說：「這是被勒死的。」聊公大驚：「活著的時候被勒死和自縊而死，都會有深紫色的索溝吧？」

宋慈：「被勒死者，雙臂不下垂，即使下垂也不會很直，這跟自縊而死雙臂自然下垂差異很大；另外，某甲頸部有指扼痕跡，是掙扎過的表現；某甲雙目圓睜，雙手不握拳而張開，這都是被勒死的特徵。」

聊公拜服得五體投地：「閣下簡直是神人啊！」

宋慈：「神人不敢當，我不過是嘗試讓屍體說話罷了。在我的《洗冤集錄》中，記述著各種驗屍驗傷的方法。」

聊公詢問：「您為何投身於驗屍驗傷這個行當？有這麼偉大的能力，去做個法官不好嗎？」

宋慈反問：「我是大宋的提點刑獄司，怎麼不是法官了？」

聊公臉紅：「哦，那請問您端端正正坐在公堂之上審案子多好，為何投身這個行當？」

宋慈長歎一聲：「獄情之失，多起於發端之差，定驗之誤啊！如果勘驗鑒定出了問題，後面的一切審判程序都是白搭。所以某投身於此，立志整理出一套可靠的經驗，傳之後世。」

聊公點頭：「太偉大了。您的《洗冤集錄》記錄了多少種死法？」

宋慈想了想，說：「這個太多了，比如燒死、毒死、湯死、病死、針灸死、摔死、壓死、外物堵塞口鼻悶死、雷震死、虎咬死、蛇蟲傷死、酒食醉飽死……不計其數。」

聊公：「哇，這你得接觸過多少噁心的東西才能發現這麼多死法啊！」

宋慈糾正：「屍體沒有什麼噁心的。屍體都是冤死的，是世界上最可憐的物事，我只是在傾聽一個冤魂的訴說而已。比如蛆蟲，對您而言算噁心了吧？但我可以通過蛆蟲在屍體之上的生長發育與啃食屍體的程度，來獲取很多資訊。從此看來，蛆也是驗屍官的好朋友。」

聊公點頭：「您能否再介紹一些獨門秘技？」

宋慈：「有些傷，沒有外在的傷痕，比如皮下出血與骨折出血等。在你們那個時代，可以用紫外線照射來檢驗，而我則採用明油傘檢驗法，將明油傘頂著烈日，使陽光透過傘照射屍體，則傷痕雖幽必顯。」

聊公再度嘆服。聊公告辭宋慈之後，穿越回當代，打開電腦上網，吃著薯條喝著可樂看法醫題材的美劇《識骨尋蹤》第六季。聊公的書架最裏面非常不好拿的一個角落，《洗冤集錄》靜靜蒙塵，已有千年之久。

八 明清：幾度夕陽紅

明朝那些法兒

宋朝節節退縮到南方，最終在崖山結束了一切。蒙古統一中國，建立了元朝。聊公對於元朝實在不感興趣，對蒙古語又實在聽不懂，只好繼續一路疾行。途中，看到一個小案子，趁著明朝建立還早，給大家講講。

案子發生在江南某地。這裏，有一個小廟，廟田被周邊的大戶人家給侵占了。廟裏的和尚很委屈，寫了個狀子告到衙門去了。當時的地方長官，官名叫作達魯花赤。達魯花赤拿到狀子一瞧，不認識。於是叫過一個胖翻譯官來，問：「俺不認識漢字。你給俺念念，寫的啥？」這個胖翻譯官，早就被大戶人家收買了，於是信口雌黃：「哦，這個和尚說最近天旱不下雨，所以請求自焚以祈雨。」達魯花赤一聽，連翹大拇指：「這個和尚，好！忠心！准了！」

聊公路過的時候，正趕上這個不明就裏的倒楣和尚，被扔在柴堆上焚燒。一時間火光沖天，夾雜著慘叫聲和皮肉的焦味，一股腦兒沖上天來。遠遠地，又聽到彷佛是竇娥在唱：「地也，你不分好歹何為地？天也，你錯勘賢愚枉做天！」待要仔細聽，卻是這麼兩句：「莫道石人一隻眼，挑動黃河天下反！」聊公定睛一看，曾經盛極一時的蒙古人遠遁大漠，明太祖朱元璋剪除群雄，建立了明朝。

朱元璋是中國歷史上最重視法制建設、最關注底層人民疾苦的皇帝。

老朱耗三十年時間，親自主持制定了《大明律》。聊公問老朱：「為啥一部法典，要制定這麼長的時間？」老朱眯著眼睛回答：「日久而慮精。」

《大明律》確實做工精良，童叟無欺。《大明律》改造了自《北齊律》以來十二篇的體例，改為〈吏律〉〈戶律〉〈禮律〉〈兵律〉〈刑律〉〈工律〉，同時在篇首保留了〈名例律〉，形成七篇的新體例。同時，老朱刪繁就簡，把法律條文精簡為四百六十條。

三十年磨一劍。隨著《大明律》的正式頒布，老朱又下了一道聖旨：「群臣有稍議更改，即坐以變亂祖制之罪。」這句話，充分體現了老朱對自己這部法律的自信，同時也使得《大明律》成為世界法律史上罕見的沿用兩百多年而一字未改的法律。

聊公覺得非常納悶：為什麼一部法律兩百多年而不修改，居然還能適用？於是跑去問萬曆皇帝：「你老祖宗制定的《大明律》，真這麼管用？」萬曆一聽到這話，就氣不打一處來：「當然不是，各種不好用。所以我們只好制定許多條例，然後加以系統的整理。」聊公：「哦。」萬曆：「朕正在著手把例都附在律文之後，律例合編，以方便有關部門查閱。」聊公眼睛一亮：「律例？哦，原來《大清律例》就是在你這兒打的頭啊？」萬曆：「什麼是《大清律例》？」聊公連忙轉移話題：「呵呵，沒什麼。這個，今天天氣多好啊，哈哈哈。」

其實，用其他法律形式來修改《大明律》，不是朱家子孫的發明創造，而是老朱率先為之。老朱自己動手，搜集了官員百姓的犯罪案例，編纂成一部特別法——《大誥》。

《大誥》是一部非常有特點的法律，其最大的一個特點在於違反《大明律》。比如同樣的犯罪，《大誥》要遠遠嚴酷於《大明律》。再比如《大誥》增加了許多酷刑……某甲，該你了！

某甲被拉上來，脫得赤條條的，綁在一張鐵床上，凍得牙齒格格打戰。兩班皂隸端來一大盆滾燙的開水，整盆地往某甲身上潑去。某甲慘叫一聲：「哇，好爽啊！」頓時皮開肉綻。皂隸趁著皮肉被燙得發白發軟，趕緊用鐵刷子上來一通亂刷，露出森森白骨。這種刑罰，叫作「刷洗」。類似新增的刑罰，有幾十種之多。

那麼這些刑罰，主要是拿來對付誰的呢？官老爺。老朱信奉「重典治吏」，所以《大誥》條文的百分之八十以上，都是用來對付官員的。下面，咱們就來看一個真實的案子，瞭解一下在朱元璋時代當官是一件多麼可怕的事情。

老朱的群眾路線

立法者的經歷對於法律的影響，是真正有血有肉的影響。

當老朱還只是朱重八的時候，他受盡了貪官污吏的欺凌，受夠了士大夫的白眼。所以當朱重八變成朱元璋之後，老朱的法律重點整治官吏和士大夫。無論是作為政治支柱的官僚系統還是作為文化脊梁的士大夫，都絕不是以老朱區區一人之力就能夠解決乾淨的。所以，老朱玩起了一個非常高明的手段：聯絡群眾。

這個辦法，其實並不新鮮。這是先秦法家玩「術」的慣用手段。所謂內法外儒，內法指的就是用法家的手段整治官吏。要想整治官吏，那就必須聯絡底層的民眾。

為了喚醒底層民眾的權利意識，老朱玩了一招絕活兒。這招絕活兒，應該就是老朱的原創了：他把《大誥》大量印刷，到處分發，使之成為人手一冊的紅寶書。同時，老朱規定：但凡犯罪嫌疑人被定罪量刑之後，你能夠拿出一本《大誥》來的，減罪一等；拿不出來的，加罪一等。這樣一來，在明朝初年，有井水處就有明《大誥》。

即便如此，老朱還考慮到作為農民而言文化水準太低，看不懂《大誥》，於是出台新規定，每個居民點都要設立一個學堂，學堂裏專門有一名老師，給大家免費培訓講解《大誥》。所以，老百姓沒事兒就翻著《大誥》看。《大誥》上，記滿了老朱懲罰官吏的案例。這哪是在看法律文件啊，這就是在看一本《整官手冊》啊！

有一天，江蘇常熟農民陳壽六終於覺醒了。

陳壽六平時受盡了縣吏顧英的欺負，這一天終於造反，率領自己的弟弟和外甥衝進縣衙門，把顧英捆綁起來，手拿紅寶書《大誥》，押著顧英進京告御狀。沿路的官員一看陳壽六手舉紅寶書，嚇壞了，都不敢阻攔。陳壽六暢通無阻來到京城，得到了最高領袖朱元璋的親自接見。

朱元璋下達了三點最高指示：第一，責成有關部門嚴懲顧英，賞賜陳壽六；第二，嚴禁任何人對陳壽六打擊報復，違者嚴懲不貸；第三，陳壽六今後如果犯罪，要由我老朱親自審問。

相比起底層民眾所受的優厚待遇來，士大夫和官員則簡直是惶惶不可終日。有宋一朝，有「不殺士大夫」的古訓，所以兩宋乃是知識分子的黃金樂園。而明朝，朱元璋沒文化的自卑心理作怪之下，動不動就對大臣施廷杖之刑。

廷杖，聽上去溫文爾雅，比起凌遲、腰斬、刷洗之流要輕得多，但卻是對一代風骨的摧折與凌辱。以前施杖刑，都是在專門的場所行刑。而從朱元璋開始，都在朝廷之上當場扒下大臣的褲子，直接打屁股。明朝，由於廷杖而當場打死的大臣，不可勝數。

老朱要的就是讓這些自命清高的知識分子斯文掃地。但是，自尊這個東西，任何人都給不了你，只能靠自己掙；任何人也剝奪不了，只能由自己糟蹋。明朝的士大夫，雖然慘遭此一劫，卻由此形成了新的風尚：誰挨廷杖，誰臉上有光，終身受人傾慕；誰躲過了廷杖，反而要被人不齒。所以事與老朱之願相違，後世經常出現的場景是，皇帝要行廷杖，大臣們反而更加爭先恐後、前仆後繼。

也正因為有了這種精神，才使得黑暗的明朝司法有了一線希望。

與下面兩個與明朝相始終的名詞相比起來，無論廷杖還是《大誥》，都只是小角色罷了。這兩個名詞，一讀之下，便令人感到一股陰腐之氣，心生絕望——

錦衣衛、東廠。

錦衣衛・東廠

自從秦始皇確立皇帝制度以來，身為一名皇帝，究竟有多少立法與司法的權限呢？以上這個問題，其實是個偽問題。從兩方面來解釋。

一方面，很多人會告訴你：在帝制時代，皇帝的權力是無限的。皇帝說話，金口玉言，口含天憲。皇帝說的話，就是法律，誰敢不從？皇帝想赦免誰就赦免誰，想弄死誰就弄死誰，多拉風！

但是呢，咱們已經通過很多例子得知，在中國古代有許多對皇權構成制約的機制和文化，也有許多鮮活的例子可以證明這一點。所以，第一方面的解釋，是大有問題的。

第二個方面，所謂「皇帝有多少立法與司法的權限」，這個問題的前提是分權理論。如果不存在分權，那就不存在權限問題。而當初秦始皇在創立皇帝制度的時候，並沒有進行分權的理論預製，當然也就不存在皇帝的立法司法權限問題了。

沒有分權理論，並不代表就沒有實際的權限。中國的問題，更多在於怎麼做。

首先呢，皇帝從來都是沒有獨立的立法權的。咱們前面介紹過一種「廷議」，不經過廷議，不經過中書門下，皇帝的私旨、私敕，沒有立法的效力。其次呢，皇帝有獨立的司法權。但是，皇帝獨立進行的這種司法，不能作為有立法效力的判例為後世法官所引用。要想成為判例，必須經過嚴格的程序。

所以，我們現在所要探討的，就是皇帝獨立進行的這種司法。其實，換句話講，皇帝獨立進行的「司法」，根本就不是司法，而是典型的整人。

回顧一下西漢的犯蹕案（忘記了的讀者請復習第五章「道家大放異彩」一節）。張釋之把某甲判了罪，漢文帝不滿意。張釋之說：「且方其時，上使立誅之則已。今既下廷尉，廷尉，天下之平也，一傾而天下用法皆為輕重，民安所措其手足？」張釋之的話，有三層意思：第一，皇帝剛剛捉拿到罪犯的時候，有權自行處決（上使立誅之則已）；第二，一旦開啟司法程序（既下廷尉），皇帝無權過問；第三，廷尉的判決，對天下的司法有指導意義（一傾而天下用法皆為輕重）。反過來理解，皇帝的司法沒有對後世的指導意義。

好，也就是說，皇帝對於一個案件有兩種選擇：第一，開啟司法程序，由專門的司法機關比如廷尉、大理來解決；第二，皇帝自己解決。第一種情況，如果不存在法律適用的疑難問題，則皇帝無權過問；如果存在疑難，那麼開啟議事程序。第二種情況，皇帝可以獨立解決，用自己設立的小機構解決，也可以委託司法機關來解決。這種情況，就是歷史上著名的「詔獄」。詔獄，就是錦衣衛和東廠的前身。

朱元璋建立大明王朝，設立了一支親軍，叫作「錦衣衛」。當時的錦衣衛，主要還只是一個儀仗隊和保鏢性質的建制。後來，老朱感到三法司——大理寺、刑部、都察院——用起來特別不順手，不能隨心所欲，索性把錦衣衛的職能提升，將之演變為一個帶有偵查、監察和審判職能的機構。這樣一來，錦衣衛就變成了皇帝的一條狗，讓它咬誰就咬誰，讓咬幾口咬幾口。

錦衣衛的辦公地點，在今天的天安門廣場附近，不在紫禁城裏面。所以老朱的兒子明成祖朱棣感覺還是不方便，就設立了一個新的機構：東廠，由太監擔任頭領。

在紫禁城的東側，今天的東廠胡同，就是當年東廠大堂的所在地。聊公走到東廠門口，只見一座高大牌坊，上書四個大字：「百世流芳」。步入大堂之內，迎面一幅巨大的岳飛圖像。聊公大吃一驚，信手扯來一個死太監詢問：「為啥東廠要掛岳飛像？」死太監翻了翻白眼：「提醒咱們辦案要毋枉毋縱。」

聊公繼續往裏面行走，來到了東廠大獄。在這裏，「犯人」們慘遭各種酷刑的折磨，斷脊、刺心、墮指屢見不鮮，甚至煮瀝青剝人皮、用滾油灌進肛門（稱之為銅喇叭）等等。走到最裏面，只見一條硬漢在高聲朗誦著「內臣干政者，斬；附鐺做亂者，絞」的太祖遺訓。行刑的太監氣得滿臉發青，尖利利地喊一聲：「上紅繡鞋！」話音未落，一雙被炭火烤得通體紅透的鐵鞋被生生套在了這個硬漢的腳上，嗤嗤直響，青煙升騰，皮焦肉綻，臭氣撲鼻。等到這個硬漢的家屬為他收屍時，雙腳早已經炭化。

聊公只覺得自己所住的並非人間。無數無辜者的血，洋溢在聊公的周圍，使聊公難於呼吸視聽，哪裏還能有什麼言語？

苟活者在淡紅的血色中，會依稀看見微茫的希望；真的猛士，將更奮然而前行。

原法

西元一六六二年，浙江藍溪。時間已經是康熙元年，在這裏卻仍然有一位明朝人隱居於此，著書講學。聊公散步至此，只見四明山在望，青秀可愛；溪水淙淙，夾岸藤蘿色深可染。雖無龍虎形勝之勢，卻不失為飽經戰火之人療傷的最好所在。

聊公叩門尋訪，終於找到了這位當代大隱：黃宗羲。今年，他的《明夷待訪錄》開始寫作，所以聊公慕名來訪。

黃宗羲竹杖芒鞋、葛衣幅巾，見到聊公，拈鬚頷首。聊公拜過黃宗羲，開門見山道明來意：「某讀先生的《明夷待訪錄‧原法》一篇，有些不大明白，特來請教。」黃宗羲吃驚：「此書在下剛剛著手，尚未完稿，閣下何由得知？」聊公暗罵一聲又穿越錯了，趕緊直奔主題：「先生說『三代以上有法，三代以下無法』，何故？」黃宗羲一伸手：「請看。」

某甲窮困潦倒，堯舜授予某甲田地，讓某甲耕作；某乙無衣可穿，瑟瑟發抖，大禹給某乙桑痲地，讓某乙種桑養蠶以飽暖；某丙不識字，商湯建立學校，讓某丙念書；某丁胡作非為，某戊好色，周武王建立軍隊和警察來對付某丁，周公製造禮儀來規範某戊。黃宗羲最後總結：「三代以上之法也，固未嘗為一己而立也。」

聊公道：「三代以上，民風淳樸。那三代以下之法呢？」黃宗羲再次一伸手，場景變換。

場景一：秦朝消滅六國，統一天下。廷尉李斯上奏：「今海內賴陛下神靈一統，皆為郡縣，諸子功臣以公賦稅重賞賜之，甚足易制。天下無異意，則安寧之術也。置諸侯不便。」秦始皇批示：「廷尉議是。」

黃宗羲畫外音：「秦始皇改封建為郡縣，不過是為了二世三世以至萬世、傳之無窮罷了。」

場景二：漢高祖劉邦消滅項羽，建立漢朝，殺死了一頭倒楣的白馬，把鮮血抹在嘴上，大喊：「非劉氏而王，天下共擊之！」

黃宗羲畫外音：「漢高祖反秦道而行之，重新分封子弟，也不過是為了讓劉氏世世代代、永續保有帝業而已。」

場景三：宋太祖趙匡胤跟功臣們喝老酒。正當興高采烈之際，趙匡胤突然悶悶不樂，一聲長歎。座中一人厲聲言曰：「大丈夫不與國家出力，何故長歎？」趙匡胤疾視其人，身長八尺，豹頭環眼，燕頷虎鬚，正是張飛。趙匡胤大吃一驚，聊公連忙跑上來拉開張飛，向大家連連抱歉：「不好意思，劇務沒有安排好，張飛亂入了。你們繼續。」

趙匡胤突然悶悶不樂，一聲長歎。功臣們連忙詢問皇上有何煩惱。趙匡胤回答：「我就在愁啊，萬一有朝一日，你們的部下也給你們黃袍加身，你咋辦？」功臣們嚇得面如土色，連忙請皇上指點一條生路。趙匡胤說：「不如這樣，你們告老還鄉，我給你們良田美宅、金銀珠寶，你們在家安享天倫之樂，豈不美哉？」第二天，這些功臣通通辭職。

黃宗羲畫外音：「宋太祖杯酒釋兵權，也不過是因為這些節度使掌握了兵權，對趙家的天下不利罷了。」

黃宗羲從螢幕之後繞出，最後總結：「無論秦漢唐宋，三代以下之法何曾有一毫為天下之心哉，而亦可謂之法乎？」

聊公點頭稱是。黃宗羲又道：「閣下縱覽五千年法制，可曾發現些什麼規律麼？」聊公連忙搶話：「發現了！這五千年的法制，是由奴隸制法律進化到封建制法律！」黃宗羲鄙夷道：「不是這個。基本規律有兩條，第一是內朝不斷變外朝，第二是監察機構疊床架屋。」

聊公問：「啥叫內朝變外朝？」黃宗羲說：「本來丞相是最大的官，後來伺候皇上讀書的尚書變成最高官職；然後尚書變成外朝官，給皇上當秘書的中書崛起成為新的紅人……總之，皇帝身邊最親近的官僚比如秘書，慢慢演變成為高級官員，而把原先的高級官員擠出權力中樞。」聊公點點頭：「將來清朝的南書房，也是這個道理。這是中國官文化裏面的『書記文化』。那監察機構疊床架屋呢？」黃宗羲說：「本來郡裏有『監』，皇上不放心，設立一個刺史作為對郡的監察官，設立一個督郵作為對縣的監察官；中央有御史台，皇上不放心，設立一個錦衣衛來監察百官，對錦衣衛不放心了再設立一個東廠……」聊公猛點頭：「對。這是啥原因呢？」

黃宗羲說：「三代以下之法，就是一個『私』字：用一人焉則疑其自私，而又用一人以制其私；行一事焉則慮其可欺，而又設一事以防其欺。法愈密而天下之亂即生於法之中，所謂非法之法也。」

聊公咂摸半天，覺得大有火腿滋味，便又問：「那如果能夠讓後世子孫嚴格遵守開國皇帝所立下的法度，情況應該會好一些吧？」

黃宗羲大搖其頭：「夫非法之法，前王不勝其利欲之私以創之，後王或不勝其利欲之私以壞之；壞之者固足以害天下，其創之者亦未始非害天下者也。」

聊公想了想，問：「為啥三代以下之法會變成非法之法？」

黃宗羲答：「後之君王視天下為莫大之產業，傳之子孫，受享無窮，故有此弊。」

聊公大吃一驚：「難道你不認為天下乃君王之產業？你這想法太新銳了。」

黃宗羲正色道：「何止黃某不作此想，古來大聖大賢皆否認之。原夫作君之意，所以治天下也。天下不能一人而治，則設官以治之。是官者，分身之君也。故臣之與君，名異而實同。我之出而仕也，為天下，非為君也；為萬民，非為一姓也。」

聊公再度跌破眼鏡：「照你這麼說，首先臣與君只有分工之不同，沒有地位之高下？其次君不能私天下而只能為萬民代理天下？」

黃宗羲點頭：「然。君不見堯舜揖讓，不正是古之美政？孔子定《尚書》自〈堯典〉始，不正是此用意耶？」

聊公說：「俺還真沒這麼想過。你這想法太獨特了，可惜沒有昭然於世。否則，啟蒙運動也許要在中國發生啊！」

黃宗羲再次搖頭：「有此想法，非予一人，顧炎武、王夫之諸君，皆是同道中人。且閣下所云之啟蒙運動，與某之想法亦是貌合神離，並非一事。不可濫加比附，使真相湮滅不彰。」

聊公告辭了黃宗羲出來。此時，大明王朝早就已經改朝換代，但「非法之法」卻越來越精緻，越來越細密。中國的朝代更迭，迄今為止也帶不來真正意義上的革命，隨著康熙皇帝的長大成人，一個長達百年的康雍乾盛世即將全面來臨。

中國之幸耶？中國之禍耶？無論如何，起碼飽受戰亂之苦的百姓，可以暫時獲得喘息從而虛心實腹、弱志強骨了。

清朝法制過眼錄

滿族走馬入關，取明朝而代之。順治年間，清朝第一部法典《大清律集解附例》出台。聊公來到修律館，面見主持此次修律的大學士剛林。剛林得意洋洋吹牛：「此律修制時間之短，世所罕見。」

聊公「哦」了一聲，拿起一本來翻看。只見果然條文精審，體例嚴明。翻著翻著，看到一行字：「准依《大誥》減等。」聊公驚問：「這《大誥》是什麼書？」剛林面紅耳赤，責罵手下：

「媽的，沒刪乾淨！」

聊公悻悻走回來的路上，聽到街頭兩個相聲藝人在說相聲。

甲：咱這《大清律》啊，就把《大明律》換了一個字。

乙：哦？換了哪個字？

甲：把「明」換成了「清」！

經過康熙、雍正、乾隆三朝的修訂，終於制定出一部完善的法典《大清律例》，律文共計四百三十六條，律後附例一千零四十九條。根據學者們對後世訴訟檔案的研究和整理，判案中實際很少用到律，所以《大清律例》在制定完畢之後的一百多年裏，律文鐵打不動，而主要通過修例的辦法來適應新的法律問題。

《大清律例》在中國歷史上，只不過是律典的一個最後版本而已；但在人類歷史上，卻自有其地位在。

一七九三年九月十四日，英國使者馬戛爾尼（George Macartney, 1737-1806）帶領使節團造訪紫禁城。中英雙方為了覲見的禮節而鬧得很不高興。但是，一個小孩子的出現，卻打破了這一外交場合的沉悶空氣。

這個小孩子，叫斯當東（George Thomas Staunton, 1781-1859），今年十二歲。八十三歲的老皇帝乾隆爺聽說斯當東是使團中唯一會說漢語的人，龍顏大悅，摘下自己腰間繫著的一個繡著龍紋的黃色荷包，外加一塊翡翠，賜給小斯當東。

小斯當東回國之後，立志於對中國文化的深入瞭解。他成年之後，花費十年時間翻譯了《大清律例》，並且在《愛丁堡評論》（*Edinburgh Review*）上發表了〈大清律例評論〉：

> 這部法典最引我們注意的便是其規定的極近情理，明白而一致——條款簡潔，意義顯霍，文字平易。全不像別的使人嫌怨的東方好自炫的專制君主那樣文飾誇張，但每一規定都極冷靜、簡潔、清晰、層次分明，故浸貫充滿極能使用的判斷，並饒有西歐法律的精神……

斯當東所讚美的，並非僅僅是《大清律例》，而是中國自《法經》以後長達兩三千年的偉大律統。

清朝比較具有特色的司法制度乃是會審，包括秋審、朝審等等。以秋審制度為例。江蘇人某甲犯了個死罪，被判為絞監候，關押在大牢裏面。縣官把某甲的卷宗材料上交給江蘇巡撫張三，同時把某甲送到省會蘇州。張三會同布政使、按察使一起對某甲的卷宗材料進行書面審查，並且給出初審意見：「情實」，然後上報刑部。

霜降之後，聊公漫步來到天安門前。秋意蕭瑟，天安門前的西千步廊卻人聲鼎沸。此處一字擺開幾十張大方桌，每張桌子上鋪著紅布，上面堆積著厚厚的卷宗材料。各部院的高官，在此審查材料，一一分門別類。這就是一年一度的司法盛事：秋審。

某甲的卷宗材料也在裏邊。刑部尚書張三看到某甲的卷宗，皺皺眉頭，看了看面前堆疊如山的「情實」、「緩決」、「可矜」、「留養承嗣」、「可疑」幾大類，再次歸入「情實」一類。

審查工作結束之後，張三把所有「情實」的案件，都另造黃冊，呈遞給乾隆皇帝過目。乾隆皇帝拿一枝朱筆，在名單前一一打勾。打了勾的，冬至之前處死；沒打勾的，關押在監，明年再來。

乾隆一看「某甲」二字，心裏就堵得慌，於是打勾。某甲被處以絞刑。秋審到此結束。

那如果某甲被歸入「緩決」一欄，那就明年再來；連續三次緩決，可以免死，減等發落。如果某甲被歸入「可矜」，直接減等。如果某甲是獨子且父母、祖父母年老無人奉養，則入「留養承嗣」，經皇帝批准，可以留條性命。如果「可疑」，則駁回重審。

儘管存在著形式主義的弊端，無論如何，會審都是矜恤人命的好制度，尤其是在清朝有著諸如文字獄之類弊政的情況之下。

三千年文禍

因為言辭而得罪，乃是中國的一個老傳統。聊公從先秦一路走來，類似事件層出不窮，見怪不怪。

那位獨立而思考著的「暴君」周厲王，請巫師專職監督老百姓，把百姓逼得道路以目。從那時候開始，中國的知識人便文禍不斷。崔杼殺害太史兄弟、秦始皇焚書坑儒、曹操殺孔融……皆為其證。到了明清兩代，文禍終於愈演愈烈，而成為專門的文字獄。

下面先出兩道腦筋急轉彎，讓你感受一下文字獄的法網恢恢。

第一題：杭州府學教授徐一夔在書上用「光天之下」、「天生聖人」、「為世作則」等語讚美朱元璋，請問朱元璋為什麼卻非常生氣，把徐一夔給殺了？

答案：朱元璋做過和尚，做過賊（起義軍），所以最忌諱別人影射他當年出身不好。朱元璋看到「光天之下」的「光」就想到了「禿驢」，看到「天生」的「生」就想到了「僧」，看到「作則」的「則」就想到了「賊」，所以把徐一夔給殺了。

第二題：江西考官查嗣庭從《詩經》中選了「維民所止」這句詩作為該年考試的作文題目，請問雍正皇帝為什麼非常生氣，把查嗣庭下獄折磨而死？

答案：因為「維民所止」中的「維止」二字，就像「雍正」二字去掉腦袋的樣子，有影射將雍正斬首之嫌疑。

由此可見，文字獄簡直避無可避。滿清的文字獄，登峰造極，僅僅乾隆一朝，文字獄便有一百三十餘起。

自古以來，文字獄的目的大抵有兩種，一種為公，一種為私。為公者，以「焚書坑儒」為代表，李斯為了維護天下之秩序而焚書坑儒，以明法令，是其法家理念的一種實踐；為私者，以清朝的若干文字獄為代表，僅僅因觸犯統治者的忌諱而因言得罪、殺人如麻。前者雖然也難以開脫罪責，但起碼相比後者，尚有些許磊落之處。清朝的文字獄，簡直扼殺性靈、倒行逆施。一個王朝只要有此一項劣跡，就難以在二十六史中間抬起頭來。

文字獄的方式，也有兩種，一種是焚書坑儒式的，一種是《四庫全書》式的。焚書坑儒式的文字獄，採用最極端的暴力手段，從肉體上迫害知識人，從物質上毀滅書籍；但是一旦政治清明，文化就可以重新繁盛。《四庫全書》式的文字獄，採取盛世修典的辦法，把知識人納入體制內，用一套消磨思想、偷換字眼的辦法來改造文化。這種文字獄，殺傷力遠遠高於前一種。

聊公本來還想不通，為什麼明明在明末便已經有了李贄、顧炎武、黃宗羲、王夫之，卻直到清末仍然民智未開，現在聊公明白了。

避席畏聞文字獄，著書全為稻粱謀。

思想淡出之際，學術方能凸顯。清朝的學術，在中國歷史上罕見地發達。但奇怪的是，聊公身為一介書生，每當路過清朝，卻都不忍心多看，索性大踏步加速歷史的進程，以躲過這段不忍回首的文化之劫、思想之劫。

文禍不死，國難未已。隨著廣東海域的炮聲隆隆，打破了國人的天朝迷夢。一個三千年未有之變局猝然降臨。

歷史在這裏轉彎

一八四三年，《中英五口通商章程》規定：「其英人如何科罪，由英國議定章程、法律發給管事官照辦。華民如何科罪，應治以中國之法。」通過這項規定，英國人取得了一項叫作「領事裁判權」的權利。隨後，美國、法國、義大利、俄國、日本等十九個國家，也相繼取得領事裁判權。

領事裁判權的危害，我們通過一個案子來說明。這個案子如此惡劣與令人憤慨，以至於聊公不忍心再讓某甲出演。所有人都是真實姓名，實名上演。

一八八〇年，浙江溫州海關有一名美國檢查員，名字叫柏耐。柏耐看上了一個美貌的中國女子，這個女子法號聰倫。沒錯，她是一個年輕的尼姑，住在民安寺。

柏耐垂涎聰倫的年輕貌美，就買通了本地惡棍黃阿益，讓他辦成此事。黃阿益勾結翁阿福、翁阿林等四人，黑夜坐船來到民安寺，騙開寺門，把聰倫劫持到柏耐的寓所。是夜，柏耐把聰倫強姦，並企圖長期霸占。

聰倫受了污辱，絕食尋死。柏耐怕事情鬧大，於是把聰倫放走。案發之後，柏耐、黃阿益、翁阿福、翁阿林等人都被逮捕，但是主從犯的命運卻天壤之別：美國人柏耐，由美國領事審判，宣告無罪，放回美國；中國人黃阿益被判處絞監候，翁阿福等四人也都被判重刑。

根據英國領事羅伯遜（Daniel Brooke Robertson, 1810-1881）的報告，他在一八五六年處理了五百零三件刑事案件，而當時在上海常駐和流動的英國人總共也只有六百三十人。由此可見，領事裁判權對外國人在中國為非作歹的包庇與縱容。

一八六八年，會審公廨制度正式成立。利用這一制度，外國人控制了租界內的司法權。後人編撰《清史稿・刑法志》時痛稱「外人不受中國之刑章，而華人反就外國之裁判」。

一八九八年，在康有為、梁啟超等人的慫恿之下，光緒皇帝正式開始「戊戌變法」。正如大家所知道的，這一變法還有一個名字：「百日維新」。光緒軟禁，康梁逃亡，戊戌六君子殉難，大清帝國巋然不動。

一九〇一年，清廷以光緒帝的名義頒發上諭：「大抵法積則弊，法弊則更，要歸於強國利民而已。」慈禧太后也表明決心：「惟有變法自強，為國家安危之命脈，亦即中國民生之轉機。」由清政府主導的變法新政，正式開始。

一九〇二年，沈家本、伍廷芳被任命為修律大臣，主持修律；一九〇四年，修訂法律館設立。沈家本、伍廷芳參酌世界最高立法水準，結合本國優良傳統，先後制定了《大清現行刑律》《大清新刑律》《大清民律草案》以及訴訟法、商法等各類法律文件。至此，古老的中華法系徹底解體，中國法制走上了近代化的道路。

一九〇八年，《欽定憲法大綱》頒布，以憲法的形式肯定了君主立憲政體。清政府作出承諾，將在九年內完成立憲進程。

但是，歷史給清王朝留下的時間，只剩下三年。

一九一一年，中華民國建立。清王朝，帶著它的那些胎死腹中的法律草案，壽終正寢。

時光飛速流轉，眨眼已經是二〇一二年，一個被好萊塢大片渲染為象徵毀滅與新生的年份。黯淡了刀光劍影，遠去了鼓角爭鳴。在這個遠離戰火的時代，聊公回憶起晚清七十年的慘痛，依然彷彿未癒的傷疤。長歌當哭，以作為對那個時代的祭奠：

他們說時間能治癒一切創傷
他們說你總能把它忘得精光
但是這些年來的笑容和淚痕
卻仍使我心痛得像刀割一樣

未完待續

1.一九七一年，最後一條有關婚姻習俗的法律被香港的成文法取代之後，《大清律例》歷史使命終於完成。

2.二〇一〇年六月，北京東城區法院在審理一起家庭房產糾紛案件時，在判決書中引用《孝經》裏的「天之經、地之義、人之行、德之本」來表彰孝道。

3.二〇一一年二月，《中華人民共和國刑法修正案（八）》通過。其中規定：「已滿七十五周歲的人故意犯罪的，可以從輕或者減輕處罰；過失犯罪的，應當從輕或者減輕處罰。」傳統的矜恤原則，得到了現代法律的認可。

4.二〇一二年三月，《刑事訴訟法修正案》通過。修正案規定，犯罪嫌疑人的近親屬可以拒絕作證。「親親相隱」的古老原則，終於在現代立法中摸索著重建。

5.《聖經・傳道書》：「已有的事，後必再有；已行的事，後必再行。日光之下，並無新事。」

6.《莊子・應帝王》有個故事：「南海之帝為儵，北海之帝為忽，中央之帝為渾沌。儵與忽時相與遇於渾沌之地，渾沌待之甚善，儵與忽謀報渾沌之德。曰：『人皆有七竅，以視聽食息，此獨無有，嘗試鑿之。』日鑿一竅，七日而渾沌死。」當代對於中國傳統法律的研究，正復如是。

7.中國傳統的法律，有兩個層面：一個層面是「律」，包含了律、令、格、式等等具體的法律形式；一個層面是「法」，用韓愈的話說，叫作「大經大法」。任何一個朝代，有了這個「法」，則昌；沒了這個「法」，則亡。與「律」的完備與否，關係不大。黃宗羲所謂「三代以上有法，三代以下無法」，也正是這個東西。這才是中國法律史的精髓所在。

8.如何承續「法」，使我們這個時代不僅有律，並且「有法」，正是閱讀法律史的功用。

9.有個朋友開玩笑，說：「我們家有三條規矩：第一，大事我說了算；第二，小事我老婆說了算；第三，一件事情是大事還是小事，我老婆說了算。」某些法律，不正是如此麼？只不過不把第三條明白寫出罷了。

10.傳統就是活在現在的過去。從這個意義上講，沒有人能夠另起爐灶。

11.再回顧一遍邱吉爾的那句話：「你回首看得越遠，你向前也將會看得越遠。」這也許就是讀史的好處吧？

12.人能弘法，非法弘人。中國的事情，很少取決於法律文件怎麼寫，而取決於中國人怎麼做。所以，不要僅僅把實現法治的希望寄託於修改法律。只要從現在開始做，你就可以改變現狀。

13.希望將來我能有底氣對兒子說：「我那個時代的法律，不如現在的完善；但是現在的法律，是我們這一代人努力的結果。」

14.一切有為法，如夢幻泡影，如霧亦如電，應作如是觀。——《金剛經》

15.自然，也不滿於現在的，但是，無須反顧，因為前面還有道路在。而創造這中國歷史上未曾有過的第三樣時代，則是現在的青年的使命！——魯迅《燈下漫筆》

16.未完待續。後面的法律史，由全體中國人一起來寫。

17.終於到該說再見的時候了。某甲，一起出來謝個幕吧。

18.曲終人未散，感謝各位的觀影。再見。

聊公

二〇〇八年十二月十八日動筆

二〇一二年元月五日凌晨草就

五月十五日定稿

審查報告

洋大人有言：「天才就是一分天賦，加百分之九十九的汗水」，不承認先天之才，只強調後天之學。誰敢反對，就給他扣一頂「唯心論」的帽子。吾國祖宗則不然焉，偏認為人有先天才賦，遂有「才學」觀問世：「才」指先天稟賦，非人力所能為之；「學」為後天積累，乃學而知之者也。芸芸眾生之中，有的人有才無學，有的人有學無才，有的人才學兼濟，正所謂「人上一百，形形色色」，豈能一根筋地只強調後天努力而無視其他哉？那和比著箍箍買鴨蛋有啥區別？睡龍先生是中國人，自然是信奉祖訓的，故察人識人，亦以此為準。

嘗有人密告，說網上有個叫「聊公」的傢伙，撰文暗諷萬斯特法政學堂，因文風近似，懷疑係我老人家所為。吾人聞之大訝，一面賭咒發誓以表清白；一面查訪此人。初以為必是年高德劭之輩，及至見面，乃大驚，不過是二旬開外的後生罷了，真名秦濤。其晚學也如此，而能引老夫四處尋尋覓覓，自當屬才學兼濟型的也。誰敢說不是，俺就跟他急。交流攀談之下，更知其於吾輩所從事之法律史專業，亦有獨特見地。

蓋吾國法律史學，自近代始有專門學科，迄今凡有三大階段。清末民國時期，多以資料梳理為務，將數千年來與法相關的史料進行彙纂、考辨，分出不同歷史時期，概括出時代特點，以成法律史之主幹，雖略顯粗放，然草創之功大焉；上世紀八、九十年代，則多以社會形態論、階級分析論為指導而撰法律史書，建立起法律史學的理論體系，相關著述，蜂出雲湧，雖有以論帶史、六經注我之嫌，然其構建之功大焉；二十一世紀以來，則因歷史上諸多法律制度、法律思想並未釐清，進而倡揚深入研究具體問題，強調論從史出，還法律史以原貌，此種學風正方興未艾。凡此數種研究範式，皆是將法律史當做高深的學問來搞，求的是一個「雅」字。吾人以為，法律史之學術發展，應當還有一個發展方向，就是把高深的問題通俗化、文學化、平民化，以便更多的人能理解接受，求的是一個「俗」字。

求雅的法律史研究自然是偉大神聖，人人都得頂禮膜拜。鄙人置身行業之中，更是舉雙手贊成，乃因這樣的搞法一般人玩兒不轉，遂顯吾輩之高雅而能吃獨食矣，飯碗就不用擔心。然則固守此種研究方法，其研究成果都變成陽春白雪而少有人懂，必將限制法律史學的生命活力，失去其應有的社會價值。講個段子，以明其理。

一秀才因有了學問便不說人話，見賣柴人則呼之，曰：「荷薪者過來。」賣柴人不知「荷薪者」是啥意思，但明白「過來」之義，擔著柴就來到秀才面前。秀才問曰：「其價幾何？」賣柴人不懂整句話的意思，卻明白「幾」的意思是講價，報了個價格。秀才歎曰：你這擔薪，「外實而內虛，煙多而焰少，請損之」。賣柴人一句都沒聽懂，只好擔柴而去，一樁買賣就此泡湯。

法學研究者的話語系統，與秀才思維相類，使用的都是專業術語，用於寫論文專著、開學術會議、編教材則可，用於大眾傳播則不可矣！假比有人向您討教，什麼是法律觀念？您給他說，法律觀念就是人們對現行法律的看法和想法，他就懂了，或許還會繼續討擾。結果您卻如某些法學家那般一腔正氣地云：「法律觀念是在這個記憶框架上的思維層面上的理路範式之再現。」估計別人就會像賣柴人一樣踅身就走。如此，則「法律」便缺少了傳播對象，而淪為少數人相互把玩的「法寶」；法學研究也會陷入「談笑皆鴻儒，往來無白丁」的圍城之中。

故法律史學欲得發展，必須轉換思路，求俗的研究模式正呼之欲出。《易經・繫辭》中云：「觀乎人文，以化成天下。」「文」通「紋」，乃經驗教訓、知識智慧的積澱，文化的真諦在於用人類既有的「文」去「化」天下。法律史的真諦在於傳播法律文化，在於用傳統法律中優良的「文」，如仁義、孝慈、誠信等，去「化」天下，使天下人在不知不覺中變得仁義、孝慈、誠信，「潤物無聲春有功」，此文化之功也。在這種研究模式的推動下，將高深的問題通俗化，將複雜的問題簡單化，數千年一脈相承的良法美意，方能為大眾所喜聞樂見，進而成為茶餘飯後的談資，口耳相傳的素材。「昔日王謝堂前燕，飛入尋常百姓家」，法律史學遂展現出「文而化之」的功用矣！

然則，要在求雅的研究範式之外，探尋出求俗的法律史研究方法，雖為傳播優良文化的功德之舉，卻難免費力不討好之嫌。一則，誰敢去鼓搗後者，常常會被學界的大人先生譏斥為不務正業，也不會給你算科研成果，你除了咬牙瞪眼作憤青狀，還能咋的？二則，此種研究，貌似簡單實則不易，所謂大俗之後必有大雅。無知識豐厚之學、無古今貫通之才，而能為之者幾兮？

今聊公小友，賈初生牛犢之勇，撰《聊公案：別笑！這才是中國法律史》之著，可謂是這方面的大膽嘗試。其以「別笑」二字為題，或許正是對譏笑者的宣言：一部能讓平頭兒百姓讀懂的法律史，你笑也得這樣寫，不笑也得這樣寫，不服你整一個出來瞅瞅！其以自身為線索人物，引領讀者游息於上古至清末五千年的法律現場，令人如臨其境，往往怦然心動；所言所論，既古樸莊重，又幽默清新，讀之莫不捧腹；所思所想，既有正史為證，又有自由心證，更是才情學識的自由揮灑。

古之謂「後生可畏」，信哉斯言。聊公這樣的人多了，像睡龍先生這種不學無術而又混跡法史行業者流，就快沒飯吃矣！嗚呼哀哉！誰要不信，就等著瞧。

鑒定完畢。

睡龍先生（龍大軒）

二〇一二年五月十八日於西南政法大學

【作者簡介】龍大軒，網名睡龍先生。西南政法大學教授，專攻法律史學。學術領域：儒家法文化、漢魏六朝法制史、民族法。代表作：《漢代律家與律章句考》、《道與中國法律傳統》、《鄉土秩序與民間法律》等。現為中國中央電視台「社會與法」頻道法律大講堂（文史版）特邀主講人，已錄製《儒家法文化探秘》等系列節目。

國家圖書館出版品預行編目(CIP)資料

聊公案：別笑!這才是中國法律史 / 秦濤作. --
初版. -- 臺北市：遠流, 2013.10
面; 公分. -- (實用歷史叢書)

ISBN 978-957-32-7290-8(平裝)

1. 中國法制史

580.92 102018923